Ökonomisches Gelächter

Silvio Borner

Ökonomisches Gelächter
und andere Kommentare zu Wirtschaft und Politik

Verlag Rüegger

Bibliografische Information der Deutschen Bibliothek
Die Deutsche Bibliothek verzeichnet diese Publikation in der Deutschen Nationalbibliografie; detaillierte bibliografische Daten sind im Internet über http://dnb.ddb.de abrufbar.

© Verlag Rüegger • Zürich / Chur 2003
www.rueggerverlag.ch
info@rueggerverlag.ch
ISBN 3-7253-0757-1
Foto Umschlag: Kurt Wyss, Basel
Druck: Südostschweiz Print AG, Chur

Einführung

Wenn heutzutage auch noch so häufig über die dauernd wachsende Publikationsflut gestöhnt wird: es ist äusserst erfreulich, dass Silvio Borners Zeitungsaufsätze nun als Buch erscheinen. Wer ausserhalb der Grossregion Basels lebt, kennt wohl kaum seine meist in der Basler Zeitung erschienenen Beiträge.

Silvio Borners Artikel verdienen es, vermehrt auch ausserhalb Basels Verbreitung zu finden und wahrgenommen zu werden. Die Textsammlung ist weit mehr als eine lose Reihung von Aufsätzen, vielmehr wird die Person des Autors dahinter sichtbar.

Die Artikelsammlung zeichnet sich insbesondere durch drei Merkmale aus:
- Allem voran ist sie originell. Sowohl inhaltlich als auch sprachlich weist Silvio Borner neue Wege auf. Für einen Ökonomen ganz besonders bemerkenswert ist seine Freude an neuen Sprachschöpfungen. Die Beiträge sind angriffig, kritisch und witzig geschrieben. Sie zeigen – für viele wohl überraschend – dass auch ein Professor der Nationalökonomie fesselnd schreiben kann.
- Die Sammlung umfasst ein breites Themenfeld und geht weit über die traditionelle Volkswirtschaft hinaus. Silvio Borner zeigt überzeugend, welche Einsichten mittels einer geschickten Anwendung der ökonomischen Denkweise zu gewinnen sind. Der Autor geht von spannenden Problemen aus und zeigt dann oft überraschende Folgerungen auf.
- Silvio Borner versteckt seine eindeutige ideologische Position nicht. Er ist von den Vorteilen des Wettbewerbs und des Marktes überzeugt und versteht es, seine Leser mitzureissen.

Silvio Borners Beiträge sind vergnüglich und lehrreich. Ich wünsche dem Buch allen Erfolg.

Bruno S. Frey
Universität Zürich und CREMA – Center for Research in Economics,
Management and the Arts.
Zürich, im Juli 2003.

Inhaltsverzeichnis

Vorwort 9

1 Politisches – Staatspolitisches 11

2 Grundsätzliches ökonomisches Denken 59

3 Internationales – Weltpolitisches 99

4 Persönliches oder (Allzu-)menschliches 117

5 Alterssicherung und Arbeitslosenversicherung 139

6 Landwirtschaftliches 163

7 Energie 175

8 Konjunktur und Wachstum 185

9 Gesundheit und Bildung 199

10 Verkehr 219

11 Basel – Schweiz – Zukunft 237

Vorwort

Warum eigene Kolumnen und Zeitungsartikel, die über ein Vierteljahrhundert verstreut sind, in einem Sammelband herausgeben?
 Ist das ein Anflug von altersbedingter Selbstdarstellung oder Selbstüberschätzung oder ist es gar das Gegenteil, nämlich Frust über die Erfolglosigkeit solchen Tuns? Letztlich muss dies die Leserschaft selber entscheiden. Aber meine eigenen Überlegungen möchte ich halt auch noch preisgeben, auf die Gefahr hin, dass dies niemanden wirklich interessiert.
 Wer primär aus politischen Interessen vor 30 Jahren Dozent für Politische Ökonomie geworden ist und dies vorab wegen der persönlichen Unabhängigkeit der Stellung einerseits und dem politischen Sendungsbewusstsein andererseits geblieben ist, der hat ganz logisch auch viel für die breitere Öffentlichkeit geschrieben – aus Spass an der lockeren Form und aus pädagogischem Interesse am Inhalt.
 Mein verehrter akademischer Lehrer und späterer väterlicher Freund, Walter Adolf Jöhr, hat mir unauslöschlich beigebracht, dass die «Nationalökonomie im Dienste der (Wirtschafts)Politik» zu stehen habe. Wissenschaftliche Methoden sind unerlässliche Werkzeuge; aber nur Probleme sind wirklich spannend und intellektuell lohnend.
 Weniger Verständnis hatte ich als junger Post-68er-Assistent mit der anderen Idee von Prof. Jöhr: nämlich eine publizistische Kampagne zugunsten der Marktwirtschaft zu lancieren. Aber genau das habe ich Jahrzehnte hinweg dann doch gemacht. Hier ist das Ergebnis des entsprechenden Dialogs mit der Öffentlichkeit.
 Ein zweiter, weniger wichtiger Grund hat mit den lieben Kollegen des Fachs zu tun. Für einige von ihnen ist allein schon der Blick aus dem Elfenbein-Turm heraus der Anfang des Verrats an der reinen Wissenschaft. Erst recht wird das öffentliche Reden und Schreiben über politische Alltagsprobleme scheel angesehen.
 Ab und zu kommt dann noch ein wenig Neid dazu, wenn dieses Schreiben und Treiben in den Niederungen der Presse auch noch eine gewisse Beachtung findet. Wer klar und verständlich schreibt, schadet der Wissenschaft; das scheint das Motto zu sein.
 Doch meine Vorbilder waren andere: Allen voran mein kürzlich verstorbener, geschätzter Kollege und Freund, Charles Kindleberger. Auch ein Milton Friedmann war sich nicht zu schade, regelmässige Kolumnen abzuliefern.

Den heutigen Star der Zeitungsschreiber aus der Ökonomenzunft, Paul Krugmann, bewundere ich vor allem wegen des Stils, über den man (im Gegensatz zum politischen Inhalt) nicht geteilter Meinung sein kann. Vorbilder zu erwähnen heisst nicht, sich mit ihnen zu schmücken, sondern sich von ihnen inspirieren und motivieren zu lassen.

Basel, im September 2003
Silvio Borner

1

Politisches
Staatspolitisches

Quellennachweis

Zu viel – zu wenig Solidarität?	Neue Zürcher Zeitung	17.7.1976
Milizarmee im Feuer	Basler-Zeitung	27.5.1978
Verfassung und Wirtschaft	Basler-Zeitung	28.4.1979
Politikversagen	Basler-Zeitung	1.3.1980
«Ökumenische Ökonomie»	Aargauer Zeitung	14.2.1998
Ohnmächtige Politik – allmächtige Wirtschaft?	Aargauer Zeitung	11.4.1998
Die Globalisierung der Justiz	Aargauer Zeitung	28.11.1998
Rückschritte in die Zukunft	Basler-Zeitung	12.6.1999
Nur die allerdümmsten Kälber ...	Aargauer Zeitung	15.7.2000
Telefon-Kater	Aargauer Zeitung	2.12.2000
«Public Service» oder «Service Public»?	Basler-Zeitung	15.1.2001
Geldwäscherei	Aargauer Zeitung	11.8.2001
Wo die Macht des Staates an ihre Grenzen stösst	Basler-Zeitung	19.11.2001
Der Goldesel	Aargauer Zeitung	30.3.2002
Abstimmen: aber wie?	Aargauer Zeitung	1.6.2002
www.efv.admin.ch/d/finanzen/ subven/index.htm	Basler-Zeitung	2.6.2003
Verlotterte Lotterie	Basler-Zeitung	1.9.2003

Zu viel – zu wenig Solidarität?

In vielen Kommentaren zur letzten eidgenössischen Abstimmung war von mangelnder Solidarität die Rede. Zu Recht, und der bittere Nachgeschmack darob ist geblieben oder gar zu einem noch bittereren Vorgeschmack für die Zukunft geworden.

Wir müssen nämlich davon ausgehen, dass in unserem System Markt und Demokratie wohl zusammengehören, aber gerade deshalb fein säuberlich zu trennen wären. Im Markt herrschen die Geldstimmen, das heisst Ungleichheit wird toleriert, ja im Interesse von Effizienz und Produktivität gar gefördert. Der Eigennutz als treibende Kraft wird akzeptiert, ebenso wie die höchst ungleiche Verteilung des privaten Wohlstandes als Folge davon.

Gewisse Güter sind jedoch mit gutem Grund aus diesem Spiel herausgenommen und als politische Rechte den Bürgern gleich verteilt worden. Das Recht auf freie Meinung bekommt so jeder zugeteilt – als unabdingbares Grundrecht, das man weder kaufen noch verkaufen kann (bzw. können sollte oder dürfte).

Das Stimmrecht ist ebenfalls ein solches Grundrecht aller Bürger, und in der Demokratie lenken somit nicht die unterschiedlich starken Geldstimmen, sondern die schön gleich verteilten Bürger-Stimmen. Das ist wichtig, wenn es um die Bereitstellung von kollektiv konsumierbaren Gütern durch die Allgemeinheit geht – wie eben etwa um die einigermassen planvolle Gestaltung unseres Lebensraumes oder um den Schutz vor den finanziellen Folgen der Arbeitslosigkeit.

Eine Zeit lang glaubte man an die Fiktion, dass derselbe Bürger, der im Markt nur nach seinem Eigennutz strebt, beim Wählen oder Stimmen plötzlich zu einem Philanthropen wird, der nur noch mit Gemeinsinn im Herzen das Gemeinwohl im Auge hat. Dann kam die Theorie, der Bürger verhalte sich an der Urne gleich wie auf dem Markt: er strebt allein nach seinem individuellen Nutzen, das heisst er stimmt einer Vorlage zu, wenn er davon profitiert und dagegen, wenn er «negativ» profitiert. Ein kinderloses Ehepaar müsste somit sämtliche Schulvorlagen ablehnen, ein Ungebildeter sämtliche Kulturaufwendungen und ein schwächlich-blasser Intellektueller jegliche Sportförderung. Im Extremfall wird solch eine Haltung ohne irgendwelche soziale Solidarität äusserst bedrohlich, weil fast alle öffentlichen Leistungen in mehr oder minderem Ausmasse allen Bürgern zugute kommen – oder vielleicht den Bürgern in 30 oder 50 Jahren.

Mangel an Solidarität ist somit gefährlich, aber nicht primär deshalb, weil die Einzelnen nur noch ihren Interessen nachjagen. Vom Raumplanungsgesetz zum Beispiel hätte nur eine verschwindend kleine Minderheit etwas zu befürchten gehabt. Der Eigennutz war hier wohl nicht am Werk. Oder etwa doch?

Am Werk war sehr tat- und zahlungskräftig jene verschwindend kleine Minderheit, die mit viel Demagogie und Geld die Unwissenheit und relative Desinteressiertheit der grossen Mehrheit ausnützte. Der Mangel an Solidarität beruht somit nicht primär auf pathologischem Individualeigennutz, sondern vielmehr auf dem gefährlichen Gruppenegoismus jener Kreise, die vermeintlich oder tatsächlich durch den Fortschritt beeinträchtigt würden. Wenn viele nur schwach oder indirekt vom Fortschritt profitieren, die wenigen, die verlieren, aber massiv dagegen ankämpfen, dann wird Fortschritt beinahe unmöglich. Dies erklärt auch, weshalb Solidarität überstrapaziert werden kann.

Denken wir daran, dass zum Beispiel die schweizerische Landwirtschaft mit ihren zirka 80 000 «vollamtlichen» Betrieben rund 1,5 Mrd. Franken an Subventionen kassiert, also fast 20 000 Franken pro Betrieb, wovon allein 400 Mio. Franken für die Milchverwertung. Ein grosser Teil der Agrarbevölkerung lebt zu weit über 50 % auf Kosten der übrigen Schweizer. Der Paritätslohn mit dem Industrie-Arbeiter ist eine Selbstverständlichkeit, ein Akt der Solidarität; aber wo bleibt diese, wenn der Industrie-Arbeiter vor Arbeitslosigkeit geschützt werden muss, oder gar, wenn den Ärmsten dieser Welt ein Kredit von 200 Mio. Franken zur Verfügung gestellt werden soll? Dafür hat man an der Scholle wenig Verständnis, wie die Resultate vom 12./13. Juni (1976) zeigen. Selbst innerhalb des Agrarsektors wird die Solidarität überstrapaziert, indem die organisierten Agrarinteressen praktisch ausschliesslich die Positionen der wohlhabenden Talbauern vertreten. Abhilfe bringt hier nur vermehrte Transparenz via weitgehenden Ersatz der Preisstützung und Subventionierung durch direkte Einkommenszahlungen. Nur so kann vermieden werden, dass Hunderte von Millionen an Nicht-Bedürftige fliessen und die Solidarität zwischen Stadt und Land überstrapaziert wird.

Ohne Solidarität geht es nicht gut in der Demokratie, aber ebenso wenig ohne eine Mehrheit von aufgeklärten, unabhängigen Stimmbürgern, die ihre familiären und sozialen Interessen gegen den Hang zur eigenen Bequemlichkeit und gegen die immer provokativer werdenden Grenzverletzungen zwischen Markt beziehungsweise Macht und Demokratie verteidigen.

Ein gesundes Mass an Solidarität und Eigennutz im Sinne der Respektierung legitimer Interessen anderer und der Wahrnehmung der eigenen schliessen sich nicht aus. Wir verbrauchen mehr von beiden, aber weniger Interessenvertretung durch einen selbsternannten Klüngel von institutionellen Interessenvertretern, die mit unserem Geld, aber auf unsere Kosten, angeblich für uns denken und handeln, in Tat und Wahrheit aber sich selbst und ein paar wenige hinter ihnen stehende Mächtige in die Sonne stellen.

Milizarmee im Feuer

Die folgenden Gedanken stützen sich nicht auf spezielle Kenntnisse oder Erfahrungen in militärischen Aufgabenbereichen, sondern sind rein spekulative Übertragungen preistheoretischer Überlegungen auf eine abstrakte Zielsetzung: die Landesverteidigung. Zugrunde liegt die Annahme, der gewünschte Grad an militärischer Sicherheit sei messbar und durch einen politischen Prozess fixiert.

Die sich auf eine allgemeine Wehrpflicht abstützende, als Milizheer organisierte Armee erscheint somit als eine Unternehmung, die das Kollektivgut «Militärische Sicherheit» in gewünschter Quantität und Qualität produzieren soll. Die ökonomische Effizienz erfordert dabei, dieses Ziel mit einem minimalen volkswirtschaftlichen Aufwand zu erreichen.

Als Ressourcen stehen der Armee – wie jeder anderen Unternehmung – menschliches Personal, Sach- und Humankapital, Rohmaterial und Zwischenprodukte usw. zur Verfügung.

Die volkswirtschaftliche Effizienz verlangt nun, dass diese Ressourcen optimal eingesetzt werden. Bei einem vorgegebenen Leistungsziel ist dies mit einer Minimierung des volkswirtschaftlichen Aufwandes gleichzusetzen. Dieser darf jedoch nicht mit den budgetierten Kosten der Armee verwechselt werden, sondern entspricht dem Verzicht auf die Produktion anderer Güter und Leistungen, der mit der Ressourcenbeanspruchung durch die Armee einhergeht. So betrachtet, ist die ausserdienstliche Tätigkeit von Wehrmännern keine «Gratisarbeit» – oder die Kosten der WK-Truppen richten sich nicht nach den beim Staat in der Form von Sold und Materialverbrauch anfallenden Kosten, sondern entsprechen dem zivilen Produktionsausfall.

Im Folgenden soll versucht werden, ganz abstrakt die Konsequenzen eines Milizsystems mit Zwangsverpflichtung im Vergleich zu einer Freiwilligen-Armee auf marktwirtschaftlicher Basis abzuleiten. Der Zwangsrekrutierte wird mit einer impliziten Real-Steuer belegt, die der Differenz zwischen dem Lohn im Zivil und dem tieferen Sold entspricht. In dem Masse, wie der Arbeitgeber diese Differenz ganz oder teilweise übernimmt, zahlt jener diese Steuer. Entsprechend wird der allgemeine Steuerzahler entlastet, weil er dadurch weniger Steuern zahlt als er müsste, wenn die Wehrmänner bzw. ihre Arbeitgeber nicht so «besteuert» würden. Solange im Rahmen der allgemeinen Wehrpflicht praktisch alle Männer dienstpflichtig sind, kann die skizzierte Umverteilung kaum generell als diskriminierend bezeichnet werden. Immerhin ergibt sich auf diese Weise eine regressivere Belastung und vor allem eine Benachteiligung der selbstständig Erwerbenden (z. B. Handwerker, Bauern, Anwälte).

Schwerer wiegt jedoch der Aspekt der «allokativen Ineffizienz», die darin besteht, dass durch die Milizorganisation das Totaleinkommen kleiner wird. Die Zwangsrekrutierung zieht nämlich eine Reihe von volkswirtschaftlichen Kosten nach sich. Das zu tiefe Lohnniveau des Militärs im Vergleich zum Zivil verhindert eine optimale Faktorallokation in verschiedener Weise. Einmal bewirkt das Auseinanderklaffen von volkswirtschaftlichen und Budgetkosten des Personals ganz generell einen zu grossen Einsatz an menschlicher Arbeitskraft im Militär, weil Arbeitskräfte für die Armee relativ billig sind, genau so, wie von einem umweltverschmutzenden Produkt zu viel produziert wird, wenn der Produzent nicht alle Kosten tragen muss, wird von einem Produktionsfaktor zu viel eingesetzt, wenn dessen Preis nicht den vollen Kosten entspricht. Zusätzliche Kosten entstehen durch den Umstand, dass die Wehrpflicht nur knapp ein Jahr dauert, weil der Personalumschlag reale Kosten mit sich bringt. Neu eintretende Rekruten müssen jeweils von neuem die Grundschulung absolvieren. Diese Grundausbildung wiederholt sich heute alle Jahre zweimal und erfordert den Einsatz von Ressourcen und die Zeit der Ausbilder.

Die Wehrpflicht führt aber auch zu einer ineffizienten Allokation menschlicher Begabungen. So sieht man im Zivilleben kaum hochqualifizierte Kräfte, die abwaschen oder Toiletten reinigen. Unternehmer profitieren ja davon, wenn sie ihre Angestellten ihrer Ausbildung gemäss einsetzen, da sie dann am meisten zur Produktivitätssteigerung in der Unternehmung beitragen. Dies ist in der Armee nicht im gleichen Masse der Fall.

Zentralproblem ist der zu tiefe und einheitliche Preis des Faktors Arbeit, der eine unter-optimale Kapitalausstattung und damit einen zu langsamen technischen Fortschritt induziert. Die Beschaffung anderer Einsatzfaktoren dagegen (z. B. Waffen usw.) muss auf einem freien Markt zu Wettbewerbspreisen erfolgen.

Kombiniert mit der schon erwähnten Tendenz zu grossen Soldaten-Beständen als Folge des Miliz-Systems, ergibt sich hieraus die Tendenz einer schlechten Bewaffnung, einer technisch veralteten Ausrüstung und einer ungenügenden Produktivitätsentwicklung.

Diese ungünstigen Auswirkungen werden verstärkt durch den zu grossen Personalumschlag und den übermässigen Zeitaufwand für Ausbildung. Im Extremfall kommen wir in eine Situation, wo gerade wegen der allgemeinen Wehrpflicht relativ wenige in der personell viel zu grossen Armee effektiv kampftüchtig sind. Der Grund liegt darin, dass Kapitalausstattung und technischer Stand ungenügend sind und die einzelnen Wehrmänner aller Stufen sich so intensiv mit der Ausbildung anderer beschäftigen.

Aus Effizienzüberlegungen heraus wären kleinere Bestände und eine Beschränkung der obligatorischen Dienstpflicht auf das Auszugsalter sicher mit Vorteilen verbunden. (Bessere Bewaffnung, bessere Ausbildung, höhere Kapitalintensität, geringerer Turnover). Die Relation zwischen Zivil- und Militärpersonen von 34:1 ist rund zehnmal grösser als im Ausland und damit ein fast sicheres Indiz für allokative Ineffizienz. Insbesondere ergibt sich ein ungemein hoher «Turnover» mit all seinen negativen Konsequenzen. Weiter ist zu erwarten, dass vor allem bei Jahrgängen zwischen 1930 und 1950 die Opportunitätskosten stark ansteigen, während die militärische Produktivität ebenso stark sinkt.

Die Professionellen machen weniger als ein halbes Prozent des Effektivbestandes der Armee aus. In Bezug auf die Arbeitsteilung in der Schulung und Führung erscheint dies jedoch sehr wenig. Sowohl für die Ausbildung wie für operative Aufgaben von grosser Komplexität und hohem Stand der Technik ist die Frage der partiellen Professionalisierung laufend neu zu stellen. Wo die Turnover-Kosten hoch sind und/oder eine Milizausbildung unter dem zu fordernden Standard bleibt, sind die Grenzen zwischen Miliz und Berufssystem zu ziehen. Die Effizienz der ausserdienstlichen Aktivitäten sowie die fast ausschliessliche Übertragung der Schulungsfunktionen an Milizkader ist volkswirtschaftlich nicht über alle Zweifel erhaben.

Eine stärkere zeitliche Konzentration der rund elf Monate Dienstzeit für Soldaten erscheint mir ganz klar effizienzfördernd. Mit 118 Tagen Grundausbildung wird diese Phase höchstwahrscheinlich in einem Bereich mit noch stark steigender Grenzproduktivität abgebrochen. Die achtmal 20 Tage WK und dreimal 13 Tage EK wiederum könnten sehr wohl zu kurz und zeitlich zu verstreut sein, um eine nachhaltige Wirkung zu erzielen.

Jeder Zustand unterhalb der Grenze der Kriegstauglichkeit erbringt einen Nutzen von Null. Entsprechende Investitionen zur Anhebung des Leistungsniveaus sind reine Verschwendung, wenn sie nicht über diese kritische Schwelle hinausführen. Das Prinzip der gleichen Laufbahn für alle bei der Offizierskarriere mag demokratisch erscheinen, effizient ist es sicherlich nicht. Wenn z.B. ein Instruktionsoffizier erst nach 27 Jahren Rgt Kdt oder Stabschef werden kann, ist dies doch sehr bedenklich. Das Fehlen von echten Möglichkeiten, zumindest die einzelnen Phasen der Hierarchie drastisch zu verkürzen, kann sich nur extrem anreizhemmend auswirken. Statt Demokratie entsteht Bürokratie, statt Meritokratie Gerontokratie.

Zudem sollten mehr Anreize zur Nutzung von zivilem Fähigkeitskapital geschaffen werden. Sicher wird dies heute in vermehrtem Masse versucht, doch das Haupthindernis erscheint auch hier die über drei Jahrzehnte ausgedehnte Dienstpflicht, verbunden mit den äusserst kurzen Dienstintervallen, die den einzelnen Wehrmann zu einer passiven Duldung seiner Unterqualifizierung verleiten.

Effizienz ist nur eine Dimension des komplexen Themas der Milizarmee. Sie ist hier bewusst ganz einseitig und exklusiv durchexerziert worden, weil die übliche Diskussion diese – trotz allen Einwendungen wichtigen – Aspekte entweder zu negieren oder verfälscht darzustellen tendiert. Die Beurteilung der Leistungsfähigkeit anhand der Bestände und der budgetierten Aufwendungen sind gefährliche Symptome einer unangemessenen Betrachtungsweise.

Verfassung und Wirtschaft

Mit dem Entwurf einer totalrevidierten Bundesverfassung ist das Verhältnis von Staat und Wirtschaft vermehrt ins Rampenlicht der öffentlichen Diskussion getreten. Nebst der Aufgabenteilung zwischen Bund und Kanton handelt es sich bei der Wirtschaftsordnung um die umstrittensten Passagen des Expertenentwurfs. Diese zum Teil hitzige Kontroverse ist dringend notwendig, sollte aber dennoch überlegt, sachlich und realitätsbezogen geführt werden.

Worum geht es dabei grundsätzlich? Die Schweiz versteht sich als freiheitlicher, demokratischer und sozialer Rechtsstaat mit föderativem Aufbau. Zu diesem Zweck strebt der Staat gemäss Art. 2 des Entwurfs eine ausgeglichene Sozial-, Eigentums- und Wirtschaftsordnung an, die (1) der Wohlfahrt des Volkes, (2) der Entfaltung des Einzelnen und (3) der Sicherheit der Menschen dienen soll.

Aus dieser Zielsetzung leitet sich klar der Auftrag zur Realisierung einer marktorientierten, auf wirtschaftspolitische Ziele hin gelenkten und sozialverpflichteten Wirtschaftsverfassung ab. Dabei steckt im Begriff «Markt» der individuell-freiheitliche Kern, im Adjektiv «gelenkt» die Ausrichtung auf eine wohlfahrtsmehrende Wirtschaftspolitik und im Zusatz «sozial» die Verpflichtung zum sozialen Ausgleich und zur gemeinschaftlichen Partizipation.

Eine so verstanden gelenkte, soziale Marktwirtschaft muss der Offenheit der Verfassung klare Schranken setzen, und zwar zur Abgrenzung gegenüber Systemen der exklusiven Marktsteuerung, der umfassenden Sozialisierung mit Kollektivierung, aber auch der totalitären Wirtschaftslenkung auf nicht-sozialistischer Basis. Offen und damit anpassungsfähig bleiben muss jedoch die konkrete Abwägung allfälliger Gegensätze oder Konflikte zwischen diesen drei Polen der freiheitlichen Marktordnung, der zielgerichteten staatlichen Lenkung und der sozialen Verpflichtung. Hier muss und kann dem Gesetzgeber ein grosser Spielraum für die inhaltliche Gestaltung und Wandlung der Wirtschaftsordnung verbleiben.

Soll eine gelenkte, soziale Marktwirtschaft in der Verfassung verankert werden, so müssen die folgenden drei Elemente der Wirtschaftsordnung geregelt werden.

Zur Aufrechterhaltung des Marktes ist ein Katalog individueller Freiheitsrechte unabdingbare Voraussetzung. Eigentumsgarantie, Wirtschafts- und Berufsfreiheit, aber auch Niederlassungs- und Vertragsfreiheit usw. stehen dabei im Vordergrund. Eine Regelung der Tauschbeziehungen durch den Markt setzt frei handelnde und verantwortliche Menschen voraus, die über die Gegenstände des Tausches (Sachgüter, Ressourcen, Dienstleistungen usw.) verfügen können, für ihre Schulden und Vertragsverpflichtungen haften und für allfälligen Erfolg bzw. den Sanktions- bzw. Anreiznormen des Marktes unterstehen. Demgegenüber ist aber auch zu sehen, dass der «Markt» nicht als eine natürliche spontane Ordnung aufzufassen ist, sondern dass in einer pluralistischen, demokratischen und partizipativ-integrativ orientierten Gesellschaft die Regeln und Grenzen des «Spielfeldes Markt» vom Staat genau festzulegen und zu kontrollieren sind. Der marktwirtschaftliche Kern besteht jedoch seit eh und je darin, dass im Rahmen der Gesetzgebung die einzelnen Produzenten und Konsumenten die zentralen Entscheidungen darüber fällen «was», «wieviel», «wie» und «für wen» produziert wird. Die Legitimation des Marktes beruht dabei einerseits auf seiner Komplementarität zur politischen Freiheit und andererseits auf seiner dynamischen Effizienz und der damit verbundenen Leistungsfähigkeit in der Produktion.

Der zweite Pol der Wirtschaftsordnung ist die staatliche Lenkungsbedürftigkeit der Marktwirtschaft. Diese resultiert vor allem aus den Tatbeständen des so genannten Marktversagens und des so genannten Gerechtigkeits- oder Sozialversagens im Falle einer reinen Preissteuerung der Gesellschaft. Relativ unbestritten ist dabei die Erkenntnis, dass viele Märkte unvollkommen sind (z. B. Monopole) oder ganz fehlen (Kollektivgüter mit gemeinsamer Nutzung wie z. B. die Landesverteidigung). Die konjunkturelle Instabilität der Marktwirtschaft ist ebenfalls eine mehrheitlich akzeptierte Tatsache.

Problematischer sind demgegenüber die Konflikte zwischen der marktwirtschaftlichen Effizienz und der sozialen Gerechtigkeit. Letztere betrifft Kernfragen der Verteilung des Einkommens, der Partizipation aller Betroffenen an Entscheidungen und der Verwirklichung von sozialer Sicherheit. Die Wirtschaftsverfassung der gelenkten, sozialen Marktwirtschaft braucht zur Lösung dieser Probleme einen Katalog von wirtschaftspolitischen Zielen wie Preisstabilität, Vollbeschäftigung, ausgeglichenes Wachstum, gerechte Einkommensverteilung. Ähnlich wie die individuellen Freiheitsrechte markieren diese Ziele die Grenzpfähle, nur diesmal für die korrigierenden, regulierenden, stabilisierenden oder umverteilenden Eingriffe des Staates. Umstritten ist dabei die Frage, inwieweit die Verfassung auch die zentralen Eingriffsinstrumente schon nennen soll oder nicht.

Die soziale Verpflichtung darf nicht bloss als eine lästige Konzession verstanden werden, sondern sozialer Friede und soziale Sicherheit sind die gesellschaftliche Basis, auf der überhaupt eine effiziente Marktwirtschaft in einer demokratischen Gesellschaft überleben und gedeihen kann. Am besten trägt man diesem Umstand Rechnung, wenn man auf der einen Seite die politischen und ökonomischen Individualrechte mit echten Sozialrechten erweitert. Diese müssen jedoch in ihrer Grundsätzlichkeit und konkreten Durchsetzbarkeit den übrigen Grundrechten entsprechen. In diesem Sinne wäre etwa auf ein Recht auf ein soziales Existenzminimum oder auf Teilhabe an kollektiven Sicherungssystemen für jedermann zu denken. Wo es primär um sozialpolitische Aufgaben des Staates geht, sind diese als separate Kategorie von Zielen der Wirtschaftspolitik aufzuführen und allenfalls durch Grundsätze eines sozialpolitischen Eingriffsinstrumentariums zu ergänzen.

Um diese Frage kommen wir nicht herum – ob mit oder ohne neue Verfassung; denn längst schon ist die bestehende Wirtschaftsordnung weitgehend zur Fiktion geworden, zur Fiktion nämlich, dass unsere Wirtschafts- und Sozialpolitik auf dem Doppelpfeiler der Handels- und Gewerbefreiheit und der Eigentumsgarantie ruhen. Was wir heute schon an diesem Pfeiler auf- und abgebaut haben, hat wohl den Punkt längst überschritten wo die normative Kraft einer einbeinigen Wirtschaftsverfassung der individuellen Freiheit – ohne gleichrangige Mitberücksichtigung der staatlichen Lenkung auf andere Ziele als nur Effizienz und ohne Verpflichtung zum sozialen Ausgleich – zur «quantité négligeable» wird. Diese Gefahr der interventionistischen Verwilderung im Rahmen des Status quo ist eindeutig grösser als die systemverändernde Dynamik des Verfassungsentwurfs, der in vielen entscheidenden Punkten verbesserungsbedürftig ist. Mit diesen Verbesserungen müssen wir uns im Einzelnen beschäftigen und nicht länger unsere Zeit mit verbalen Beschwörungen einer Welt vergeuden, die es ohnehin nie gab.

Politikversagen

Es ist heute allgemein anerkannt, dass der Markt in bestimmten Situationen versagt und daher durch staatliche Korrekturen, Regulierungen und Umverteilungen ergänzt oder ersetzt werden muss. Doch was kann eigentlich der Staat erreichen oder warum versagt oft auch er? Dazu im Folgenden ein paar Überlegungen:

1) Selbst wenn es Massnahmen gäbe, die zur Überwindung des Marktversagens tauglich wären, bleibt die Frage, ob beim Staat genügend Informationen und Anreize gegeben sind, um die erforderlichen Massnahmen auch tatsächlich auszuführen. Die «Abstimmung auf dem Markt» ist bekanntlich eine Abstimmung, bei der jeder «Franken» einer «Stimme» entspricht. Im politischen System der Demokratie entspricht demgegenüber einem erwachsenen Menschen eine Stimme. Von da aus gesehen gibt es keine a priori Begründung dafür, dass die Stimmenkonkurrenz der Frankenkonkurrenz in jeder Beziehung überlegen sein muss. Im Gegenteil steht zu befürchten, dass Mehrheitsentscheidungen weniger differenzierte Lösungen ergeben als Marktentscheidungen und z. B. eher zur Vergewaltigung von Minderheiten führen können.

2) Die Ursachen des Marktversagens, insbesondere der ungleiche Organisationsgrad der verschiedenen privaten Interessen, werden sich auch im politischen Sektor wieder geltend machen, sehr oft sogar mit noch gesteigerter Wirksamkeit.

3) Wirksame Regierungsaktionen erfordern weit mehr als nur eine gesetzgeberische Aktivität. Die Gesetzgebung muss auch administriert durchgesetzt und sehr oft laufend abgeändert oder fallweise angepasst werden. In all diesen Phasen des politischen Prozesses besteht die Möglichkeit, dass starke individuelle oder Gruppeninteressen die Absichten des Staates durchkreuzen. Bis vor kurzem war das Vertrauen in die Fähigkeit und Bereitschaft des Staates gross, die Ineffizienzen und Ungerechtigkeiten der Preissteuerung zu kompensieren bzw. zu vermeiden. Gerade die Ökonomen glauben ziemlich naiv an das Staatsmodell des weisen Philosophenkönigs, der das Gute will und das Richtige tut. In unserer Wirklichkeit ist aber gerade dies das Problem, nämlich zu bestimmen,

was die Gemeinschaft überhaupt will, und das Gewollte entsprechend durchzusetzen. Jede Analyse des Politikversagens muss von der Frage ausgehen, wie die individuellen Präferenzen und Zielvorstellungen der Wähler, Konsumenten, Produzenten und Interessengruppen in Entscheidungen des Staates umgesetzt werden. Dies geschieht im so genannten «Politischen Prozess». Eine extrem vereinfachte Darstellung dieses komplexen Prozesses geht davon aus, dass die Wünsche und Vorstellungen der einzelnen Wähler die Gesetzgebung durch Wahlen und Abstimmungen in Gang setzen oder die Gerichtsbarkeit zur Lösung von Konflikten aufrufen. Der nächste Schritt besteht in der Überführung legislativer und judikativer Entscheide in den administrativen Vollzug. Die Durchsetzung entsprechender Massnahmen bewirkt das gewünschte Verhalten der Adressaten dieser Politik. In allen Phasen können nun aber Pannen auftreten.

- Legislatives Versagen: Wie im Markt ist auch hier der Weg von den Wünschen der Einzelnen zu den Zielen des Kollektivs steinig. Dabei geht es auch in der Politik um Transaktionskosten im Abstimmungs- und Aushandlungsprozess, d.h. um die Tatsache, dass auch bei der Ingangsetzung oder Bremsung von Gesetzen die einzelnen Wähler bzw. Verbände von ihrer individuellen Interessenposition aus handeln, sich aber zu Koalitionen zusammenschliessen sollten, um etwas zu erreichen. Wie bei den Transaktionen im Markt kann dies dazu führen, dass entweder zuviel oder zuwenig gesetzlich geregelt wird (vgl. z.B. die Sozialpolitik) oder einzelne Gruppen sich Privilegien zu Lasten der Allgemeinheit verschaffen können (z.B. Landwirtschaft).
- Administratives Versagen: Das Phänomen, dass staatliche Überwachungsorgane mit der Zeit zu den wirkungsvollsten Interessenvertretern der eigentlich zu beaufsichtigenden privaten Wirtschaftsträger werden, ist häufig zu beobachten. Das staatliche Aufsichtsorgan benötigt nämlich Information, und diese erhält es wiederum nur von den direkt Beteiligten. Diese haben aber ein vitales Interesse, die administrative Behörde in ihrem Sinne zu beeinflussen. Ein krasses Beispiel ist etwa die Milchkontingentierung, die praktisch umfassend von einem privaten Verband dominiert wird.
- Versagen der Gerichtsbarkeit: Ein Versagen der Gerichtsbarkeit kann dann auftreten, wenn bestimmte Gruppen zum Vornherein von der Beanspruchung der dritten Gewalt ausgeschlossen sind oder weil sie sich infolge von Unkenntnis der Rechtslage oder ihrer Rechtsansprüche selber davon ausschliessen. Noch häufiger wird wohl der Fall ein-

treten, dass die privaten Kosten der Beanspruchung der gerichtlichen Instanzen grösser sind als der erzielbare Nutzen. Dies ist wiederum dann zu erwarten, wenn der über ein Gerichtsurteil erzielbare Nutzen einer grossen Zahl von anderen Betroffenen zugute kommt, die selber nicht geklagt und deshalb keine Kosten auf sich genommen haben (z. B. Mieterschutz).

- Vollzugsversagen: Selbst wenn bis zu diesem Entscheidungsknotenpunkt der politische Prozess fehlerfrei funktioniert, so ist immer noch nicht gewährleistet, dass die Entscheide tatsächlich in die Tat umgesetzt werden. Wir sprechen hier von so genannten Implementationsfehlern. Die Hauptstossrichtung der auf Abwehr gerichteten politischen Handlungen der Interessengruppen setzt häufig gerade in dieser Implementationsphase an. Allzu oft bewirkt dies einen selektiven Vollzug, wenn nicht gar eine Blockierung desselben. Da gerade in der Schweiz die Verbände beim Vollzug stark eingeschaltet sind, haben diese hier besonders viel Spielraum (z.B Milchkontingentierung).

- Ergebnisversagen: Nur wenn das Verhalten der Adressaten der Politik sich tatsächlich verändert – und zwar im beabsichtigten Sinne – kann von einem Politikerfolg gesprochen werden. Genau das aber ist sehr häufig nicht der Fall. Das Verhalten der Menschen richtet sich leider nicht nach den – hoffentlich – edlen Zielen der Gesetzgeber, Gerichte und Vollzugsbehörden. Jeder Ökonom könnte zahllose Fälle aufführen, wo die gute Absicht zu perversen Folgen führt, weil zwischen Absicht und Auswirkung eben Menschen, und zwar handelnde Menschen, eingeschaltet sind (z. B. Kündigungsschutz und Schwangerschaftsurlaub für Frauen, Mindestlöhne).

Der Staat und seine Politik sind somit ebenfalls als unvollkommene Lenker unseres Geschicks einzuschätzen. Naive Staatsgläubigkeit ist ebenso fehl am Platz wie eine pauschale Staatsverteufelung. Der Ruf nach dem Staat ist nicht immer berechtigt, wenn unsere Wirtschafts- oder Gesellschaftsordnung Fehlleistungen hervorbringt, denn vielleicht kann auch der Staat diese Fehler nicht beheben oder er produziert gar neue, die schlimmer sind als die ursprünglichen.

«Ökumenische Ökonomie»

Die leeren Kirchen treiben die Pfarrherren in die Diversifikation, zum Beispiel in die «Analyse» von Wirtschaft und Wohlstand. Die Schweizerische Bischofskonferenz und der Schweizerische Evangelische Kirchenbund stellen eine «Ökumenische Konsultation zur sozialen und wirtschaftlichen Zukunft der Schweiz» vor. Dies ist an sich durchaus legitim. Wirtschaftsethik ist ohnehin hoch im Kurs und entsprechend und offensichtlich publikumswirksamer als die Seelsorge.

Selbst normative Positionen oder moralische Urteile der Kirche sind nicht zu beanstanden, jedoch der in dieser Broschüre zutage tretende Dilettantismus in der Analyse der wirtschaftlichen Lage. Wieviel wert ist eine ethische Wertung, wenn sie theoretisch und empirisch auf völlig haltlosen Grundlagen beruht? Darf die offizielle Kirche Fehler in der Diagnose machen, die man keinem Erstsemestrigen jemals durchlassen würde? Rechtfertigt eine naive und unprofessionelle Diagnose die Parteinahme für ideologische bzw. politische Positionen linker Provenienz?

Der Leser möge selber urteilen. Ich zitiere und kommentiere ein paar Stellen aus dem Textteil, welcher der Analyse dienen soll.

1) Seit die kommunistischen Regimes in Europa zusammengebrochen sind und seit die übrigen kommunistischen Länder ihre Wirtschaft mehr oder weniger liberalisiert haben, kann sich keine Region dieser Entwicklung (Globalisierung) entziehen.
Kommentar: Wie soll man das verstehen? Etwa so, dass das Scheitern einer nicht weltwirtschaftskonformen sozialistischen Planwirtschaft zu bedauern ist? Zudem ist die Aussage so auch heute nicht richtig. Einzelne Länder können sich sehr wohl aus dem Weltmarkt abmelden. Mit welchen verheerenden Folgen für die betroffenen Menschen dies verbunden ist, kann man z. B. in Nordkorea, Burma oder Kuba beobachten.

2) Ein weiteres Anzeichen dafür ist das veränderte politische Kräfteverhältnis auf Bundesebene. Bauern, Handels- und Industrieverbände machen zunehmend Vertretern der internationalen Hochfinanz und Direktionsmitgliedern von Weltkonzernen Platz. Diese neuen Kräfte bestimmen die politische Agenda der Schweiz.

Kommentar: Diese Behauptung ist faktisch leicht zu widerlegen, wenn man nur die Interessenbindungen der schweizerischen Parlamentarier zur Kenntnis nähme. Der landwirtschaftliche Klub allein umfasst ein Zehnfaches der angesprochenen Wirtschaftsvertreter. Der Begriff «internationale Hochfinanz» ist ein negativ besetztes Fastschimpfwort (analog zum Pfaffen für den Pfarrer). Unzählige polit-ökonomische Analysen der schweizerischen Politik bestätigen immer und immer wieder die Übermacht der binnenwirtschaftlich orientierten Interessen der Landwirtschaft, des Gewerbes, der Arbeitnehmer. Paradoxerweise sind die «internationale Hochfinanz» bzw. die «Weltkonzerne» an der schweizerischen Politik gar nicht sonderlich interessiert, weil sie im Gegensatz zu Gewerbe oder Landwirtschaft beim schweizerischen Staat wenig bis nichts holen können. Für die Nestlé ist viel wichtiger, was in den USA passiert als am Genfersee.

3) Allein das Vermögen der 358 reichsten Personen entspricht heute dem Gesamteinkommen von 45 % der ärmsten Bewohner der Erde, also von 2,3 Milliarden Menschen.
Kommentar: Also dieser Satz ist nun wirklich unverzeihlich. Erstens ist Vermögen eine Bestandesgrösse und kann nicht mit den laufenden Einkommen verglichen werden. Der Satz insinuiert, dass man nur das Vermögen dieser 358 Geldsäcke auf 2,3 Milliarden (!) Menschen verteilen müsste, um das Armutsproblem der Welt «schwupp-di-wupp» zu lösen. So einfach sind vielleicht Lösungen im Himmel, aber auf Erden ist die Sache etwas komplexer. Gerade diese grössten Privatvermögen sind produktiv und häufig auch riskant investiert. Deren Zwangsauflösung würde mit Sicherheit mehr Arbeitsplätze vernichten als neu schaffen.

4) Die 200 bedeutendsten Weltkonzerne erzielen für sich allein einen Umsatz, der einem Viertel der Weltwirtschaft entspricht, wobei sie lediglich 0,75 % der weltweiten Arbeitskräfte beschäftigen.
Kommentar: Auch diese Aussage strotzt von totaler Unkenntnis der einfachsten Zusammenhänge. Umsätze von Firmen und Volkseinkommen von Ländern können nicht sinnvoll in eine Relation gebracht werden. Im Volkseinkommen ist nur die Wertschöpfung der Unternehmen enthalten. Wenn schon ein Vergleich, dann zwischen den ausbezahlten Einkommen der Firmen (Löhne, Zinsen, Gewinne) und dem Nationaleinkommen oder Sozialprodukt. Die Beziehung zwischen Umsatzanteil der 200 grössten

Konzerne am Weltsozialprodukt und dem Beschäftigungsanteil ist völlig abstrus – für den Ökonomen eine «Ketzerei» der schlimmsten Sorte.

5) Das ärmste Fünftel der (Schweizer) Bevölkerung verfügt über kein Vermögen oder hat Schulden. In der Schweiz leben, je nach Armutsdefinition, bis zu 710 000 Menschen in Armut.
Kommentar: Die erste Aussage ist eine glatte Lüge. Wer kein steuerbares Vermögen ausweist, hat deshalb längst noch kein Vermögen an sich. Abgesehen von den recht grosszügigen Freibeträgen für das Vermögen werden dauerhafte Konsumgüter steuerlich überhaupt nicht erfasst, und der gesamte Stock an langfristigen Konsumgütern ist auch für einen Haushalt mit bescheidenem Einkommen beträchtlich. Für die unteren Einkommensschichten ist jedoch das wichtige «Vermögen» der Anspruch auf die AHV- und BVG-Renten. Die Zahl von 710 000 Menschen, die in der Schweiz in «Armut» leben sollen, ist zumindest äusserst fragwürdig. Definiert man die untersten 20 % der Einkommensverteilung als «arm», so bleibt die Zahl der «Armen» (bei konstanter Bevölkerung) auch bei einer Verzehnfachung des Volkseinkommens gleich gross.

6) So verbirgt sich hinter dem Ruf nach Freiheit viel Gewalt. Um des Vorteils willen werden Menschen und werden Länder gegeneinander ausgespielt.
Kommentar: Jedem Liberalen muss dieser Satz wie ein Schock einfahren. Die Gleichsetzung von Freiheit mit Gewalt verrät eine kollektivistische Geisteshaltung, die man seit dem Untergang des sozialistischen Imperiums gestorben glaubte. Dieser Satz ist blanker Hohn all den Opfern totalitärer Regimes gegenüber. Wo keine individuelle Freiheit besteht, da herrscht die Gewalt der kollektivistischen Ideologie und ihrer notwendigen totalitären Politik.

7) Die Rolle des Staates wird geschwächt, weil auf allen Ebenen die Finanzmittel nicht ausreichen zur Deckung der Ausgaben. Bei jedem Versuch, die Staatseinnahmen zu erhöhen, macht die Opposition geltend, die entsprechende Abgabe gefährde den Wirtschaftsstandort Schweiz. Das zwingt die politischen Behörden dazu, die Ausgaben zu einem Zeitpunkt zu drosseln, da alle vom Staat Unterstützung einfordern.
Kommentar: Jeder arglose Leser dieser Passage muss daraus den Schluss ziehen, dass die Staatsausgaben in der Schweiz gesenkt («gedrosselt»)

worden sind und zugleich zusätzliche Staatseinnahmen verweigert worden sind. Dies ist nun leider völlig tatsachenwidrig. Seit 1990 (dem Beginn der Wachstumskrise) sind die Staatsausgaben von Bund, Kantonen und Gemeinden um 32 % gestiegen, die Staatseinnahmen um 19 %. Der Staatsanteil hat von 37 % auf 49 % zugenommen (inklusive Sozialversicherungen).

Diese wenigen Beispiele für unseriöse und tendenziöse Arbeit müssen genügen. Es wäre noch viel zu berichten, so zum Beispiel über die haarsträubende (eine Ja insinuierende) Frage, ob nicht die Geldgier Vorräte hortender Getreidehändler Not und Hunger auslöse – mit dem Ziel, einen Preisanstieg zu bewirken! Doch wollen wir hier abbrechen und mit der bangen Frage enden, ob es nun Unwissenheit oder Absicht ist, leichtgläubige und verunsicherte Mitmenschen derart hinters Licht zu führen. Entschuldbar wären beide Antworten nicht.

Ohnmächtige Politik – allmächtige Wirtschaft?

Die Globalisierung der Wirtschaft – so der gängige Katechismus – vernichtet nicht nur Arbeitsplätze, sondern treibt die Politik in die Ohnmacht. Sowohl die Autonomie des Nationalstaates wie auch die Reichweite der Demokratie werden gestutzt, zurückgedrängt – eben in die hinterste Ecke der Ohnmacht verbannt. Anonyme (blinde) Marktkräfte und gut sichtbare Wirtschaftsbosse schalten und walten, ohne staatliche oder politische Grenzen beachten zu müssen. Unternehmen fusionieren, restrukturieren, desinvestieren unter dem Diktat der Kapitalmärkte und dem Applaus der Aktionäre. Märkte überborden, kommerzialisieren die gesamte Kultur, zerstören die Solidarität und zerreissen den politischen Konsens.

Die Politik steht ohnmächtig am Rand der Spielwiese des entfesselten globalen Marktes: Sie kümmert sich höchstens um die Opfer der «schöpferischen Zerstörung»: die Arbeitslosen, Ausgesteuerten, Ausgegrenzten: kurz um die Zukurzgekommenen. Die Politik als aufopfernder Samariter!

So oft dieser Leierkasten in Editorials oder von Kanzeln herab auch abgespielt wird, so falsch bleibt die Musik, die hier zum Erklingen gebracht wird.

Wahr ist eher das Gegenteil. Die Politik ist allgegenwärtig und expansiv. Der Staat ist auf dem Vormarsch wie nie zuvor. Tatsache ist, dass die öffentlichen Steuer- und Ausgabenquoten steigen, die Eingriffsdichte der staatlichen Regulierung eher zu- als abnimmt, dass – und dies vor allem – die staatliche Umverteilungsmaschinerie gut geölt und geschmiert vorwärts läuft. Auch und gerade in der Schweiz, wo die Subventionen des Staates an die Landwirtschaft weiter ansteigen, wo die Subventionen an die Krankenkassenprämien als soziale Tat hochgefahren werden, wo eine Mutterschaftsversicherung der Verwirklichung harrt und die Mehrwertsteuerschraube zur Teilfinanzierung des AHV-Lochs angezogen wird.

Die Märkte machen demgegenüber einen geknebelten, fragilen Eindruck. Wenn sie immer mehr Fehlleistungen wie z. B. Arbeitslosigkeit und Innovationsdefizite produzieren, dann wegen der regulatorischen Knechtung, der sozialpolitischen Umarmung und der steuerlichen Ausquetschung durch die Politik.

Freie Märkte haben wenig Freunde, aber viele Feinde. Zwei Gruppen sind besonders gefährlich: soziale/kommunitarische Ideologien und partikuläre Interessen.

Erstere gehen von einem naiven Harmonieverständnis in der Politik aus. Der Homo oeconomicus der Wirtschaft ist ein egoistisches raffgieriges Subjekt. Der Homo politicus dagegen solidarisch dem Allgemeinwohl verpflichtet. Der Demokratie wird stillschweigend eine Interessenharmonie zwischen Wählern und Gewählten unterstellt oder im Falle der direkten Demokratie gar eine Interessenharmonie zwischen Volksmehrheiten und dem Allgemeinwohl. Demgegenüber konstruiert man einen Interessengegensatz zwischen den Wähler- oder Abstimmungsmehrheiten und den Unternehmen, den Besserverdienenden usw. Wenn dann gewählte Parlamente oder siegreiche Mehrheiten bei Abstimmungen sinnlose Umverteilungsströme innerhalb des Mittelstandes auslösen, markt- und beschäftigungsfeindliche Regulierungen erlassen, durch Steuern negative Arbeits- und Beschäftigungsanreize setzen oder innovationsschädigende Verbote und Gebote erzwingen – ja dann erscheint das als praktizierte Demokratie im allgemeinen, übergeordnetes Interesse. Ist es aber nicht. Vieles spricht dafür, dass die tatsächlichen Interessen der arbeitenden und konsumierenden Mitbürgerinnen und Mitbürger viel besser mit freien Märkten übereinstimmen würden als mit einer angeblich demokratisch legitimierten Plan- und Umverteilungswirtschaft. Der Leser überlege sich dazu nur folgende Beispiele: Wäre der grossen Mehrheit der Konsumenten nicht besser gedient, wenn sie individuell frei entscheiden könnten, wann und wo sie einkaufen wollen? Oder was hat die grosse Mehrheit der Arbeitnehmer von Regulierungen, die sie angeblich schützen, aber in der Tat und Wahrheit aus dem Markt ausschliessen? In beiden Fällen ist es sehr wohl möglich, dass individuelle Transaktionen der Konsumenten oder Arbeitnehmer auf freien Märkten die Präferenzen dieser Menschheit besser erfüllen würden als die staatliche Reglementierung, also die politische Lösung.

Ist die politische Lösung für den Einkauf oder die Anstellung a priori besser, nur weil sie demokratisch legitimiert ist?

Die Zweifel daran werden wohl noch deutlicher, wenn wir in Rechnung stellen, dass sich Produzenten und Partikularinteressen politisch leichter organisieren und besser durchsetzen können als breit gestreute Konsumenten- oder gar Universalinteressen. Daraus folgt, dass Sonderinteressen, die dem Wettbewerb zu entrinnen versuchen, um lieber von «politischen Renten» als von «verdientem Einkommen» zu leben, auf dem Politmarkt potenter sind als das allgemeine Interesse am freien Wettbewerb oder am technischen Fortschritt. Eine weitere Asymmetrie betrifft den Abbau von Privilegien, der leicht als Sozialabbau zu brandmarken ist. Denn auch hier sind die Verlierer konzentriert, organisiert und militant. Die potenziellen Gewinner von tieferen Lohnnebenkosten oder Steuern hingegen sind es nicht, obwohl sie eigentlich die grosse Mehrheit bilden.

Subventionsabbau ist somit ein politisches Himmelfahrtskommando, und zwar unabhängig davon, ob die Profiteure politisch links oder rechts stehen. Die Politik ist somit alles andere als «ohnmächtig». Die Globalisierung der Wirtschaft hat dem säkularen Trend zur staatlich-politischen Übermacht über die private Wirtschaft Bremsen aufgenötigt. Das ist nicht bloss gut für die so genannte Wirtschaft, sondern dies ist auch ein Lichtblick für die Freiheit der Bürgerinnen und Bürger.

Die Globalisierung der Justiz

Unabhängig davon, wie der Fall PINOCHET letztlich ausgeht, wirft dieser grundlegende Fragen zur Globalisierung der Justiz auf. Während die Globalisierung der Wirtschaft von den meisten Intellektuellen kritisch bis ablehnend betrachtet wird, scheint der Fall PINOCHET bei den gleichen Kreisen eine Welle des Applauses auszulösen. Endlich ist ein Diktator – zumindest ein Ex-Diktator – gefasst und hart angefasst worden. «Diktatoren aller Länder, hütet Euch», so lautet die Losung derer, die an die abschreckende und zugleich strafende Wirkung der Verhaftung des chilenischen Ex-Diktators glauben (möchten). «Überall und jederzeit kann die globalisierte Justiz Euch packen und richten.» Dies die Moral der Geschichte.

So weit, so gut. Sicher ist, dass General PINOCHET für den Tod von zirka 3000 Menschen mitverantwortlich ist, wobei neben dem Staatsterror auch der Linksterror Tod und Schrecken über Chile verbreitete, was zu bürgerkriegsähnlichen Zuständen führte. Auch die folgende Kritik an der zumindest in Europa vorherrschenden Freude über die globalisierte Justiz hat nichts mit einem Reinwaschungsversuch des chilenischen Ex-Diktators zu tun, aber viel mit grundsätzlichen Fragen der nationalen Souveränität von Staaten einerseits und der persönlichen Immunität von Politikern anderseits. Dazu folgende Punkte:

Gerade in der Schweiz sollte man sich daran erinnern, wie wir auf die Neuschreibung der Geschichte durch ausländische Experten und die juristische Neubeurteilung durch amerikanische Gerichte des Zweiten Weltkriegs reagiert haben. Die Mehrheit der Schweizer wollte keinen Anschluss an das Grosse Reich HITLERS, machte diesem jedoch trotzdem Konzessionen, die sich für Zigtausende als tödlich erwiesen.

Die Mehrheit des chilenischen Volkes wollte 1973 kein zweites Kuba werden, wie das der mit zirka einem Drittel der Stimmen gewählte ALLENDE in Angriff nahm zu tun. Viele unterstützten daher den Coup der Militärs, ohne den Staatsterror zu wollen.

Ob die Militärdiktatur die einzige Alternative gegen das absehbare Chaos von ALLENDE war, sollten wir primär durch die Chilenen selber beurteilen lassen. Wer weiss, wie viele Opfer ein eigentlicher Bürgerkrieg in einer späteren Phase der ALLENDE-Politik gefordert hätte? Oder wie viele einfach im Sozialismus des Herrn ALLENDE verhungert wären.

So verwerflich die Pinochet-Diktatur auch immer war, ihr Aushängeschild hat es geschafft, eine friedliche Transformation zurück zu einer politischen Demokratie und sozialen Marktwirtschaft zu ermöglichen. In Chile selber verlor der Ex-Diktator und Senator auf Lebenszeit ständig und stetig an Einfluss. Die grosse Mehrheit der Chilenen will nie mehr weder einen Allende noch einen Pinochet – und wählte deshalb eine Mitte-Links-Regierung. Durch die spektakuläre Verhaftung in London wurde paradoxerweise die «Rechte» gestärkt, weil die Mitte-Links-Regierung keine andere Wahl hatte, als ihre Souveränität zu verteidigen und damit völlig unfreiwillig als Anwältin des Ex-Diktators aufzutreten. Der Friedens- und Versöhnungsprozess wird damit in Chile erneut und stark gefährdet. Ist dieser Preis vielleicht nicht doch zu hoch?

In dieser Welt leben leider viele Diktatoren und Ex-Diktatoren. Letztere setzen sich meistens ins Ausland ab, weil sie zu Hause nicht sicher wären. Sind sie aber auch im Ausland nicht mehr sicher, so verstärkt dies den Anreiz, unter allen Umständen an der Macht zu bleiben und ja nie aufzugeben. Dass Pinochet – mehr oder weniger freiwillig – zurücktrat, hat dem chilenischen Volk vieles erspart, wenngleich die Amnestie für die Verbrecher der Militärdiktatur sowie die anderen Privilegien für den Herrn Ex-Diktator weh taten bzw. immer noch weh tun. Doch auch hier stellt sich die Frage nach den Alternativen. Der Übergang von Demokratie zu Diktatur ist jeweils schnell geschafft, das Umgekehrte ist leider Gottes viel schwieriger. Dass Diktatoren überhaupt abtreten können, ist dabei deshalb schon ein Vorteil.

Die politische Unmoral kann letztlich nicht durch die Justiz korrigiert werden. Der globale Kampf für die Demokratie und gegen die Diktatur ist eine politische Aufgabe. Hat nicht das demokratische Spanien nach 40-jähriger Franco-Diktatur darauf verzichtet, die Exponenten jenes Regimes juristisch zur Rechenschaft zu ziehen? Oder wie steht es mit der «Schuld» desselben Spaniens am Tod und an der Versklavung von Aber-Millionen von Menschen in Südamerika? Und ist der als grosser Versöhner allseits verehrte spanische König nicht von Franco als Schutzschild auf den Thron gesetzt worden? Fidel Castro wird sowohl in der Schweiz wie in Spanien offiziell mit Glanz und Gloria empfangen, obwohl seine Diktatur quantitativ und qualitativ mindestens so menschenrechtsfeindlich war (und noch ist) als diejenige von Pinochet. Hat je jemand nach der Verantwortung von Herrn Gorbatschow für die Toten, Unterdrückten und Internierten im Sowjetreich gefragt? Es kann doch nicht sein, dass sozialistische Diktaturen «gute Diktaturen» sind, nur weil der Sozialismus angeblich ethisch höhere Werte enthält als der Kapitalismus? Oder weil «Fidel» und «Gorbi» einfach so sympathisch sind?

Oder wie gehen wir mit den chinesischen Machthabern um, die nun mit tödlicher Sicherheit weit mehr Menschenleben auf dem Gewissen haben als der greise General aus Chile? Natürlich kommen wir in moralischen Fragen mit der Quantifizierung der Opfer nicht weiter. Aber dasselbe gilt meines Erachtens eben auch mit dem opportunistischen Herausgreifen eines einzelnen Übeltäters, mit dem sich die demokratisch gewählte Nachfolgeregierung (halbwegs) darauf geeinigt hat, einen Schlussstrich zu ziehen.

Man wird den Verdacht nicht los, dass es Länder gibt, die sich gegen solche Übergriffe in ihrer Souveränität schlechter wehren können als andere. Die Schweiz ist ein solches Exempel im Falle der amerikanischen Sammelklagen. Könnte es nicht sein, dass die globale Justiz auch im Falle Chiles einen eher wehrlosen Staat ausgesucht hat?

Nicht alles, was moralisch zu *verurteilen* ist, muss oder kann juristisch *beurteilt* werden.

Von der Affäre «Schweiz und Zweiter Weltkrieg» über diejenige von Lewinsky/Clinton bis hin zum Fall Pinochet erkennen wir doch klare Grenzen der Justizialität.

Mehr noch: Der Versuch, politische Verantwortung auf juristische Prozesse zu verlegen, schwächt letztlich auch die Macht des Rechts.

Es wäre deshalb besser, die Kategorien global zu ahndender politischer Verbrechen möglichst restriktiv zu fassen (zum Beispiel Genozid), aber dann konsequent zu verfolgen, statt relativ opportunistisch vor allem leicht zu fangende (kleine) Fische aufzuspüren.

Rückschritte in die Zukunft

Die schweizerische wirtschaftspolitische Landschaft ist in den letzten Jahren in wichtigen Problemfeldern positiv umgestaltet worden. Die Frage bleibt, ob Ausmass und Tempo der Liberalisierung um internationalen Quervergleich ausreichen. Leider steht ausser Zweifel, dass in zentralen Geländekammern wirtschaftspolitische Gärtner am Werk sind, die den marktwirtschaftlichen Boden so verdichten, dass in Zukunft kaum mehr Gras wachsen wird.

Die Diagnose lautet: Rückfall in die Planwirtschaft, diesmal zwar ohne ideologische (sozialistische) Verbrämung, sondern unter harmlosen, ja sympathischen Etiketten wie «flankierende Massnahmen zur Personenfreizügigkeit», «ökologische Steuerreform» oder «die Universität von morgen».

Tönt doch alles gut, vernünftig, zukunftsweisend? Leider verbergen sich hinter diesen «Labels» interventionistische Rückfälle der schlimmsten Sorte. Die so genannten flankierenden Massnahmen zur Personenfreizügigkeit bestehen erstens aus einem «Entsendegesetz», das ausländische Firmen verpflichtet, die minimalen Arbeitsbedingungen und Lohnansätze einzuhalten, die in der Schweiz gesetzlich oder gesamtarbeitsvertraglich vorgeschrieben sind. Dagegen ist wenig einzuwenden. Nur soll damit nicht genug sein. Zusätzlich soll die staatliche Zwangs-Allgemeinverbindlichkeit von GAV dann Platz greifen, «wenn in einer Branche oder einem Beruf die orts- und branchenüblichen Löhne und Arbeitsbedingungen wiederholt in missbräuchlicher Weise unterboten werden.» Überall da, wo schliesslich keine GAV bestehen, kann der Staat Normalarbeitsverträge erlassen, die Mindestlöhne vorsehen.

Dieser ganze so genannte «Schutz» zielt nicht etwa nur auf die untersten Einkommen ab, sondern auf alle Branchen und Berufe! Damit würde einer der wenigen verbleibenden Schweizer Trümpfe – ein relativ freier und flexibler Arbeitsmarkt – freiwillig weggeworfen, um die EU-Freizügigkeit für Schweizer im Ausland zu erkaufen. Wahrlich ein Paradox sondergleichen. Um eine Öffnung des Arbeitsmarktes nach aussen zu lancieren, opfert man die gesamte Flexibilität im Innern und setzt Anliegen der Gewerkschaften und der protektionistischen Verbände in die Tat um, die wir bisher relativ standhaft abgewehrt haben. Besonders perfid daran ist, dass man damit auch den grundsätzlichen Befürwortern der liberalen Verträge den Mund verbietet; denn es fragt sich, ob mit diesen flankierenden Massnahmen allein die bilateralen Verträge langfristig nicht mehr Schaden als Nutzen anrichten.

Beim Beitritt zur WTO hatte man die Bauern mit Direktzahlungen «gekauft» mit dem doppelten Vorteil, dass die Kosten beziffert und budgetiert werden müssen und in Form von Direktzahlungen keine weiteren indirekten Kosten verursachen. Die flankierenden Massnahmen im Arbeitsmarkt hingegen kosten ja anscheinend nichts ... Dabei ist der volkswirtschaftliche Preis für den Referendumsverzicht der Gewerkschaften und binnenwirtschaftlich orientierten Wirtschaftsverbände ein Mehrfaches des damaligen «Bauernopfers»: Bei einer vollen Ausschöpfung des neu geschaffenen Instrumentariums könnte die Schweiz binnen kürzester Zeit die EU-Länder in Sachen Verstaatlichung des Arbeitsmarktes überholt haben.

Auch die «ökologische Steuerreform» zäumt das Pferd am Schwanz auf. Im Vordergrund steht nicht ein staatsquotenneutraler Umbau des Steuersystems, sonder ein «fiskalischer Beutezug auf die Wirtschaft», sowie ein Füllhorn von gegen einer Milliarde Franken pro Jahr zur Subventionierung von erneuerbaren und alternativen Energien. Die Unredlichkeit des ganzen Vorhabens zeigt sich allein schon an der 20-jährigen Frist für die «Förderungsmassnahmen». Diese Milliarden werden mit Sicherheit in den Sand gesetzt bzw. in den grossen Taschen der Wasser(zins)kantone und der Alternativenergetiker versickern.

Im Bereich von Bildung und Forschung schliesslich macht sich ein Staatssekretär daran, via eine «Planifikation» in Hochschul- und Forschungsnetzen, die universitäre Lehre und Forschung noch ganz zu «verbürokratisieren» statt den Wettbewerb auszusetzen. Dazu nur ein «Müsterchen»: Die prioritären nationalen «Bildungs- und Forschungsschwerpunkte» sollen vom Bundesrat bezeichnet und administrativ mit einer Institution verknüpft werden. Es wäre ein Einfaches, die 100 besten Bildungs- und Forschungsstätten der Welt daraufhin zu untersuchen, ob sie ihre Schwerpunkte nach politischen Vorgaben ausrichten (müssen), oder ob sie von Staates wegen (mit mehr oder weniger sanftem Zwang) institutionell vernetzt sein müssen. Ich wette, dass man dies bei den besten nirgendwo feststellen wird. Im Gegenteil würde man finden, dass sich diese Institutionen nach dem internationalen Wettbewerb um die besten Forscher, Lehrer, Sponsoren, Studierenden ausrichten und organisatorisch/finanziell echt autonom = privat sind.

Nur die allerdümmsten Kälber ...

Man kennt das Sprichwort: «Nur die allerdümmsten Kälber wählen ihren Metzger selber!» Das Eidgenössische Finanzdepartement (EFD) hat mir kürzlich eine Broschüre auf das Pult flattern lassen. Unter dem Titel «Öffentliche Finanzen 2000» lese ich den folgenden (beruhigenden) Satz:

«Bei den Steuern sucht das Finanzleitbild den optimalen Kompromiss zwischen der Konkurrenzfähigkeit des Wirtschaftsstandorts und der Steuergerechtigkeit.» Tönt doch gut, nicht wahr?

Noch besser gefällt mir die nächste Sentenz: «Es werden möglichst tiefe Steuern angestrebt ...»

Dumm ist nur, dass die Fakten eine ganz andere Sprache sprechen. Zum Beispiel: Von 1990 bis 2000 (Budget) sind die Einnahmen des Bundes von gut 31 Milliarden Franken auf knapp 46 Milliarden angestiegen, also fast um 50 %, in einem Jahrzehnt fast ohne Wachstum der Wirtschaft. Kein Wunder, dass unser Land nur gerade vom ressourcenschwangeren Norwegen im Anstieg der Fiskalquote übertroffen wird! Spanien, Irland, die USA, Schweden (sic!) Neuseeland und die Niederlande konnten die Fiskalquote gar absenken. Die Sozialausgaben des Bundes haben sich in den letzten 20 Jahren verdreifacht, diejenigen für Schuldzinsen und Kantonsanteile vervielfacht, die für Landwirtschaft immerhin auch noch verdoppelt. Wenn das Sozialabbau und Aushungerung der Landwirtschaft ist, dann viel Glück im Stall der Zukunft. Ab 2000 kommen neue Steuern und Erhöhung alter Steuern auf uns zu. Die LSVA (leistungsabhängige Schwerverkehrsabgabe) z.B. oder ein Prozentpunkt Mehrwertsteuer für die AHV. Und glauben Sie ja nicht, dass die LKWs Steuern bezahlen. Auch die Hundesteuer wird ja nicht von den Vierbeinern getragen.

Doch damit nicht genug. Jetzt kommen auch noch die Energiesteuern, über die im Herbst zum Glück noch abgestimmt werden darf.

Und hier sei nun an das Sprichwort im Titel erinnert. Soll das Volk neuen Steuern von bis zu drei Milliarden Franken Zusatzeinnahmen pro Jahr zustimmen? Diese neuen Steuern sind sowohl hochgiftig für den ohnehin teuren Standort Schweiz, wie auch extrem ungerecht bzw. unsozial. Für mich bleibt es ein grosses Rätsel, wieso ausgerechnet die politische Linke Energieabgaben befürwortet. Erwiesen sind nämlich die folgenden Tatsachen:

1. Die Energiesteuern verteuern primär den Energiekonsum der privaten Haushalte (Benzin, Heizung, Strom) und treffen Familien um ein Mehr-

faches als Einzelpersonen und Haushalte mit niedrigem Einkommen weit höher als solche mit hohem.
2. Die Rückerstattung via Lohnprozent-Reduktionen verstärkt den regressiven Charakter, d. h. Gutverdienende profitieren nochmals mehr als die schlecht Verdienenden oder gar die Pensionierten.
3. Die Umlagerung von der Lohnsteuer auf die Energiesteuer vergrössert die Effizienzverluste der Besteuerung selbst im Falle der Staatsquotenneutralität. Sie kostet Wachstum und damit Wohlstand – und Arbeitsplätze. Dies gilt erst recht im absehbaren Fall einer Staatsquotenerhöhung.
4. Die Subventionierung von Alternativenergien und des Energiesparens ist fast zu 100 % eine volkswirtschaftliche Verschwendung zugunsten kleiner, aber gut organisierter Interessengruppen.
5. Der ökologische Nutzen der Energiesteuern ist minim. Die Schweiz hat bereits heute den geringsten CO_2-Ausstoss pro Einheit Sozialprodukt oder Kopf der Bevölkerung. Zudem haben wir bereits ein CO_2-Gesetz. Und wenn es wirklich nur um die «Luft» bzw. das Klima ginge, würden wir das Geld besser in die Erhaltung der Tropenwälder (oder Aufforstung unserer Alpen investieren) als den Subventionsjägern vor die Flinte zu treiben.

«Vamos a ver» sagt der Latino. Wir haben es in der Hand, diesen ökonomischen und ökologischen Unsinn zu stoppen.

Telefon-Kater

Offensichtlich gibt es neben dem Telefon-Sex auch einen Telefon-Kater. Gemeinsam ist beiden, dass es sich primär um «viel Lärm um nichts» handelt. Oder anders gesagt, in beiden Fällen handelt es sich vor allem um wilde Phantasien!
 Was ist also wirklich geschehen? Noch vor einem halben Jahr richteten die europäischen Telefongesellschaften mit der grossen Kelle an und zahlten Unsummen für Drittgeneration-Mobilfunk-Lizenzen. Heute stehen sie recht verkatert und ratlos vor den italienischen und schweizerischen Lizenzen, die ihnen als Auktionen hätten schmackhaft gemacht werden sollen. In unserem Fall war die Rede von zehn Milliarden Franken, die von einem gütigen Himmel in einen gierigen Schoss des Fiskus fallen könnten. Jetzt sieht es eher nach lumpigen 200 Milliönchen aus, die von den vier letzten Mohikanern ausgehustet werden. Wie ist dies zu erklären?
 Die Euphorie über die «New Economy» hat erstens einmal zu gewaltigen Überkapazitäten im geplanten Netzaufbau geführt. Zweitens haben sich die Betreiber masslos verschuldet. Nur für den Erwerb von Lizenzen sind europaweit zirka 150 Milliarden Franken ausgegeben worden. Der Aufbau der Infrastruktur kann nochmals so viel kosten. Zusätzliches Geld ist drittens für Übernahmen und Konsolidierung geflossen, finanziert durch hochverzinsliche Schulden. Viertens haben die Aktienmärkte auf diese Situation der Überkapazitäten und turmhohen Schulden mit einer massiven Rückstufung der Aktien auf etwa die Hälfte reagiert. Was also vor sechs Monaten noch wirtschaftlich vertretbar erschien, sieht natürlich nach einer Halbierung der Börsen-Kapitalisierung wesentlich anders aus.
 Fünftens gibt es bei Auktionen ein Phänomen, das als «Fluch des Gewinners» bezeichnet wird. Bei grosser Ungewissheit über den wahren Wert eines zu ersteigernden Ölfeldes oder eben einer 3G-Lizenz liegen die Gebote weit auseinander. «Gewinnen» tut derjenige Bieter, der sich am stärksten nach oben verschätzt hat. Mit der Zeit bemerken die «Gewinner» ihren Irrtum, was sechstens dann zu Fusionen, Restrukturierungen und Konkursen führt.
 Diese Faktoren erklären ziemlich plausibel, weshalb in England noch gegen 50 Milliarden Franken hingeblättert worden sind, während unser Finanzminister, Bundesrat Kaspar Villiger eben nur noch mit 200 Mio. schwanger geht.

Wer zu spät kommt, macht die Rechnung ohne den Wirt. Wie schlimm ist dieser «Verlust»? Weniger schlimm, als die meisten denken. Denn es ist, wie wenn eine erwartete Erbschaft nicht eintritt, weil sich der Erbonkel als viel weniger reich herausstellt, als wir gedacht hatten.

Das Ziel der Versteigerung der Lizenzen sollte nicht die Maximierung der Staatseinnahmen sein, sondern die effiziente und transparente Zuteilung des Wellenspektrums. Eine moderne, leistungsfähige Infrastruktur ist viel wichtiger als damit erzielbare «Quasi-Steuern». Das hätten wir eigentlich aus der Geschichte der alten PTT lernen sollen. Während Jahrzehnten schröpfte dieses ehrwürdige Staatsmonopol die Volkswirtschaft mit «Telefonsteuern» (als Gewinne verkleidet) mit verheerenden Folgen für den Standort Schweiz. Also jetzt um Himmels willen nicht denselben Fehler nochmals machen, indem die Lizenzen gratis zugeteilt, aber nachher jahrelang politisch gemolken werden mit dem fiskalischen Ziel, von den verlorenen Milliarden doch noch eine hereinzuholen.

Zum Schluss: Vielleicht ist es gar ein Segen, dass kein 10-Milliarden-Segen über uns gekommen ist. Die Gefahr wäre gross gewesen, dass in Analogie zum Gold neue Staatsaufgaben ge- oder erfunden worden wären, die uns arme Steuerzahler langfristig nur noch mehr mit permanenten Folgekosten belastet hätten. Der richtige Weg, Privatisierungsgewinne zu verwenden, wäre die Schuldentilgung. Aber das ist politisch halt nicht attraktiv und daher nicht opportun.

«Public Service» oder «Service Public»?

Was gleich aussieht, meint deshalb noch lange nicht dasselbe. «Public Service» ist englisch und will sagen, dass einzelne Menschen etwas (gratis) für die Allgemeinheit bzw. die Mitmenschen tun. «Service public» ist französisch und will sagen, dass die Allgemeinheit etwas (gratis) für die Einzelnen tun soll. Also Letzteres ist so ziemlich das Gegenteil vom Ersteren. Da die Allgemeinheit als «Person» so gar nicht existiert, hinkt der Vergleich stark. «Service public» bedeutet also letztlich, dass gewisse Einzelne – die Steuerzahler, – anderen Einzelnen – z.B. den Schülern, bzw. ihren Eltern – die Leistungen der Schule finanzieren. Häufig und immer häufiger ist jedoch dieser «Service public» auch für die Nutzniesser alles andere als gratis. Denken wir nur an die Leistungen von staatlichen Spitälern, Heimen, der gelben Post, der industriellen Werke usw. Mehr und mehr stossen sich die Konsumenten an einem schlechten Preis-Leistungsverhältnis, vor allem bezogen auf die Qualität solcher öffentlicher Dienstleistung. Ein Blick hinter den Postschalter meines Quartiers gäbe eine perfekte Kulisse für einen Film über die 1950er-Jahre.

Doch kehren wir zurück zum «Public Service» à l'Anglaise. Davon haben wir mehr und mehr zu wenig: Menschen, die sich freiwillig und unbezahlt in den Dienst anderer stellen, werden immer seltener in unseren Breitengraden. Doch wer schon fast bis zu den Sommerferien nur für die staatlichen Zwangsabgaben in Form von Steuern und Sozialbeiträgen arbeitet, empfindet wenig Bereitschaft, darüber hinaus noch freiwillige Geld- oder Realleistungen für die «Öffentlichkeit» zu erbringen. Selbst das schlechte Gewissen über das eigene Wohlergehen verstummt angesichts der Heerscharen von staatlichen Helfern aller Art, die hochbezahlt eben ihren «Service public» anbieten.

Die Entsolidarisierung und Individualisierung ist weit weniger ein Wertewandel im Gefolge der allgegenwärtigen Marktwirtschaft, als vielmehr des allgegenwärtigen expansiven Steuer- und Leistungsstaates. Statt von Ellbogengesellschaft zu reden, wäre es wohl zutreffender, vom Staatsgriff in die privaten Hosentaschen zu sprechen. Und so erkennen wir neben den Konsumenten eine ganz andere Interessengruppe, die hinter dem «Service public» steht oder (etwas härter formuliert) sich dahinter versteckt. Manchmal hat man den Eindruck, die Post sei für die Pöstler da, die Bahn für die Bähnler, die industriellen Werke für die dort Beschäftigten, die Schulen für die Lehrenden usw. Haben wir nicht schon in der ersten Klasse erfahren, dass die Schulhöfe für den Abwart und die Rasenplätze für den Platzwart da sind? Wer z. B. in der Ausbildung der Kinder einen «Service public» sieht, der vom Staat als Monopol angeboten werden soll, kann dies nur mit einer etatistischen Erziehungsideologie oder aber mit der Unfähigkeit der Eltern begründen, für ihre Kinder eine sinnvolle Schulwahl zu treffen. Beide Erklärungsalternativen stehen auf tönernen Füssen und bilden schwere Eingriffe in die Freiheit der einzelnen Menschen bzw. Familien. Dass die Stundenpläne z. B. nach wie vor nicht nach den Bedürfnissen von Eltern und Kindern ausgerichtet werden, ist ein offensichtlicher Missstand, der seit Jahrzehnten bekannt ist. Dass gewisse Schulhäuser bzw. Lehrende «schlechter» sind als andere, merken die Eltern sehr wohl, aber sie tun halt nichts dagegen, weil die Kinder ja eh zwangszugeteilt werden.

Andere Leistungen wie z. B. die mündliche Kommunikation über Fest- oder Funknetze hat mit «Service public» ebensowenig zu tun wie der Bezug von Strom aus den diversen Steckdosen. Was wir hier vor uns haben sind Netzwerke, deren Nutzung billiger wird, je mehr Konsumenten angeschlossen sind. Wir Ökonomen nennen das ein «natürliches» Monopol, das staatlich oder mit entsprechender Regulierung, aber auch privat betrieben werden kann. Ob digitale Impulse im Funknetz der Telecom oder von Diax/Orange transportiert werden, ist den Konsumenten letztlich egal. Was wichtig ist und bleibt, ist der freie Netzzugang und die Durchleitung zu einem kompetitiven Preis. Ob die Weihnachtspakete durch die schwarze UPS oder die gelbe Post an ihren Bestimmungsort verfrachtet werden, ist ebenso unerheblich wie, ob jetzt ein Privatgärtner im Auftrag oder ein Stadtgärtner im Beamtenstatus die Rabatten bepflanzt und betreut.

Gerade im Bildungs- oder Gesundheitsbereich ist klar ersichtlich, dass sehr oft private Anbieter den *besseren* «Service public» hervorbringen, als staatliche. Das wäre z. B. auch bei einem stark reduzierten Poststellennetz sehr wahrscheinlich dann auch der Fall, wenn z. B. Tankstellen, Kiosks, Detailgeschäfte usw. «Postkonzessionen» erwerben dürften. Gerade Tankstellen zeigen klar auf, dass in Gebieten, in denen das «Lädelisterben» angeblich besonders schlimm gewütet hat, die Grundversorgung durch den privaten Wettbewerb sehr wohl und sehr gut gewährleistet ist, bezüglich Öffnungszeiten sicher besser.

Ein letztes Kuriosum darf nicht unerwähnt bleiben: der Versuch der öffentlichen Verwaltung, ihre echt hoheitlichen Aufgaben (Rechte und Pflichten) gewissermassen als individuellen Kunden-Service darzustellen.

So staunte ich nicht schlecht, als ich im Spiegelhof bei der Einwohner-Kontrolle auf ein «Reklameschild» mit der Aufschrift «Ausländische Kundschaft» stiess – mit einer Schlange von Menschen dahinter, die nicht wie Kunden aussahen.

Wer eine neue ID haben möchte, hat in einem Rechtsstaat ein Recht darauf, verbunden mit der Pflicht, alle gesetzlichen Informationen zu liefern und Gebühren zu berappen. Der Beamte hat nichts zu verkaufen, und der Bürger nichts auszuwählen. Die echte öffentliche Verwaltung muss rechtsstaatlich korrekt alle gleich behandeln. Natürlich soll sie effizient arbeiten, und natürlich schadet Freundlichkeit sicher nicht (beides war bei der Einwohnerkontrolle Basel-Stadt in hohem Masse der Fall). In erster Linie und in letzter Instanz jedoch muss die öffentliche Verwaltung korrekt, transparent und rechenschaftspflichtig handeln. Hier gibt es nichts zu privatisieren. Hier gibt es aber auch nicht einmal «Kunden». Oder soll die Einwohnerkontrolle kurz vor den Ferien höhere Gebühren für IDs verlangen? Das wäre effizient (wie die Hotelpreise während der Messen) aber nicht rechtsstaatlich. Wir können sehr wohl darüber diskutieren und politisch bestimmen, was öffentlicher Dienst ist und was nicht. Ist aber etwas einmal als «öffentlicher Dienst» (z.B. Polizei, Militär, Gerichte, Steuern usw.) definiert, dann hat der Markt dort nichts zu suchen. Wenn auf der Steuerverwaltung oder im Gericht «gemarktet» wird, wird es korrupt statt korrekt.

Die Moral von der Geschichte ist einfach: Überlegen wir uns doch, welche Aufgaben besser dem Markt überlassen und welche besser dem Staat übertragen werden. Haben wir das entschieden, dann unterstellen wir das eine den Regeln des Marktes und das andere den Gesetzen des Rechtsstaates. Die grössten Probleme ergeben sich dort, wo Staat und Markt in intransparenter Art und Weise verfilzt sind, wie z.B. im Gesundheitswesen, der Energieversorgung oder im Bildungsbereich.

P.S. Soeben verliest DRS3 die privaten Konzertveranstaltungen – ein «Service public» von Idée Suisse. So schön kann unfreiwilliger Humor sein, jedenfalls besser als der gewollte. Radio kann man «zum Glück» auch abstellen.

Geldwäscherei

Die illegalen Märkte für Drogen, Waffen und Prostitution generieren weltweit Umsätze und Gewinne in der Grössenordnung von zig Milliarden Franken pro Tag. Das ist eine Tatsache, die nicht wegzudiskutieren ist. Und so ist halt auch das damit umgesetzte Geld irgendwo vorhanden – gewaschen oder ungewaschen.

Um es vorweg deutlich zu sagen: Die Aktivitäten auf diesen kriminalisierten illegalen Märkten sind ethisch verwerflich und die Weisswaschung der dort «erwirtschafteten» Gelder ebenso.

Nur: Sind Gesetze gegen die Geldwäsche nicht nur gut gemeint, sondern auch effektiv wirksam? Daran darf, ja muss gezweifelt werden. Und so erschallt der Ruf nach noch griffigeren gesetzlichen Verboten. Ob das wirklich viel oder überhaupt etwas bringt, ist alles andere als sicher. Dazu ein paar ökonomische Überlegungen.

1. Wenn illegale Gewinne zu den Banken zurückfliessen, ist der Schaden aus der Primäraktivität schon geschehen. Der Rückfluss der Erträge in den ordentlichen Kreislauf via Banken hat den doppelten Vorteil, dass damit ökonomisch attraktive Investitionen finanziert werden und nicht neue, zusätzliche kriminelle Finanzmärkte oder Investitionssektoren entstehen.

2. Die Banken sind wohl am einfachsten zu überwachen, aber ein Ausweichen in andere Kanäle ist nicht allzu schwierig: Deshalb müssen nicht nur die Banken vom Verbot erfasst werden, sondern auch Intermediäre, Vermittler, ja sogar Privatpersonen. Als ich kürzlich für den Besuch einer ausländischen Antiquitätenmesse 5000 Franken in Francs wechseln wollte, musste ich mich mit Pass registrieren lassen. So fängt man sicher keine grossen Fische! Eine nur repressive Strategie hat zur Folge, dass das schmutzige Geld immer weiter in die feinsten Kapillaren des Wirtschaftskreislaufs hinausgedrängt wird, wo die Verfolgung immer schwieriger oder gar lächerlich wird.

3. Damit verbunden ist nicht nur die Erhöhung der Intransparenz und Ineffizienz der Wiedereingliederung dieser Gelder, sondern eine direkte Kriminalisierung ganzer Länder und Branchen via konzentriertes Privat-

eigentum. Das ungewaschene Geld fliesst in schwachen Staaten direkt in Wirtschaftszweige wie Restaurants, Hotels, Kunsthandel, Detailhandel usw. Via direktes Eigentum weitet sich die Wirtschaftskriminalität dort auf an sich ganz normale Branchen aus. Selbst an der letzten ART habe ich mich gefragt, wieviel nicht – so ganz – weisses Geld wohl hier in Kunst geflossen ist.

4. Bis hierher konnten einige Leser vielleicht gerade noch knapp folgen. Aber auch sie werden spätestens jetzt einwenden, dass das Geldwäschereiverbot ja primär präventive Wirkungen entfalten und sekundär die Strafverfolgung erleichtern soll. Wenn man das Geld nicht mehr waschen könnte, würden all die krummen Geschäfte gar nicht erst attraktiv oder leichter aufgedeckt. Das stimmt eben nur bedingt, weil die zentrale Stärke des Geldes eben gerade dessen «Anonymität» ist. «Non olet» – es stinkt nicht – meinte schon jener römische Potentat, der eine Pissoir-Steuer erheben wollte.

Zum anderen – und das ist entscheidend – gibt es eine bessere Strategie zur Bekämpfung illegaler Märkte an der Quelle. Das Einfachste wäre wohl eine Liberalisierung des Drogenkonsums, verbunden mit strikten staatlichen Regulierungen von Produktion und Vertrieb, gepaart mit einer happigen Besteuerung analog zum Tabak oder Alkohol. Der Waffenhandel wäre ebenso besser politisch am Ursprung zu unterbinden, als ihn von der Geldwäscherei her unterlaufen zu wollen. Der Verdacht ist leider nicht wegzuscheuchen, dass einflussreiche Kreise eben genau diese Interventionen in den kriminellen Primärmärkten nicht wollen, und daher den relativ unwirksamen Kampf gegen die Geldwäscherei verbal unterstützen.

Die Moral von der Geschichte ist einfach. Es genügt nicht, hehre Ziele zu verfolgen und gesetzliche Verbote zu erlassen. Gesetze müssen auch systematisch, umfassend und einigermassen effizient durchgesetzt werden können. Eine drogenfreie Gesellschaft ist eine Illusion ebenso wie ein dopingfreier Spitzensport.

Zu viel Geld ist da im Spiel, und das Geld ist ja gerade deshalb so nützlich, weil es anonym und allgemein verwendbar ist. Deshalb wird eine Vermeidung von Geldwäscherei ebenso wie die Dopingkontrolle schwierig bleiben, was immer man auch dagegen gesetzlich und bürokratisch unternimmt. Besser wäre es, die Übel an der Wurzel anzupacken oder das Unvermeidbare zu legalisieren.

Wo die Macht des Staates an ihre Grenzen stösst

Die politische Ökonomie definiert den (demokratischen) Staat als (legitimen) Inhaber des Machtmonopols zur Setzung und Durchsetzung der Spielregeln, die unser Zusammenleben ermöglichen. Diese Macht hat allerdings und glücklicherweise auch ihre Grenzen, z.B. in den verfassungsmässigen Freiheitsrechten des Einzelnen, der internationalen Standortkonkurrenz, aber eben auch in der Weigerung der Bevölkerung, sich an bestimmte Regeln zu halten.

Normen oder Regeln, die unbedingt die Befolgung durch die ganze Gesellschaft bedingen, sind nebst Mass und Gewicht, der Rechtsverkehr auf Strassen, aber z.B. auch die Sprache. Die Sprache ist nichts anderes als eine Konvention über die Bedeutung von Schriftzeichen (Semantik) und ihre Verknüpfung (Grammatik). So wie es letztlich egal ist, ob wir auf der Strasse rechts oder links fahren, das Gewicht in Kilogramm oder Unzen, Distanzen in Kilometern oder Meilen messen, genauso ist es letztlich nicht entscheidend, welche Regeln wir für die Kommunikation untereinander aufstellen. Entscheidend ist vielmehr, dass wir überhaupt Regeln aufstellen, und dass wir uns alle daran halten. Ob wir links oder rechts fahren, ist auch von den Kosten her gesehen eigentlich gleich. Entscheidend ist nur, dass alle rechts oder links fahren. Dezimalmasse haben bereits deutliche Vorteile gegenüber anderen Skalen. Und die Sprachen? Sicher sind japanische oder chinesische Schriftzeichen mühsamer als unsere westlichen. Und der Wechsel von den arabischen zu den modernen türkischen Buchstaben durch Kemal Attatürk brachte mit Sicherheit einen Effizienzgewinn. Nur: der Wechsel von den Meilen zu den Kilometern, von Links- zu Rechtsverkehr oder von arabischen zu lateinischen Schriftzeichen hat auch wieder Kosten – genauso wie der Übergang von nationalen Währungen zum Euro.

Lohnen sich solche Umstellungen? Wenn die neuen Regeln einfacher sind und die Menschen diese schneeballartig annehmen, dann ja. Sonst lautet die Antwort eher nein. Während nun beim Euro die Staaten ihre ganze Macht einsetzen können, um die neue Währung subito durchzusetzen (z.B. durch rasche Ungültigerklärung der alten Scheine und Münzen) ist das z.B. bei der deutschen Sprachreform weit schwieriger.

Die Lehrer an den staatlichen Schulen können ihren Schülern Fehler ankreiden, wenn diese Gemsen statt Gämsen schreiben. Alle übrigen Bürgerinnen und Bürger sind frei, die neuen Regeln anzunehmen oder nicht (oder wie ich fallweise).

Die ehrwürdige «Frankfurter Allgemeine» z.B. hat beschlossen, die Reform nicht einzuführen. Und wenn sich eine hinreichend grosse Zahl von Sprachanwendern wie die *FAZ* entscheidet, dann wird die Sprachreform versanden oder zu einem beliebigen Nebeneinander von verschiedenen Regeln führen. Interessanterweise ist es der französischen Revolution nicht gelungen, auch die Zeitmessung auf das Dezimalsystem umzustellen. (10-Stunden-Tag mit 100 Minuten). Und auch das «quatre-vingt» ist wie ein Findling im 10er-System liegen geblieben.

Duden und Schule hin oder her: Letztlich entscheidet jeder selber, ob der Umstieg von den alten zu den neuen Deutsch-Regeln mehr Nutzen als Kosten verursacht. Ob das für die meisten zutrifft, ist zu bezweifeln; denn die neue Orthographie (oder Ortografie) ändert wenig daran, dass die deutsche Sprache eine schwierige ist und bleibt – und zwar vor allem wegen der Grammatik. Zudem sind viele Neuerungen logisch oder technisch eher ein Rückschritt als ein Fortschritt. So ist z.B. die Vermehrung von Umlauten für die Computerbenützer ein Ärgernis. Oder anders gesagt: Die Umstellungskosten sind beträchtlich und der Nutzen kaum spürbar. Zudem sind die Sanktionen gegen Regelverstösse – anders als im Strassenverkehr – gering. Man gilt höchstens als altmodisch oder konservativ. Konnte in Frankreich zur Zeit der Revolution Französisch zur allgemeingültigen Landessprache erklärt und mit drakonischen Zwangsmassnahmen durchgesetzt werden, so ist dies in einer Demokratie heute nicht mehr möglich. Vielleicht wäre es besser, statt die deutsche Sprache zu verbessern, einfach auf Englisch umzustellen. Das hätte wohl weit höhere Umstellungskosten zur Folge, aber langfristig einen viel grösseren Effizienzgewinn. In Holland oder Schweden beispielsweise ist der Vormarsch des Englischen schon sehr weit gediehen. Und wenn einmal der kritische Schwellenwert von Englisch sprechenden Holländern (oder Schweizern) überschritten ist, stellt der Rest ohne jeglichen Zwang von selber um. Kulturell oder politisch könnte dies höchst unerwünscht sein. Aber effizient und sozial wäre es allemal: Sozial deshalb, weil nicht mehr nur die Absolventen der höheren Bildungsanstalten, sondern auch die Abgänger der Volksschule Zugang zur Weltsprache von Wissenschaft, Technik und «Business» hätten. Utopisch? «Vamos a ver», was spanisch ist – auch eine Sprache mit besseren Überlebenschancen als die deutsche.

Der Goldesel

Wäre es nicht ein grosses Glück, wir hätten nebst den vielen geldfressenden Subventionskühen auch nur einen einzigen goldscheissenden Esel. Nun hat doch unser findiger Finanzminister tatsächlich ein Exemplar dieses Märchentiers entdeckt, und zwar ausgerechnet im Keller unserer Nationalbank. Und nichts ist für Politiker kommoder, als einen Weg zu finden, wie man neue Ausgaben am Budget vorbeischmuggeln kann. Der «kreative» Säckelmeister in Bern spricht natürlich nicht wörtlich von einem Goldesel. Aber nicht minder fahrlässig vergleicht er das für Währungszwecke (angeblich) überflüssige Währungsgold mit einem unerwarteten Lotteriegewinn, den es jetzt sinnvoll und gerecht zu verteilen gälte. Über diese Verteilung liegen sich Parteien, Kantone, Interessengruppen seit nunmehr sieben Jahren in den Haaren. Aus der am Anfang noch als schnelle Antwort auf die Heimsuchungen aus New York gedachte Idee einer Solidaritätsstiftung ist jetzt ein einfallsloses Multi-Pack geworden, das die Anzahl der zu Beschenkenden maximieren will. Zudem öffnet es Tür und Tor für Begehrlichkeiten, die langfristig die Unabhängigkeit der Nationalbank gefährden. In dieses wüste und riskante Gerangel will und kann sich dieser Kommentator nicht auch noch einmischen.

Es genügt ihm aufzuzeigen, dass der Goldesel effektiv nur in der Märchenwelt einen Platz haben kann. Beginnen wir mit dem Lotteriegewinn. Der Bürger A. knackt den Jackpot und kommt in den Genuss eines Geldsegens. Dieser kommt aber nicht «von oben», sondern aus den Portemonnaies der vielen, die auch gespielt haben, aber leer ausgingen. Es ist nichts da was nicht schon vorher da gewesen ist und mehr oder weniger hart erarbeitet werden musste. Es ist nur umverteilt worden – von B bis Z auf den Glückspilz A, wobei dieser erst noch weniger erhielt, als alle Spieler insgesamt einbezahlt haben. Die Lotteriebetreiberin muss ja von etwas leben.

Aber auch die Währungsreserven fallen nicht einfach vom Himmel, sondern entstehen dadurch, dass wir über lange Zeit hinweg netto mehr für das Ausland gearbeitet haben (Exporte), als wir das Ausland für uns arbeiten liessen (Importe). Die Währungsreserven sind der Teil des Volksvermögens, der aus dem Überschuss im internationalen Austausch von Leistungen und Kapital alimentiert wird.

Nun kann man in der Tat darüber diskutieren, wie hoch Währungsreserven sein müssen und wie sie sich zusammensetzen sollen. Gold hat gegenüber den US-amerikanischen Staatspapieren den Nachteil, dass es wie das Bargeld keinen laufenden Ertrag (Zins) abwirft. Anderseits kann es im Wert steigen und ist vor dem Zugriff der USA sicher. Es kann also durchaus Sinn machen, die Höhe und Zusammensetzung der Währungsreserven zu verändern und z. B. eben einen Teil der Goldbestände zu verkaufen. Aber analog zur Lotterie entsteht dadurch kein zusätzliches Vermögen. Hoffentlich entsteht ein höherer Ertrag. Aber wenn wir diesen für neue öffentliche Aufgaben verteilen, erhöht sich dadurch die Staatsquote. Oder anders herum: Der Staatsanteil am Volkseinkommen nimmt zu.

Was würde der umsichtige Hausvater machen, wenn er z. B. über verpfändeten Goldschmuck plötzlich wieder frei verfügen könnte? Sicher wäre es eine gute Sache, diesen in ertragreichere Anlagen umzuwandeln. Würde er aber deshalb seine Konsumausgaben erhöhen, wenn er gleichzeitig «sFüdli voller Schulden hat», was einem guten Hausvater aber gar nicht erst passieren dürfte? Wohl kaum. Er würde vielmehr entweder den Erlös aus den frei gewordenen Goldreserven direkt zur Schuldentilgung verwenden. Oder er könnte dadurch Ausgaben sparen, dass der Vermögensertrag auf der Neuanlage grösser ist als die Schuldzinsen (was man aber nie mit Sicherheit wissen kann). Oder der Staat könnte das angeblich überflüssige Volksvermögen pro Kopf an die wahren Eigentümer – das Volk zurückzahlen.

Selbst wer bis hierher folgen konnte, wird jetzt einwenden, es ginge nicht um volkswirtschaftliche Spitzfindigkeiten, sondern um So-li-da-ri-tät. Aha! Aber wenn die Schweiz ein Solidaritätsdefizit haben sollte, dann hätte doch unsere politische Führung längst daran gehen müssen, die entsprechenden Projekte über das ordentliche Budget mit Steuererhöhungen zu finanzieren. Wenn man erst einen Goldesel erfinden muss, gehört auch die Solidarität eher ins Reich der Märchen ...

Abstimmen: aber wie?

In der Schweiz hat noch ein Mythos überlebt: die Volkssouveränität, wie sie (angeblich) als «volonté générale» (Rousseau) in Abstimmungen zum Ausdruck kommt.

Ganz abgesehen davon, wer überhaupt abstimmen darf (z. B. Alterslimiten nach unten und oben) und ob gewisse Dinge verfassungsmässig dem Willen der Mehrheit entzogen sind (z. B. was für Weisswein ich trinken darf), stellt sich die Frage nach dem Abstimmungsmodus.

Nehmen wir an, ein Kanton mit 55 000 Stimmberechtigten soll über fünf Alternativen abstimmen, die wir mit a, b, c, d, e kennzeichnen.

Die Stimmberechtigten zerfallen in sechs Gruppen, nämlich I, II, III, IV, V und VI. Jede dieser Gruppen hat eine einheitliche Rangfolge ihrer Präferenzen. Auf der ersten Zeile findet man die beste Option für jede Gruppe, auf der fünften die schlechteste. Die Zahlen in Klammern geben an, wie viele Stimmbürger/innen der jeweiligen Gruppe angehören (in Tausend).

Gruppe	I	II	III	IV	V	VI
Stimmbürger/innen	(18)	(12)	(10)	(9)	(4)	(2)
1. Wahl (beste Option)	a	b	c	d	e	e
2. Wahl	d	e	b	c	b	c
3. Wahl	e	d	e	e	d	d
4. Wahl	c	c	d	b	c	b
5. Wahl (schlechteste Lösung)	b	a	a	a	a	a

So, jetzt heisst es also abstimmen, am einfachsten gibt jeder eine Stimme für seine beste Variante ein. Der Vorschlag a gewinnt mit 18 vor b mit 12 usw. Alle, ausser Gruppe I, finden das aber einen «komischen» Sieger, weil dieser für die Gruppen II bis VI die letzte Wahl darstellt.

Also machen wir es anders: Der erste Schritt ist gleich wie vorher, aber wir stimmen in einer zweiten Runde nochmals zwischen den zwei Varianten mit der höchsten Stimmenzahl aus dem ersten Umgang ab.

Bei dieser so genannten Stichwahl zwischen a und b gewinnt jetzt b mit 37 (Gruppe II, III, IV, V, VI) gegen 18 (Gruppe I).

Mit diesem Wahlsieger b sind nun aber die Gruppen I, IV, und VI gar nicht zufrieden.

Wie wäre es, wenn man vier Abstimmungs-Runden durchführt und jedesmal die Variante mit der geringsten Stimmenzahl eliminiert? In der ersten Runde wäre das e.

Macht man das so, dann kommt in der letzten Runde c als Sieger heraus. «Halt» ruft da jemand. Man könnte es nochmals anders machen: z. B. Punkte zuteilen, sagen wir vier für die erste Wahl, drei für die zweite, zwei für die dritte, einen für die vierte und null für die letzte. Und dann addieren wir die Punktzahlen. Und siehe da: Jetzt gewinnt d. Noch jemand anderer will jetzt nochmal anders abstimmen, nämlich wie im Fussball eine Vollrunde spielen, wo paarweise jeder gegen jeden antritt. Und siehe da: Es gewinnt jetzt e ganz knapp vor c und d.

Die Moral der Geschichte dieses extremen Zahlenbeispiels ist ernüchternd bis niederschmetternd.

Jedes dieser fünf Abstimmungsverfahren erscheint a priori fair. Und doch führt jedes zu einem anderen Ergebnis, obwohl die Präferenzen der Stimmbürger/innen völlig klar und konstant geblieben sind.

Wie können wir da von einem «volonté générale» sprechen, wenn das Endresultat dermassen verfahrensabhängig ist? Man kann es noch spitzer formulieren: Wer das Recht oder die Macht hat, den Abstimmungsmodus zu bestimmen, bestimmt damit auch gleich den «Mehrheitswillen». Dieser ist deshalb willkürlich und normativ ohne Kraft und Saft.

P.S. Vielleicht hätte JOSPIN in der zweiten Runde gegen CHIRAC gewonnen. Wer das befürchtet hat, tat gut daran, in der ersten Runde für LE PEN zu stimmen, denn das Beispiel gilt genau so für die Wahl zwischen fünf Kandidaten.

Dies war (ausnahmsweise) eine recht schwierige – und schon gar nicht lustige – Kolumne. Aber weil Demokratie so wichtig ist, muss man auch ihre Grenzen kennen.

www.efv.admin.ch/d/finanzen/subven/index.htm

An einem trüben Sonntagmorgen bin ich auf diese Web-Adresse gestossen und habe dabei viel Erheiterndes bzw. Erschreckendes gefunden: Die schlechte Laune hat sich im Verlaufe des Surfens nicht gebessert, nur die Verwunderung hat zugenommen.

Unter diesem Link findet man die Subventionen des Bundes. Wir alle wissen, dass Steuern Zahlungen von uns an den Staat darstellen, während Transfers (wie AHV-Renten, Arbeitslosengelder usw.) umgekehrte Geldflüsse vom Staat an die Bevölkerung darstellen.

Und Subventionen? Subventionen sind «Förderbeiträge» des Staates entweder an andere staatliche Körperschaften (vom Bund an die Kantone) oder an private Institutionen oder Personen. Die Begründung ist, dass diese Personen/Institutionen Dinge tun, die «förderungswürdig» sind. Oder im Jargon der Ökonomen: Die subventionierten Aktivitäten bewirken positive externe Effekte für die Allgemeinheit. Solche Situationen gibt es in der Tat, wie die finanzielle Unterstützung hochbegabter und -motivierter Studierender oder der Grundlagenforschung. Leider sind jedoch die Definitionen von «positiven Externalitäten» und des «öffentlichen Interesses» nicht nur schwammig, sondern werden schnell zu «Geiseln» der organisierten Sonderinteressen. Sprich: Die aus der Politik winkenden Subventionen sind willkommene Einladungen für Sonderinteressen, sich als nützlich für die Allgemeinheit darzustellen. Das ist die Nachfrageseite für Subventionen.

Anbieter sind die Politiker, die wiedergewählt werden wollen und deshalb «ihren» Regionen, Verbänden und Wählergruppen etwas aus dem Staatssäckel zukommen lassen möchten. Von Vorteil für beide ist die mangelnde Transparenz zum einen und die Tendenz zur politischen Kartellierung zum anderen. Ersteres begünstigt das Wegsehen der Steuerzahler, Letzteres führt dazu, dass «Päckli» für wechselseitige Begünstigungen geschnürt werden. Doch mehr als alle Theorie sprechen ein paar Beispiele Bände.

Mit dem hehren Ziel der «Förderung der Tätigkeit von Kulturschaffenden» werden gut 3,5 Mio. Franken pro Jahr an Private verteilt. Im «Dienste der nationalen Verständigung tätige (private) Institutionen» schaffen es immerhin auf knapp eine halbe Kiste. Im Rahmen der Filmförderung fliessen zirka 18 Mio. Franken pro Jahr an Private, davon zwei Mio. Franken für «die Aus- und Weiterbildung für Filmberufe». Auch die Turn- und Sportverbände leisten offensichtlich positive Externalitäten in Höhe von zirka fünf Mio. Franken.

An Halter von armeetauglichen Fahrzeugen fliessen 700 000 Franken. Auch die Militärvereine sind dem Steuerzahler etwa gleich viel wert. Das ausserdienstliche Schiesswesen und die Schiessübungen für «Obligatorisches», Jungschützen und Schützenfeste usw. bringen es auf etwa 13 Mio. Franken.

Die «Förderung der Innovation bezüglich neuer Produkte und Dienstleistungen» sowie die «Qualitätsverbesserung im Tourismus» darf etwa vier Mio. Franken kosten. Das Beratungs(un)wesen im Agrarbereich schafft locker die 20-Mio.-Grenze. Die Absatzförderung für Agrarprodukte gar das Dreifache, was als «subsidiäre Unterstützung» bezeichnet wird. Also gibt es noch eine «primäre» Unterstützung.

Die Inlandeier werden für ihren zusätzlichen gesellschaftlichen Nutzen (Freilandkosten, Werbung, Forschung usw.) mit 13,6 Mio. «beglückt» (Stichwort glückliche Hühner). Aber auch die guten Schafe darf man nicht vergessen. Für die Verwertung der einheimischen Wolle allein wirft der Bund jährlich eine Million Franken auf.

Aufhorchen lässt den weinkennenden Kolumnisten aber die Förderung des Absatzes von «Schweizer Qualitätsweinen im Ausland sowie Marktforschung» in Höhe von gegen sechs Mio. Franken pro Jahr. Dividieren Sie das einmal mit den effektiv exportierten Mengen! Wenn Sie auf fünf bis sechs Franken gekommen sind, liegen Sie leider richtig. Und wo ist hier der positive externe Effekt? Und wo ist die Qualität? Die Milchrechnung insgesamt erreicht bekanntlich die Milliardengrenze, aber unter der speziellen Rubrik «Qualitätssicherung der Verkehrsmilch und der Milchprodukte» finden wir vier weitere separate Millionen.

Gegen 100 Mio. Franken wiederum fliessen in die Abgeltung der Zeitungstransporte im Bereich Kultur-, Freizeit- und Massenmedien. Die Ausbildung der Programmschaffenden soll weitere zwei Mio. Franken an positiven externen Effekten wert sein.

Und zum Schluss meiner Kolumne noch etwas Beruhigendes: «Vereinigungen von gesamtschweizerischer Bedeutung mit Aufgaben, die im Interesse der Walderhaltung liegen», erhalten eine halbe Million.

Man beklagt in diesem Land bekanntlich die mangelnde Innovationskraft, die zu geringe Rate von «Start-ups» oder die ungenügende Risikobereitschaft. An Subventionsjägern hingegen mangelt es nicht. Im Bereich des Energiesparens, der Arbeitslosenvermittlung oder der Flüchtlingsbetreuung sind ganz neue «Wirtschaftszweige» entstanden, die nach dem Vorbild der Landwirtschaft zur Hauptsache von Subventionen leben. Ob das nicht etwas mit unserem ungenügenden Wachstum der Wirtschaft zu tun haben könnte ... Leider hat es – und sogar viel! All die verschenkten Millionen mussten nämlich zuerst von jemandem erwirtschaftet werden. Die Empfänger freuts, aber die Steuerzahler reuts.

Verlotterte Lotterie

Intellektuelle Wanderungen entlang den Grenzen zwischen Staat und Wirtschaft vermitteln immer wieder höchst bemerkenswerte Einblicke in «Reservate» mit sonderbarem Mikro-Klima und entsprechender Flora und Fauna.

Eher zur Gattung der Sumpfpflanzen gehören die «Lotterien und Wetten». Darüber gibt es einen so genannten «Erläuternden Bericht zum Entwurf eines neuen Bundesgesetzes» (http://www.ejpd.admin.ch/doks/mm/2002/021209c_ber-d.pdf).

Obwohl eigentlich nur mit Insidern bestückt – einzige Ausnahme eine Vertreterin des Konsumentenschutzes – kann der politische Ökonom auf und zwischen den Zeilen dieses trockenen Expertenberichts vieles finden, was ihm auch schon in anderem Zusammenhang sauer aufgestossen ist: eine intransparente Verquickung von öffentlichen Aufgaben mit marktwirtschaftlichen Aktivitäten unter der Flagge «Gemeinnützigkeit».

Laut Verfassung ist diese Branche eine so genannte «Sache des Bundes», die in einem mittlerweile 80-jährigen Gesetz geregelt wird.

Der schweizerische Lotterie-Markt wird heute von vier Anbietern beherrscht. Die erzielten Umsätze haben sich eindrücklich entwickelt:

Gesellschaft	Umsatz 1991 in Mio. Fr.	Umsatz 2001 in Mio. Fr.
Loterie Romande (LR)	64	381
Interkantonale Landes-Lotterie (IKLL)	166	239
SEVA (Kt. Bern)	23	51
Sport-Toto	48	41
Zahlen-Lotto	477	696
Total:	778	1 408

(Verdoppelung in zehn Jahren)

Der grösste Brocken, das Zahlen-Lotto, wird gemeinsam von der Loterie Romande und der IKLL durchgeführt. Diese beiden zusammen beherrschen also gut 90 % des Marktes.

Die Erträge dieser «Grossen Vier» fliessen in die kantonalen Lotteriefonds, diejenigen der kleinen Aussenseiter direkt in die Kassen der veranstaltenden gemeinnützigen Institutionen. Die kantonalen Fonds empfangen über diesen Kanal zirka 400 Millionen Franken pro Jahr.

So weit so gut? Was hat der seltsame liberale Professor jetzt hier schon wieder zu meckern? Hier drei kritische Fragen für die kritische Leserin:

1. Wo ist die «Gemeinnützigkeit»?
«Gemeinnützigkeit» ist wie «Service public» ein Verschleierungsbegriff für handfeste Einzel- oder Sonderinteressen.
Befragungen haben klipp und klar ergeben, dass diejenigen, die mit Lotterien Geld verlieren wollen, dies sicher nicht deshalb tun, weil sie damit wohltätige oder gemeinnützige Institutionen oder Projekte unterstützen möchten (wie die Expertenkommission treuherzig vermutet hatte). Wichtiger als das (schäbige) Motiv der Spieler ist die (gemeinnützige) Wirkung der Fonds. Was wird nun mit diesen 400 Millionen also genau gefördert? Der Bericht hält dazu lapidar fest, dass eine solche Gesamtübersicht nicht existiere, da von Kanton zu Kanton unterschiedliche Verteilkriterien gelten, voneinander abweichende Begriffe verwendet werden und die Verteilpraxis überhaupt ganz unterschiedlich sei. «Zudem geben einzelne Kantone sehr zurückhaltend – ohne Bekanntgabe von Zahlenmaterial – Auskunft über die Verwendung der Lotteriegelder.» (S. 15) Also man weiss nicht genau, wohin der Segen fliesst. Der Geldstrom an die Kantone versickert in verschiedenen Mündungsarmen: Kultur, Sport, Sozialhilfe, Umwelt- und Naturschutz, aber auch Entwicklungshilfe, Jugend und Sport oder gar Wirtschafts- und Tourismusförderung. Das rückläufige Sport-Toto, das seinerseits wieder einen Happen vom Zahlenlotto (als Abgeltung für dessen Konkurrenz) erhält, überwies im Jahr 2000 immerhin 20 Millionen an Swiss Olympic, den Dachverband privatrechtlicher Sportorganisationen. Ganze 60 Millionen fliessen mit der Zweckbindung der Sportförderung an die Kantone, aber nur für Aufgaben, die *nicht* einem gesetzlichen Auftrag entsprechen – und somit gar keine öffentlichen Aufgaben darstellen. Alles klar?

2. Wo ist die rechtsstaatliche Kontrolle?
Wenn also von Entwicklungshilfe bis zur Wirtschaftsförderung alles in Betracht kommen kann, dann ist dies entweder kantonale Willkür oder eben vielfältiger Föderalismus. Die Leute wollen halt im Wallis etwas anderes als im Aargau. Was aber, wenn die Stimmbürger nicht einmal die Zahlen kennen? Also wer verteilt denn das Geld? Dazu lesen wir auf Seite 15 des Berichts: «... die Verteilung der Gelder obliegt dabei häufig einer Kommission.»

Alles paletti, denkt der arglose Leser. Auf Seite 22 ist es dann aber mit der Arg- und Sorglosigkeit zu Ende: «Es gibt Beispiele, bei denen dasselbe Regierungsmitglied zugleich Bewilligungsbehörde, Aufsichtsbehörde, Ertragsverteilungsinstanz und Spitzenvertreter einer bestimmten Grossveranstalterin ... ist». Man liest von «fehlender Gewaltentrennung» und «Transparenz» und denkt unweigerlich an Vetternwirtschaft oder Schlimmeres.

Keine Geiss kann wegschlecken, dass hier zirka 400 Millionen Franken pro Jahr von staatlichen Instanzen für Dinge ausgegeben werden, die nie demokratisch als öffentliche Ausgaben legitimiert worden sind und gleichzeitig ausserhalb des regulären Budgetprozesses nach Gutdünken einiger weniger Auserwählter an die glücklichen Empfänger verteilt werden. Teilen ist schön, verteilen noch schöner, wenn es nicht das eigene Geld ist ...

3. **Warum keine Marktöffnung ?**
Die eingangs erwähnten vier Lotterieanbieter bilden ein steinhartes Kartell, das mit den Kantonen unter einer Decke steckt. Denn die Kantone sind es wiederum, die anderen Bewerbern eine Bewilligung erteilen. Das ist zum einen administrativ aufwendig. Zum anderen erheben die Kantone abschreckend hohe Gebühren, die gemäss unseren braven Experten «den Charakter von Steuern erhalten» (S. 23).

Wenn schon die Begründung für die staatliche Zertifizierung von Anbietern in der «wohltätigen Spende» liegen soll, warum dann die Zwischenschaltung von halbstaatlichen Monopolen, deren Kostenstruktur wohl auch eine Analyse wert wäre?

In letzter Zeit ist viel vom Filz in der Privatwirtschaft die Rede gewesen. Was wir hier vor uns haben, ist definitiv mehr als Filz: ein Überbleibsel aus obrigkeitlicher Pfründenwirtschaft und Privilegenherrschaft. Vom Kässeli bis zur Korruption ist es nicht nur im Alphabet ein kurzer Weg.

2

Grundsätzliches ökonomisches Denken

Quellennachweis

Doppelbödiger Bedürfnisnachweis	Neue Zürcher Zeitung	27.11.1976
Privat- oder Piratradio?	Basler-Zeitung	15.9.1979
«Homo oeconomicus»	Basler-Zeitung	9.2.1980
Macht Marktwirtschaft die Menschen glücklich?	Basler-Zeitung	5.4.1980
Jugend und Wirtschaft	Basler-Zeitung	9.8.1980
Wie wird man reich?	Basler-Zeitung	8.11.1980
Soziale Marktwirtschaft ade?	Neue Zürcher Zeitung	29.8.1992
Zu viel oder zu wenig Regeln?	Aargauer Zeitung	24.1.1998
Ökonomische «Naturbeobachtungen»	Aargauer Zeitung	31.10.1998
Wie viel ist ein Menschenleben wert?	Basler-Zeitung	23.4.2001
Schwarze Erdbeeren	Aargauer Zeitung	14.7.2001
Diebstähle und Einbrüche	Aargauer Zeitung	3.8.2002

Doppelbödiger Bedürfnisnachweis

Der Alkohol ist nicht nur eine der beliebtesten Drogen, sondern hierzulande auch für die wirksamste drogenbedingte Volkskrankheit verantwortlich. Schon bei GOTTHELF ist in seinem «Kurt von Koppigen» sehr bildhaft dargestellt, wie die, sonst eher weltlichen Interessen nachjagenden Mönche von St. Urban der allzu durstigen und erst noch obrigkeitsfeindlichen Familie Durstig aus Langenthal das Trinken handgreiflich abgewöhnten. Seither – so sollte man wenigstens meinen – haben wir gelernt, das Problem etwas subtiler als mit Brachialgewalt zu lösen.

Ein eher paradoxes Schaustück solch obrigkeitlicher Tugendwache stellt ohne jeden Zweifel der schon längere Zeit übliche schwunghafte Handel mit Alkoholpatenten im Kanton St. Gallen dar. Angeregt von löblichen Vorbildern in anderen Kantonen versuchte und versucht man der Trunksucht durch Einführung einer Patentpflicht zur Führung von Gaststätten mit Alkoholausschank Einhalt zu gebieten. Die Patentverteilung wiederum setzt einen so genannten «Bedürfnisnachweis» voraus, das heisst, dass pro so und so viele Einwohner nur eine Wirtschaft betrieben werden kann.

So weit so gut: Niemand mit einem Rest sozialen Empfindens wird es a priori als absurd bezeichnen, dass nebst Arzt und Apotheker, also auch der gut-eidgenössische «Beizer» – alle sind sie ja für das leibliche Wohl ihrer Klienten besorgt, manchmal sogar mit sehr ähnlichen Elixieren – einer obrigkeitlichen Bescheinigung zur Ausübung seines Gewerbes bedarf. Und so, wie inkompetente Ärzte der Volksgesundheit abträglich sind, so ist es, obwohl mit viel geringerer Gewissheit, auch im Falle von stolzen, aber ungeeigneten Besitzern von «Rösslis», «Sternen» oder «Bären».

Wenn jedoch ein Kanton zur Betreibung von Alkoholgaststätten eine Patentbewilligung mit Bedürfnisklausel vorschreibt, also durch eine gezielte Tiefhaltung die Zahl solcher Etablissements möglichst in gesundem Rahmen halten wollte und will, so muss man erkennen, dass ganz abgesehen vom allfälligen Bremseffekt beim Alkoholkonsum mit dieser künstlichen Verknappung den Wirten eine Zusatzrente zugeschanzt wird.

Wie kommt es aber dann, dass der selbe Kanton, der ja die Patentpflicht zur Bekämpfung des Alkoholismus einführte, plötzlich unter dem gleichen Vorwand von ihm erteilte Patente faktisch zu staatlich anerkannten Wertpapieren erklärt, indem er diese von deren Inhabern mit teurem Geld zurückkauft? Diese Vorgehensweise wäre doch etwa dem utopisch anmutenden

Geschäftsgebaren eines Ölscheichs gleichzusetzen, der einer ausländischen Firma die Konzession zur Ausnützung eines Ölvorkommens einräumt und der dann – nach Erschöpfung des Ölfeldes – quasi zum Dank, der betreffenden Firma die einmal erteilte Konzession noch zurückkauft.

Natürlich hinkt der Vergleich (wie übrigens jeder Vergleich), aber eher zum Schlimmeren als zum Besseren: Einmal ist nicht einzusehen, warum ein Patentinhaber zweifach belohnt werden muss (Knappheitsrente durch Patentverteilung und Rückkauf des Patents) und zweitens ist nicht ersichtlich, warum man die Alkoholpatentsverteilungspraxis nicht so ausgestalten kann, dass ein Patent, losgelöst von einem ganz bestimmten Betrieb, überhaupt keinen Wert darstellt.

Hinter dieser kleinen Episode aus dem wirtschaftspolitischen Alltag steckt mehr, als es den Anschein hat. Bei jeder Art von «Bedürfnisnachweis» sollte man hellhörig werden, weil er meist nicht primär im Interesse der Konsumenten erfolgt, sondern eben der Produzenten, die hinter dem Schutzschild des Staates eine Knappheitsrente einheimsen. Weiter muss auffallen, dass trotz Konsumfreiheit und Marktwirtschaft das patriarchalische Moment der Bedürfnislenkung nach wie vor sehr stark ist.

Weshalb zum Beispiel keine bedürfnisorientierten Patente für Haschischhöhlen? Könnte man nicht so Quantität und Qualität des Haschischkonsums besser unter Kontrolle halten und (analog zum Alkohol) durch eine saftige Besteuerung die sozialen Kosten erst noch den Haschliebhabern selbst aufbürden, statt die illegalen Händler steinreich zu machen? Näherliegend ist sicher die Feststellung, dass praktisch alle übrigen Konsumformen des Alkohols nicht staatlich überwacht werden. Verbirgt sich hier nicht ein soziales Vorurteil gegenüber dem kleinen Mann und seinem Stumpen, während man all die sozial gehobeneren Fernsehstuhl-, Cocktailparty- und Business-Alkoholiker unbehelligt lässt?

Die wichtigste Moral der Geschichte ist jedoch nicht eine moralphilosophische, sondern eine markttheoretische. Interventionen in den Markt – auch solche mit guter Absicht – haben eine Vielzahl ungeahnter Nebenwirkungen und lösen eine Unzahl von Umgehungs- und Anpassungshandlungen aus, die früher oder später neue Probleme an die Oberfläche befördern. Und meist früher als später führt dies zu neuen Interventionen. Was die Alkoholpatente zur Parabel dafür macht, ist der Umstand, dass hier der Staat mit der einen Hand künstliche, aber vermarktbare Werte schafft, die er dann mit der anderen (und dem Geld der Steuerzahler) wieder aus dem Markt nimmt.

Und die gesamte Wirkung im Hinblick auf das Problem des Alkoholismus ist von Null nicht weit entfernt.

Privat- oder Piratradio?

ROGER SCHAWINSKI liefert wieder einmal Zünd- und Gesprächsstoff, diesmal mit seiner Idee, von einem Radiosender aus Italien bevölkerungsdichte Landstriche der Deutschschweiz mit leichter Kost und Werbung zu berieseln. Was ist davon zu halten?

Dass die Zeitungsverlage und Vertreter der staatlichen Monopolmedien darüber keine Freude empfinden können, ist aus ihrer Interessenlage heraus mehr als verständlich und daher nicht sehr überraschend. Gewiss, auch moralisierende Bedenken hinsichtlich der Verflachung und Kommerzialisierung des Mediums Radio lassen sich hören, zumindest solange sie nicht als Vorwand für handfestere Gesichtspunkte dienen. Was lässt sich aus ökonomischer Sicht einigermassen objektiv und distanziert zu den Problemen des Monopols, des Kollektivgutaspekts, der Finanzierung und der Konsumentensouveränität sagen?

1) Die Hauptursache für den Plan zur Installation privater Radiosender im Ausland liegt im Monopol der SRG und PTT begründet, die kraft Verfassung und Gesetz das Recht zur konkurrenzlosen Produktion und Ausstrahlung von Radioprogrammen auf dem Gebiet der Schweiz zugestanden erhielten. Nur deshalb gibt es kein privates Radio, bzw. nur ein einziges Sendesystem der Schweiz, ganz im Unterschied etwa zu den USA, wo Hunderte von Stationen auf eigene Rechnung und Verantwortung operieren, allerdings unter recht umfangreicher staatlicher Überwachung.

2) Privates Radio oder andere Formen des Nicht-Monopolsenders wären also technisch und wirtschaftlich durchaus möglich, obwohl es sich bei Radiowellen ohne Zweifel um ein kollektives Gut in Reinkultur handelt. Die Produktion und Ausstrahlung von Programmen verursacht nämlich privaten und volkswirtschaftlichen Aufwand, aber beim einzelnen Konsumenten entstehen beim Empfang praktisch keine Kosten, weil die Radiowellen innerhalb der Kapazitätsgrenzen der verfügbaren Kanäle nicht der üblichen Knappheit unterworfen sind, d. h. der Empfang des einen Hörers beeinträchtigt den Empfang durch alle andern im Empfangsgebiet überhaupt nicht. Deshalb ist der Radiokonsument auch nicht bereit, freiwillig etwas zu bezahlen, umso mehr, als man den Nicht-Zahler nur schwer vom Radiohören abhalten kann. Die Finanzierung muss deshalb

bei privatem Betrieb über die Werbung erfolgen, bei staatlichem Betrieb über eine «fiktive Konzessionsgebühr» (oder ebenfalls über die Werbung). Im Gegensatz zu den üblichen Benutzer- oder Nutzniessergebühren kann der Nicht-Zahler der Konzessionsgebühr jedoch nicht mit einfachen technischen Mitteln vom Empfang ausgeschlossen werden (Schwarzhörer). Dies wiederum führt zur Notwendigkeit administrativer Kontrollen.

3) Mit dem Übel der Gebühr vermeiden wir in der Schweiz also das andere Übel der kommerziellen Radiowerbung. Tun wir das tatsächlich? Die Wirklichkeit sieht hier etwas anders aus: Zum einen betreibt das Schweizer Radio in beträchtlichem Umfang versteckte, oder mehr noch, ganz offene Gratiswerbung, z.B. für Popkonzerte, Schallplatten, Bücher, Festveranstaltungen, Fremdenverkehrsleistungen usw. Wer's nicht glaubt, soll bitte einmal während einer Woche im Rahmen der leichten Unterhaltungssendungen genau zuhören, wie viele vermarktbare Leistungen tagtäglich durch Radio DRS angepriesen werden. Was ist die Legitimation für diese Gratisreklame? Ich sehe hier kein gültiges Kriterium zur Abgrenzung gegenüber Waschmittel- oder Süssgetränkereklamen. Im Gegenteil erscheinen mir z.B. die total durchkommerzialisierten Popkonzerte mit ihren z.T. horrenden Preisen nicht gerade harmlose Lockvögel für Jugendliche (weniger im Hinblick auf deren Moral als auf das Portemonnaie). Zum Zweiten hört man ohnehin fast in der ganzen deutschen Schweiz Südwestfunk I, II und vor allem III, trotz und mit Werbung. Und dann achte man einmal darauf, wie viele Schweizer Firmen im Südwestfunk werben oder wie viele «Spots» (am Radio und im Fernsehen) den Zusatz «auch in der Schweiz» enthalten. Hier lassen wir in der Schweiz eine mögliche Einnahmequelle ungenutzt, während wir gleichzeitig z.T. sehr weitgehende Konzessionen an die Sachzwänge der allgemeinen Geschmacksrichtung machen.

4) Bleibt das Argument der Kommerzialisierung und Niveausenkung des Mediums Radio als Folge der Werbung und der mit ihr verbundenen Ausrichtung der Programme auf den Massenkonsum. Vor genau demselben Problem stehen aber auch die Zeitungen und Zeitschriften, ohne dass man diese deswegen verstaatlichen oder monopolisieren wollte. Zudem widerspricht es den Grundprinzipien der Marktwirtschaft, den Konsumenten zwangsweise das zu verabreichen, was irgendwelche Programm-

gewaltigen für erbaulich und gesellschaftstragend erachten. Die erhöhte politische und fachliche Verantwortung eines Medienmonopols besteht – im Vergleich zu den vielen Zeitungen etwa – tatsächlich; aber der Denkfehler liegt darin, dass es beim Radio gar keine technische oder wirtschaftliche Notwendigkeit für ein Monopol gibt, zumindest heute nicht mehr. Qualitätskontrolle durch Konkurrenz und das Recht auf Gegendarstellung verspricht meines Erachtens a priori mehr Information als eine patriarchalische Aufsicht und eine bürokratische Verordnung von Ausgewogenheit.

Was ist die Konsequenz dieser Überlegungen? Es wäre ernsthaft zu überprüfen, ob wir in der Schweiz nicht öffentliche und private oder verschiedene öffentliche Sendeketten in Konkurrenz nebeneinander betreiben sollten, in der hoffnungsvollen Annahme, dass die öffentlichen, werbefreien Anstalten effektiv mehr Niveau und Gehalt zu bieten imstande sind. Eine Subventionierung derartiger Programme aus Werbeeinnahmen derjenigen Sender mit Reklame wäre damit nicht ausgeschlossen. Selbstverständlich müsste ebenfalls eine Aufsicht des Staates erhalten bleiben, einschliesslich z. B. der Reglementierung der Art und des Umfangs der Werbung.

Genauso wie es ein Bedürfnis nach der Boulevardpresse gibt, genauso existiert auch eine Nachfrage nach Regenbogen-Radioprogrammen. Unser eigenes Monopolmedium ist in den Bereichen der Aktualitäten und der Unterhaltung ohnehin nicht mehr weit von diesem Genre entfernt, und das Ausland trägt das Seinige zur Deckung der entsprechend gelagerten Nachfrage bei. Also weshalb keine klare Lösung, um so die Gratis- und Auslandswerbung einzudämmen und den Mittelfluss der Reklame in unsere eigenen Kassen zu lenken und damit den «fiktiven Konzessionär» zu entlasten. Mit diesem Geld könnte man, wie schon angedeutet, auch gehobene Programme für Minderheiten auf anderen Kanälen ermöglichen.

Das Radio ist technisch und kulturell längst über ein natürliches Monopol hinausgewachsen. Braucht es Herrn Schawinski, um das herauszufinden und etwas gegen diesen Anachronismus zu tun?

«Homo oeconomicus»

Das Grundaxiom des rational handelnden Menschen geht davon aus, dass sowohl dessen Ziele vorgegeben sind wie auch die technischen Möglichkeiten der Zielerreichung. Des Weiteren wird angenommen, die verschiedenen Ziele und Motive seien gegeneinander austauschbar und die Mittel zu ihrer Realisierung seien insgesamt begrenzt. Das Individuum steht somit unter dem Zwang, sich zwischen verschiedenen Alternativen zu entscheiden. Die Rationalität verlangt nun, dass diese Entscheide so getroffen werden, dass insgesamt der Nutzen möglichst gross wird. Dies wiederum setzt voraus, dass bei jeder Alternative Kosten und Nutzen einander gegenübergestellt werden. Speziell interessant ist dabei das Konzept der Kosten: So setzen sich z. B. die Kosten einer Autofahrt von Basel nach Zürich nicht nur aus den direkten Kosten (Benzin, Versicherungsprämien und Steuer) und den kalkulatorischen Zins- und Abschreibungskosten zusammen. Mitberücksichtigen müssen wir auch die so genannten «Opportunitätskosten». Diese sind ein Massstab für die weiteren Opfer, die man mit der Wahl dieser Alternative auf sich genommen hat, nämlich dadurch, dass man auf eine andere Variante verzichtet hat. In unserem Beispiel handelt es sich vor allem um die nutzbare Arbeitszeit, die bei einer Bahnfahrt nicht verloren gegangen wäre. Der Wert dieses «Opfers an Zeit» ist je nach Umständen natürlich ganz verschieden. Dieses einfache Modell erklärt somit zweierlei, nämlich:

1. Dass der einzelne im Rahmen der gegebenen technischen Möglichkeiten sowie der insgesamt beschränkten wirtschaftlichen Mittel durch sein Kosten/Nutzen-Kalkül sicherstellt, dass er insgesamt möglichst nahe an die Realisierung des Gesamtnutzens herankommt.

2. Geht daraus aber auch hervor, dass der einzelne seine verschiedenen Ziele nicht alle als absolute Werte begreift, sondern immer bereit ist, auf wünschbare Dinge zu verzichten, wenn er dadurch andere wünschbare Dinge errreichen kann. Nur ein Dummkopf ordnet allen Zielen oder Gütern dieselbe Priorität zu. In diesem Sinne können wir ohne weiteres von einem rationalen Raucher, einem rationalen Einbrecher oder einem rationalen Lügner sprechen, nämlich immer dann, wenn der erwartete Nutzen im Verhältnis zu den erwarteten Kosten die Verhaltensweise des Lügens, des Rauchens oder des Einbruchs als erstrebenswert erscheinen

lässt. Der rationale Kriminelle ist somit kein «Kranker», der unsere Hilfe braucht, sondern ein durchaus normaler Optimierer, der auf Kostenerhöhungen (Strafe usw.) im gewünschten Sinne reagiert.

Gerade an diesen Beispielen erkennen wir aber auch die Grenzen und Verirrungen dieser Perspektive des Menschen. Ist der Mensch wirklich so stark vernunftgeleitet (z. B. der krankhafte Triebtäter oder der Sucht-Raucher)? Hat der Mensch darüber hinaus nicht doch auch absolute ethische Maximen, und ist nicht gerade sehr vieles im Leben deshalb so wertvoll, weil es dem rationalen Nutzen/Kosten-Kalkül entzogen bleibt, wie z. B. familiäre Beziehungen oder die Pflege von Freundschaften?

Des Weiteren würde die Nutzen- oder Gewinnmaximierung voraussetzen, dass der Mensch fähig und willens ist, alle irgendwie erstrebenswerten Dinge des Lebens auf eine einzige Dimension des Nutzens zu reduzieren. Was anderes als Geld bleibt als Massstab dafür übrig? Extreme Ökonomen würden behaupten, dass auch diejenigen wertvollen Dinge des Lebens, die man normalerweise nicht zu einem Geldpreis kauft oder verkauft, eben doch ihren impliziten monetären Wert aufweisen. So gibt es heutzutage eine ökonomische Theorie der Liebe, der Treue, der Kinderzahl, ja sogar des Sterbens.

Die Preise des Marktes sind gemäss dieser Auffassung so etwas wie ein Prisma, das die übrigen nicht-ökonomischen Werte und Ziele reflektiert. Ein Beispiel soll dieses verdeutlichen: Wie viele Franken ist eine mit der Familie verbrachte Freizeitstunde wert? Niemand würde darauf wohl spontan eine Antwort in Franken und Rappen formulieren wollen, und doch kann man natürlich einen impliziten Preis berechnen, indem man beobachtet, bei welchem Stundenverdienst der Betreffende seine sonst in der Familie verbrachte Freizeit zugunsten des Nebenverdienstes opfert. Analog lassen sich auf diese Weise Geldpreise für Werte wie Ehrlichkeit, Liebe, familiäre Stabilität und eheliche Treue feststellen. Sicher verlassen wir mit derartigen Überlegungen die Sphäre des guten Geschmacks, aber nicht unbedingt auch den Bereich eines realistischen Verständnisses menschlicher Verhaltensweisen in Lebensbereichen, die nicht durch den Tausch dominiert werden. Wir müssen somit zwei Gesichtspunkte klar voneinander unterscheiden, nämlich ethische Attraktivität eines derartigen Menschenbildes auf der einen und dessen Erklärungskraft tatsächlicher Verhaltensweisen der tatsächlich existierenden Menschen auf der anderen Seite.

Macht Marktwirtschaft die Menschen glücklich?

Die meisten Kritiker der Marktwirtschaft setzen am Argument an, dass in der modernen Konsumgesellschaft die meisten Wünsche durch Werbung im weitesten Sinne künstlich überhaupt erst geschaffen werden. Dieser Kritikpunkt ist aber nicht so schwerwiegend, wie man meinen könnte; denn letztlich sind all unsere Ziele irgendwie von aussen beeinflusst und erlernt worden. Das gilt für den extravaganten Autofan sowie für den klassischen Musikfreund oder den edlen Wohltäter.

Wichtiger als diese auf einzelne Güter bezogene, meist selbstgerechte Kritik an den Wünschen der anderen ist die Tatsache, dass durch die Kommerzialisierung unserer Kultur und den Einfluss der Produktionsinteressen die Wünsche einseitig auf Bedürfniskategorien konzentriert werden, die durch Ausgabe von Geld befriedigt werden können.

Dies hat in zweierlei Hinsicht ungünstige Konsequenzen. Zum einen führt dies zu einer Überbewertung der über Märkte zu befriedigenden Bedürfnisse im Vergleich zu anderen Formen der Lebensbefriedigung. Zum anderen entsteht ein fortwährender Druck in Richtung einer allgemeinen Einkommenssteigerung. Hier liegt unter Umständen ein zentrales Dilemma der modernen Wachstums- und Wohlstandsgesellschaft. Ich meine damit die immer wieder gehegte und widerlegte Hoffnung, dass Wachstum und Gesellschaft letztendlich glücklich machen werden. Dass sich diese Hoffnung stets aufs Neue als Illusion herausstellen muss, liegt weniger an den natürlichen oder physischen Grenzen des Wachstums als vielmehr an den sozialen. Diese führen eben zu vermehrten Verteilungskonflikten um die so genannten positionalen Güter einerseits und um den Zugang zu gemeinschaftlich nutzbaren Annehmlichkeiten des Lebens andererseits. Positionale Güter sind solche Güter, die Status, Prestige, Anerkennung usw. zum Ausdruck bringen und somit mit Geld allein nicht zu beschaffen sind (z. B. akademische Titel, exklusiver Freundeskreis, extravagante Hobbys). Die relative Stellung in der Einkommens- und Machtpyramide ist der entscheidende Ausgangspunkt, um derartige status- und prestigeträchtige Positionen zu besetzen. Der Wettbewerb nach positionalen Werten intensiviert sich, und die Kommerzialisierung der Kultur schreitet fort.

All das erhöht die Abhängigkeit vom Geld und damit vom kommerziellen Erwerbseinkommen, ohne jedoch die Konflikte abzubauen. Die sozialen Grenzen des Wachstums sind die Folgen des materiellen Massenerfolges. Fred Hirsch fasste die soziale Frustration des Wachstums wie folgt zusammen: Was die Wohlhabenden heute haben, kann der grossen Masse von morgen nicht mehr gegeben werden; aber indem wir individueller reicher werden, erwarten wir genau das. Die dynamische Interaktion zwischen materiellen und positionalen Bereichen wird bösartig. Grössere materielle Ressourcen lassen die Nachfrage nach Positions- und Prestigewerten anschwellen, wobei die Nachfrage der einen nur auf Kosten der Frustration der anderen befriedigt werden kann. Der Wettlauf geht über immer längere Distanzen.

Sinnbild dieses Leerlaufs ist der alljährliche Run von Millionen in den Süden, die immer länger reisen müssen, nur um am Schluss festzustellen, dass andere auch schon dort angelangt sind und damit der Nutzen der Exklusivität des Ferienortes geplatzt ist. Gerade die grosse Masse kommt an die schönen Dinge des Lebens eigentlich nur mit Geld heran und bleibt damit in der Tretmühle gefangen. Wir rennen alle schneller, nur um da zu bleiben, wo wir sind. Eng damit verwandt ist die Erkenntnis, dass der Nutzen für den einen in der Regel sehr stark davon abhängig ist, was und wie viel die anderen haben. Statt Unabhängigkeit haben wir somit Abhängigkeit der individuellen Nutzenvorstellungen. Der Verzicht auf den interpersonellen Nutzenvergleich ist ethisch und verhaltenstheoretisch gesehen letztlich doch sehr fragwürdig, wissen wir doch, dass jede funktionierende Gesellschaft auf gemeinsamen Grundwerten basiert und in vielen Lebenssituationen alle Menschen ziemlich gleichförmig auf dieselben Stimuli reagieren.

Die tiefsten Ursachen der Grenzen der Marktsteuerung aller Bedürfnisse sind somit nicht im Individualismus zu sehen, auch nicht im Tatbestand, dass der Markt die «falschen Güter» hervorbringt, die Umwelt zerstört oder die Konsumenten dumme Entscheidungen treffen, weil sie schlecht informiert sind oder die Produzentensouveränität dominiert. Das Grundproblem liegt vielmehr darin, dass käufliche Güter und Dienstleistungen und das dafür notwendige Geldeinkommen nur in einer losen Verbindung zu den Dingen stehen, die wirklich das Lebensglück ausmachen wie: Autonomie, Selbstwertgefühl, Familienglück, ausgefüllte, aber ungestresste Freizeit, Freundschaft usw.

Jugend und Wirtschaft

Der erneute und heftige Ausbruch eines Teils unserer Jugend ist ein vielschichtiges Phänomen, wobei wirtschaftliche Faktoren sicher nicht direkt im Vordergrund stehen. Gibt es aber indirekt oder hintergründig eine wirtschaftliche Dimension des Jugendproblems? Dieser Frage will ich im Folgenden nachgehen, und zwar im Sinne ihrer Auffächerung nach verschiedenen Richtungen.

Da wäre einmal die Auflehnung gegen die einseitigen materiellen oder monetären Werthaltungen der Älteren. Ohne Zweifel nimmt im Durchschnitt mit zunehmendem Alter die Wertschätzung von materiellem Besitz zu, und erwartungsgemäss stellen wir empirisch eine hohe Vermögenskonzentration und -akkumulation bei den älteren und ältesten Jahrgängen fest. Dies hat psychologische, historische und ökonomische Gründe: psychologisch gesehen tritt Besitzesmacht häufig an die Stelle von physischer Kraft und schwindenden Hoffnungen. Historisch betrachtet haben die Jahrgänge bis in die 1920er hinein die relative Armut noch persönlich erlebt, und ökonomisch haben viele Angehörige dieser Generationen sowohl kräftig vom Wachstum wie auch der Inflation der Nachkriegszeit profitiert. Nun sehen die Jungen sehr wohl, dass all das die Besitzenden nicht unbedingt glücklicher und die Gesellschaft nicht unbedingt menschenfreundlicher macht. Andererseits nehmen sie aber den heutigen Wohlstand oft als selbstverständlich und gewissermassen naturgegeben an. Orientieren sich somit die Alten zu stark am Besitzen und Bewahren, so richten die Jungen ebenso oft zu leichtfertig auf das blosse Umverteilen und das passive Verzehren des angeblich einfach Vorhandenen aus. Letzteres wird vielleicht gerade von den wirklich «Werktätigen» aller Schichten und Altersgruppen erkannt, was deren Unmut gegenüber den jugendlichen «Krawallisten» weitgehend erklärt. Was hier u. a. not tut, ist eine intergenerative Vermögenspolitik, die dafür sorgt, dass auch die nachfolgenden Generationen eine faire und altersmässig angemessene Chance zum Erwerb von Eigentum in einer Form erhalten, die der persönlichen Entfaltung wirklich dient und sich nicht bloss in modischen «Gadgets» und hohlen Fortschrittssymbolen erschöpft.

Ein anderer Punkt: das Wirtschaftssystem. Kritische Jugendliche betrachten die Marktwirtschaft mit grosser Skepsis, wenn nicht gar mit unverhohlener Ablehnung. Hier ist die Gefahr noch grösser, dass die mangelhafte Integration der jungen Generation zu einer Ablehnung des Systems als solchem führt, obwohl kein anderes die Freiheit und Offenheit in einer Gesellschaft so zu erhalten vermag, wie dies gerade die Marktwirtschaft tut. Oder anders gesagt: Gerade eine Marktwirtschaft ist und bleibt offen für Veränderungen der Zielsetzungen, Produktionstechniken und Strukturen aller Art. All diejenigen in der Jugend- und Alternativszene, die über zerstörerischen Protest hinausgehen, liefern dafür lebendige und überzeugende Beweise in Gestalt einer Neubelebung des Handwerks, der Kunst und Kultur – und eben ausschliesslich im Rahmen von Erwerbsformen des privaten oder genossenschaftlichen (Klein-)Unternehmertums. Hier gilt es, die Offenheit und Veränderbarkeit unserer Gesellschaft aufrechtzuerhalten, d.h. denjenigen freie Bahn zu lassen, die auf irgendeine Art «produktiv» sein wollen und können. Zu bekämpfen bzw. von öffentlicher Unterstützung auszunehmen sind demgegenüber jene, die bloss destruktiv oder parasitär ihre Selbstverwirklichung auf Kosten anderer zu realisieren versuchen.

Ein weiterer kritischer Punkt: das Wirtschaftswachstum. Umweltschützer, AKW-Gegner, Verkehrs- und Verstädterungsopfer und Wohlstandsverwahrloste finden in ihrer Kritik am Wirtschaftswachstum zusammen. Man muss wohl in vielem den Kritikern rückblickend recht geben. Der private Autoverkehr hat die Wohnlichkeit unserer Städte und die Beschaulichkeit des Landlebens arg strapaziert, die quantitative Bauwut der letzten dreissig Jahre wird den Qualitätsnormen früherer und (hoffentlich) auch folgender Perioden nicht standhalten können, während die extreme Energieabhängigkeit vom Ausland uns in einen Engpass hineingeführt hat. Aber warum Wachstum null? Dafür gibt es keine vernünftige Begründung, umso mehr, als wir in der Schweiz insgesamt bald auf zehn Jahre mit Null-Wachstum zurückblicken können. Dabei ist unschwer festzustellen, dass gerade ein Nicht-Wachstum alle Strukturen verhärtet und Veränderungsprozesse behindert. Nicht zuletzt im Interesse der jungen Generation haben deshalb die meisten Ökonomen immer und immer wieder eine Fortsetzung des quantitativen und vor allem qualitativen Wachstums gefordert.

Bleibt ein Letztes: der politische Prozess. Die rebellierenden Jugendlichen vertrauen wenig auf die eingespielten Mechanismen und Institutionen der Demokratie, so wie sie heute existiert. Bis zu einem gewissen Grade ist das verständlich. Jugend- und Alterspolitik unterscheiden sich deshalb nicht zuletzt dadurch, dass hinter der letzteren ein leicht mobilisierbares und organisierbares Wählerpotenzial von Hunderttausenden steht, während die Anliegen der Jugendlichen durch Unerfahrenheit oder Unüberlegtheit ihrer Spontanorganisationen einerseits sowie Naivität oder Opportunismus der selbst ernannten Politikanwälte der Jugendlichen andererseits kaum wirksam artikuliert werden. So kommt es zum Beispiel in der Alterssicherung zu ungleichen Generationenverträgen, bei denen die profitierende Generation bestimmt und die für die Zukunft verpflichtete dereinst bezahlt. Wo hört hier die Solidarität zwischen den Generationen auf und fängt die Begehrlichkeit auf Kosten der Jungen von heute und morgen an? Eine wirtschaftlich und politisch nicht oder schlecht integrierte Jugend würde über Jahrzehnte hinweg ungünstige Spuren hinterlassen. Integration und Veränderung sollten nicht als Gegensätze sondern als sich gegenseitig bedingende Aspekte einer offenen Gesellschaft gesehen werden – und zwar von allen Generationen.

Wie wird man reich?

Regelmässige Leser dieser Ökonomen-Spalte werden nicht erwarten, dass hier handfeste Rezepte vorgestellt werden, wie man tatsächlich reich werden kann; denn die Theorie kann keine derartigen Ratschläge begründen, und selbst wenn sie es könnte, wäre es naiv zu glauben, dass dieses Wissen zum Nulltarif in den Zeitungen unter die Leute gebracht wird. Dies als Warnung vor allen «billigen» Rezeptverkäufern! Es geht also lediglich darum, zu erklären, weshalb einige wenige reich im Sinne von superreich (Vermögensmillionäre und aufwärts) geworden sind bzw. es noch werden.

Dazu müssen wir vorerst mit zwei nahe liegenden, aber trotzdem falschen Erklärungen aufräumen. Die erste führt auch den grossen Reichtum auf beharrliche Sparsamkeit zurück, d.h. reich wird, wer ständig etwas zurücklegt und das Kapital durch Zins und Zinseszinsen wachsen lässt. Nun lässt sich auf diesem Pfad der Spartugend über Jahrzehnte hinweg sicher ein ansehnliches Häuflein Geld auf die Seite bringen, d.h. behäbiger Wohlstand ist so durchaus erreichbar; aber wirklich grosser Reichtum? Ein Blick in die Wirklichkeit lässt uns diese Frage verneinen. Die Vermögensmultimillionäre haben entweder bereits durch Erbschaft schon mit grossen Anfangsbeständen begonnen oder sind dann jeweils innert ganz kurzer Zeit zu sehr viel Geld gekommen. Diese rasche Entstehung wirklich grosser Vermögen gilt aber auch für die ursprünglichen Erblasser und ist somit das zentrale Phänomen.

Die Gegenposition sieht im grossen Reichtum nur das Spiegelbild der Ausbeutung, d.h. schwerreich wird, wer andere besonders massiv und gekonnt übervorteilt, ausquetscht oder ausnützt.

Auch diese Sicht der Dinge hält einer Gegenüberstellung mit der Wirklichkeit nicht stand; denn abgesehen von kriminellen Aktivitäten beruhen plötzliche grosse Gewinne nicht auf systematischer und gezielter Ausbeutung, sondern im Prinzip auf dem Zufall. «Der Zufall» ist denn auch unser zentrales Erklärungselement. Der zufällige Lotteriegewinn ist dabei nur ein extremes Anwendungsbeispiel für das generelle Prinzip, das darin besteht, dass viele «Spekulanten» mit einer relativ geringen Wahrscheinlichkeit um ganz grosse «Preise» spielen. Doch wie ist das zu interpretieren? Es ist davon auszugehen, dass die Märkte für das Realkapital (Land, Ressourcen, Ausrüstungen, Maschinen, Warenlager usw.) sich ganz anders verhalten als die Finanzmärkte (Aktien, Obligationen, Immobilienfonds-Zertifikate usw.)

in denen die Finanzierung des Realkapitals vor sich geht. Auf dem Realkapitalmarkt herrscht im Normalfall ein Ungleichgewicht, d. h. die realen Erträge für die verschiedenen Investitionsarten sind von Branche zu Branche und von Firma zu Firma sehr unterschiedlich. Diese Differenzen sind oft erstaunlich gross und bleiben über lange Zeiträume hinweg bestehen. Dies ist deshalb möglich, weil das einmal real investierte Kapital nicht mehr übertragbar ist. Infolge der weitgehenden Selbstfinanzierung der Investitionen sowie der Dominanz der Manager über die Eigentümer der Unternehmungen verändern auch die laufenden Neu-Investitionen dieses Ungleichgewicht nur äusserst langsam, indem die selbst erarbeiteten Mittel vom Management in der Regel in die bestehenden Unternehmungen zurückgeleitet werden und so die unterschiedlichen realen Ertragsdifferenzen nicht zum Verschwinden bringen.

An den Finanzmärkten herrscht demgegenüber eine starke und ziemlich rasch wirksame Tendenz zur Angleichung der finanziellen Erträge, indem z. B. die Aktionäre aus Unternehmungen mit den niedrigsten Gewinnen aussteigen und ihre Mittel in die am besten rentierenden Firmen und Branchen einsetzen. Dadurch senkt sich jedoch der Marktwert all derjenigen Firmen mit niedriger Ertragskraft, während der Marktwert von Firmen mit hohem Gewinn steigt. Die Finanzmärkte befinden sich daher in der Regel im Gleichgewicht, d. h. die finanziellen Erträge bezogen auf die Kurse oder Preise der Finanzaktien (z. B. Aktienkurse) gleichen sich stets relativ rasch einander an.

Wie wird man nun aber über Nacht sehr reich? Dadurch, dass man im Finanzmarkt neue, überdurchschnittliche Realrenditen der Investitionen kapitalisiert, d. h. dass man gewissermassen als erster in eine neue Sache finanziell einsteigt, die gerade überdurchschnittliche Gewinne abzuwerfen beginnt und dies über möglichst lange Zeit hinweg fortsetzt. Dann nämlich erhöht sich der Marktwert der entsprechenden Unternehmungen sprunghaft – und damit beginnt natürlich der Höhenflug des Kurswertes «meines» Aktienpaketes. Je schwerfälliger und langsamer dabei die realen Märkte reagieren, desto heftiger und nachhaltiger die Anpassungen in den Finanzmärkten, die ja stets zum Ausgleich der Finanzrenditen tendieren.

Doch wer sind die glücklichen Financiers? Hier kommt nun der Zufall ins Spiel. Die erwarteten Renditen aller Finanzanlagen derselben Risikokategorie sind *grosso modo* gleich hoch und entsprechen damit nach Berücksichtigung des Risikos der Durchschnittsrendite aller Finanzanlagen. Daraus folgt, dass alle legalen und daher allgemein zugänglichen Informationen über die Gewinn- und Ertragsaussichten, über technische Durchbrüche, neue Produkte usw. im Finanzmarkt eigentlich wertlos sind, weil sie im Moment der Bekanntgabe schon in die Kurse eingegangen sind. Der erwartete Ertrag eines Zufalls-Portefeuilles aus allen kotierten Aktien ist deshalb z. B. das Beste, worauf man *ex ante* (d. h. im Voraus) im Aktienmarkt hoffen kann. *Ex post* oder im Rückblick sind dann aber die effektiven Ertragsraten sehr verschieden. Dies ist die Analogie zur Lotterie, indem *ex ante* hier wie dort die erwarteten Gewinne für alle gleich sind, während *ex post* sich dann einige wenige als Gewinner und die meisten eben als Verlierer herausstellen. In den Finanzmärkten besteht nun analog zur Lotterie eine wichtige Besonderheit in der Wahrscheinlichkeitsverteilung. Der maximal mögliche Verlust eines «Spekulanten» ist begrenzt durch den ursprünglichen Investitionsbetrag; der maximal mögliche Gewinn ist im Prinzip nach oben unbegrenzt. Daraus folgt, dass die meisten Investoren innerhalb einer bestimmten Risikokategorie *ex post* in etwa die Durchschnittsrenditen erzielen, viele werden etwas darunter zu liegen kommen, und einige werden alles verlieren. Daneben gibt es aber auch einige, die besser als der Durchschnitt abschneiden, während einige ganz wenige die «Grossen Renner» *ex ante* richtig erraten haben und somit die Lotterie gewinnen. So entstehen in kürzester Zeit grosse Vermögen, die dann in der Regel anschliessend diversifiziert und breit gestreut angelegt werden, so dass sie fortan ungefähr die Durchschnittsrendite einbringen und erhalten bleiben.

In dieser Asymmetrie der Wahrscheinlichkeit liegt also die zentrale Erklärung der einseitigen Vermögensverteilung. Man kann schlimmstenfalls alles verlieren; aber im besten Fall kann man das x-fache des ursprünglichen Engagements gewinnen – doch *ex ante* eben bloss mit einer äusserst geringen Wahrscheinlichkeit. Die «Lotteriegewinner» der Wirtschaft werden ihr Glück jedoch nicht dem Zufall, sondern ihrer Weitsicht, ihrer Entschlossenheit oder ihren besonderen Fähigkeiten zuschreiben.

Aber wie sieht es mit dem Weitblick und Wagemut all der Verlierer oder Durchschnittsanleger, die aus denselben Überlegungen in dieselbe Zukunftsbranchen investiert haben wie die Glückspilze, aber nicht IBM oder Xerox gewählt haben, sondern irgendeine längst verschwundene Firma mit ähnlichen Startbedingungen? Und wie häufig wiederholen dieselben «Finanzgenies» ihre Haupttreffer?

Doch was ist die Moral von der Geschichte? Soll man nicht erst recht die grossen Vermögensgewinner steuerlich zurückstutzen, wenn ihre Riesengewinne im Prinzip lotterieähnlich sind? Würden wir Lotteriegewinne radikal wegsteuern, so verschwände natürlich auch die Lotterie. Würden wir die

Gewinner der Investitions-Lotterie analog prohibitiv besteuern, so würde eben auch die Investitionstätigkeit schrumpfen, weil der Anreiz, *ex ante* riskante Unternehmungen zu finanzieren, verschwindet. Je höher die Ungewissheit, desto grösser das Risiko des Verlustes. Und je grösser dieses Verlustrisiko ist, desto höher muss die Gewinnsumme für den unwahrscheinlichen Fall des Glückstreffers sein.

Neue Produkte oder Verfahren sind die Quelle allen wirtschaftlichen Wachstums, das notwendigerweise nur im Ungleichgewicht der Ertragsdifferenzen vor sich gehen kann. Jedwelche Innovation ist jedoch *ex ante* riskant, d. h. viele Neuerungen müssen unter den Bedingungen grosser Unsicherheit im Fiasko enden, damit ganz wenige sich durchsetzen. Die hohen Gewinne derer, die zufällig auf die *ex post* richtige Neuerung bzw. Firma gesetzt haben, sind deshalb tatsächlich nicht individuell verdient; aber sie sind trotzdem gesellschaftlich notwendig – als genereller Anreiz, das Spiel fortzusetzen!

Wir können dieses «Spiel» natürlich auch durch eine staatliche Investitionsplanung und -finanzierung ersetzen. Der Erfolg entsprechender Versuche ist niederschmetternd, aber eigentlich nicht überraschend; denn Bürokraten sind erstens nicht gescheiter als Kapitalisten und ihre «Fehlspekulationen» werden nicht vermögensrechtlich sanktioniert, sondern müssen als persönliches Versagen qualifiziert und deshalb durch Liquidation der Menschen (statt des Kapitals) bestraft werden. Weil das so ist, machen Investitions-Bürokraten keine Fehler: sie riskieren am liebsten zum Vornherein gar nichts oder verdecken auch die unvermeidbaren Fehlinvestitionen durch offene und versteckte Subventionen – kurzfristig auf Kosten der Steuerzahler, langfristig auf Kosten des Fortschritts.

Soziale Marktwirtschaft ade?

Ein Plädoyer für die Ethik des Marktes

«Can Socialism work?» lautete die rhetorische Frage von Joseph Schumpeter im Jahre 1943. Seine damalige Antwort, «of course, it can», wäre heute nicht mehr möglich. Der Sozialismus kann nicht funktionieren. Aber ist er damit auch als ethisches Gebäude zusammengebrochen? Ein persönlicher Bekannter und allgemein bekannter Philosoph äusserte sich dazu zu später Stunde unter den Bäumen einer Gartenwirtschaft sinngemäss so: «Der Sozialismus ist nur auf der Funktionsebene zusammengebrochen. Die ethische Ebene – wie sollen wir leben, eben solidarisch und dann wohl eher sozialistisch – ist durch das Funktionsversagen allein nicht tangiert.» Eine solche Sicht ist für die allermeisten Ökonomen fragwürdig, ja geradezu unverständlich. Gerade wer als Ökonom Ethik und Wirtschaft nicht trennen kann und will, wird die Beurteilung gesellschaftlicher Koordinationssysteme (z. B. Markt- oder Zentralverwaltungswirtschaft) vom konkreten, d. h. empirischen Ergebnis abhängig machen wollen. Wer somit die Effizienz des Marktes auf der Funktionsebene akzeptiert, aber gleichzeitig die Überlegenheit sozialistischer oder anderer utopischer Wertsysteme predigt, bewegt sich auf glitschigem Terrain – zumindest aus der Sicht einer ergebnisorientierten Ethik, wie sie seit Adam Smith für die grosse Mehrheit der Ökonomen wegleitend ist. Dabei ist mit ergebnisorientierter Ethik gemeint, dass wir die Resultate auf ihren ethischen Gehalt hin prüfen – und nicht die Motive, Ziele oder Absichten.

Die ethische Kritik am Markt
Die grosse Mehrheit der intellektuellen oder religiösen Kritiker an der Marktwirtschaft lehnt primär das der Ökonomie zugrunde gelegte Menschenbild und das darauf aufbauende Gesellschaftsmodell ab. Statt «Eigennutz» wird «Solidarität» postuliert; statt von beidseitig vorteilhaftem Tausch spricht man von Ausbeutung, und an die Stelle einer wettbewerblichen Preissteuerung wird eine Machtwirtschaft dem Eigentümer gesetzt. Die Wissenschaft hat kein Recht, Utopien zu belächeln oder gar zu verdammen. Trotzdem hat sie die Pflicht, darauf hinzuweisen, wie rasch aus sozialen Utopien politische Programme werden, welche auf der praktischen Funktionsebene gefordert werden (müssen). Auch die edelsten Motive vermögen nicht das materielle Elend und schon gar nicht die totalitäre Unterdrückung im Namen weltfrem-

der Heilslehren zu entschuldigen. Der kommunistische Totalitarismus ist wohl nicht allein schon deswegen akzeptabler als der faschistische, weil die ethische Basis des Sozialismus «besser» ist. Wer trägt letztlich die Verantwortung für mindestens zwei Generationen von Sowjetmenschen, die heute auf der Stufe eines Entwicklungslandes wieder ganz von vorne beginnen müssen? Und wo sind jene intellektuellen und kirchlichen Exponenten geblieben, die in der Dritten Welt Desaster wie in Kuba, Tansania, Nicaragua (um nur diese drei zu nennen) wesentlich mitgeprägt und vor allem ethisch legitimiert haben? Die moderne Ökonomie erklärt, wie knappe Ressourcen über Märkte ihrer bestmöglichen Verwendung zugeführt werden (Allokation). Aus ethischer Sicht angreifbar ist hier zweierlei: zum einen das zugrunde liegende Verhaltensmodell des Menschen und zum anderen die Verteilungs- oder Solidaritätsfrage.

Relativität der Werte

Das dem allgemeinen Gleichgewicht zugrunde gelegte Menschenbild – der viel zitierte Homo oeconomicus – erscheint ethisch wenig attraktiv: Als Nutzen- bzw. Gewinnmaximierer verfolgen Konsument und Produzent ausschliesslich ihre eigenen Ziele. Gebremst werden sie dabei nur durch die Restriktionen der gegebenen Ausstattungen, Informationen, Institutionen und Technologien. Ethische Werte wie Nächstenliebe, Solidarität oder gar «Weltverbesserung» scheinen keinen Platz zu haben. Kritiker sprechen dann auch von der Ellbogengesellschaft. Eine Gesellschaft aus lauter puren Egoisten kann doch keine gesellschaftlichen Ziele erreichen. Oder doch? Seit ADAM SMITH versucht die Ökonomie den Nachweis zu führen, dass gesellschaftliche Ergebnisse weniger von den hehren Zielen des Einzelnen als vom Koordinationsmechanismus (Markt) abhängen. Entscheidend ist daher die Prognose der Ergebnisse marktwirtschaftlicher oder anderer sozialer Interaktionsprozesse aus dem Individualverhalten heraus. Oder anders gesagt: Reagieren die Menschen auf individuelle Anreize in einer systematischen, vorhersehbaren Weise?

Wir alle wissen, dass es etliche solidarische, ja sogar aufopfernde Mitmenschen gibt. Aber schliesst dies aus, dass auch diese Menschen lügen oder andere Menschen im Stich lassen? Dies sind extreme Beispiele, aber sie zeigen, worum es geht. Bei gegebenen Werten für Ehrlichkeit, Solidarität, Opferbereitschaft wird der Ökonom prognostizieren, dass Abweichungen von diesen (eben nicht absoluten) Prinzipien primär vom Kosten-Nutzen-Verhältnis abhängen, d. h. rational erfolgen. Also ein wenig lügen, um einen grossen Vorteil zu erringen oder einem grossen Ziel zu dienen. Oder ein wenig aus der Solidarität ausscheren, wenn damit gerechnet werden kann, unentdeckt zu bleiben. Oder eben nicht ins eiskalte und reissende Wasser zu springen, um das hineingefallene Kind zu retten, wohl aber in den relativ ungefährlichen Teich. Rationales Verhalten bedeutet immer ein Abwägen zwischen verschiedenen Zielen, während absolute Werte gerade dieses ausschliessen. Aber was tun, wenn verschiedene ethische Normen oder verschiedene Ziele diametral aufeinander prallen (wie z. B. im Falle der Abtreibung)? Die Knappheit als wesentlicher Bestimmungsfaktor unseres Daseins beschränkt sich nicht auf das Materielle, sondern umfasst durchaus auch den Bereich der Werte. Entscheiden unter Restriktionen heisst deshalb immer echte Kompromisse schliessen – zwischen verschiedenen Mitteln oder Zielen. Wie anders als «rational» können wir diese bestmöglich lösen?

Verteilung der Gerechtigkeit
Ist die Ellbogengesellschaft das Schlagwort für die Kritik an der Marktallokation, so ist es der Ausdruck «Zweidrittelgesellschaft» für die Kritik an der Verteilung des Wohlstandes. Nachdem «Verelendung» und «Ausbeutung» ausgemustert werden mussten, dient der Begriff «Zweidrittelgesellschaft» heute dazu, die immer noch ungerechte Verteilung ins Rampenlicht zu rücken: zwei Drittel mögen es recht haben; ein Drittel kommt unter die Räder – oder gemäss einer Basler Studie immerhin 15 % (neue Armut). Grundsätzlich gilt, dass selbst eine perfekt funktionierende Marktwirtschaft wohl die optimale Allokation (bezüglich Verwendung der Ressourcen) bewerkstelligt, aber nicht eine gerechte Verteilung. Die Preise steuern nicht bloss die Ressourcenverwendung, sondern bestimmen auch die Verteilung der Einkommen, und diese kann und wird in einer Marktwirtschaft mehr oder weniger schief ausfallen.

Chancengleichheit als Gleichverteilung
Selbst der oft bemühte Begriff der Leistungsgerechtigkeit hebt diesen Mangel keineswegs auf; denn auch die Leistungsgerechtigkeit wird wesentlich durch die Vermögensverteilung, die so genannte Erstausstattung, bestimmt. Die Leistungsfähigkeit auf dem Markt hängt nicht nur oder häufig nicht einmal primär vom Einsatzwillen ab, sondern eben von der Ausstattung mit produktiven Ressourcen. Der Kampfesmut der Indianer richtete gegen die Kugelhagel der Weissen wenig aus. Und genauso hilft der Fleiss all denjenigen letztlich wenig, die sich ohne Human- und Finanzkapital einer damit

reich ausgestatteten Konkurrenz aussetzen. Liegt die Gerechtigkeit also in der ebenso viel zitierten Chancengleichheit? Auch dieser Begriff ist voller Paradoxien: Ein Abstellen auf die Gleichheit der Chancen hiesse, den Zufall, d. h. das Spielkasino, zum einzig legitimen Schiedsrichter über Einkommens- und Vermögensunterschiede zu erklären. Bis wir aber so weit sind, müssen wir zuerst die Ausstattungen mit «Spielgeld» ausgleichen. Mit anderen Worten, Chancengleichheit ist in letzter Konsequenz konzeptionell von Gleichverteilung nicht unterscheidbar. Ein Vorteil des Golfsports liegt gerade darin, dass mit dem «Handicap» die Chancen ausgeglichen sind, so dass die «Blinden» mit oder gegen die «Lahmen» spielen können. Doch Golf ist die Ausnahme und nicht die Regel. Was würde ein Handicap beim 100-m-Lauf, beim Weitsprung oder beim Fussball bedeuten – oder gar an der Universität?

Die Subjektivität von Gerechtigkeit
Effizienz der Ressourcenallokation und Gerechtigkeit der Verteilung sind somit nicht dasselbe. Effizienz vorausgesetzt bleibt das Problem der gerechten Verteilung. Der Ökonom kann die Bedingungen einer effizienten Allokation exakt und intersubjetkiv überprüfbar auf den Tisch legen. Das Konzept ist widerspruchsfrei, eindeutig und somit logisch wasserdicht. Dem kann der Philosoph kein ebenbürtiges Konzept von Gerechtigkeit entgegensetzen. Dies ist kein Grund zum Frohlocken – ganz im Gegenteil. Was gerecht oder nur fair ist und was nicht, darüber gibt es legitimerweise sehr verschiedene Auffassungen oder meinetwegen verschiedene sozial-philosophische Theorien. (Das Beispiel der Solidarität soll dies kurz illustrieren. Was heisst Solidarität zwischen den Generationen oder Geschlechtern? Bedeutet dies, dass jegliche Umverteilung von Jung zu Alt [z. B. in der Altersvorsorge] oder von Männern zu Frauen [z. B. Krankenkassenprämien] die Gerechtigkeit erhöht? Ist die jetzt beklagte Entsolidarisierung in der Krankenversicherung ein Symptom für den Vormarsch des nackten Individualegoismus oder bloss die Folge einer unsinnigen Versicherungskonstruktion?)

Wer das Marktergebnis gerechter gestalten will, muss folgende Fragen beantworten können:
1. Wer entscheidet darüber, was gerecht ist bzw. wie viel umverteilt werden soll? Dies ist die Frage nach der Ethik in der Politik.
2. Wie ist die Umverteilung konkret durchzuführen? Dies ist die Frage nach der Effizienz in der Politik.

Effizienz und Ethik in der Politik

Nehmen wir hier die zweite Frage vorweg: Jeder Akt der Umverteilung reduziert die Effizienz, weil er die Anreize und damit das Verhalten der Akteure verändert. Mit anderen Worten, Umverteilungsprozesse sind notwendigerweise mit sozialen Verlusten behaftet. Wenn der Staat alleinerziehende Mütter unterstützt, so vergrössert er somit die Anreize für Väter und Mütter, den Partner zu verlassen (bzw. keine Familie zu gründen). Wenn wir Arbeitslose unterstützen, senkt dies die Anstrengungen, Arbeit zu behalten bzw. zu suchen. Wenn wir die Altersrenten erhöhen, steigert dies den Anreiz, sich früher zu pensionieren usw. An dieser Tatsache führt kein Weg vorbei. Die Ineffizienz der Umverteilung ist nun aber selbst wieder ein ethisches Problem.

Der rinnende Eimer

ARTHUR OKUN hat dazu ein Gedankenexperiment entwickelt. Angenommen wir hätten uns demokratisch darauf geeinigt, eine gewisse Summe von den Reichen auf die Armen umzuverteilen, so können wir dies mit dem Bild umschreiben, dass wir den Reichen eine gewisse Menge Wasser abschöpfen und mit einem Eimer zu den Armen transportieren. Wegen der skizzierten Anreizproblematik und des bürokratischen Aufwands ist der Eimer denknotwendig nicht perfekt, d.h., er hat mehr oder weniger grosse Löcher: Er rinnt. Und hier das Gedankenspiel: Würde man die an sich als gerecht legitimierte Umverteilung unabhängig davon gutheissen, ob der Verlustquotient 1%, 10% oder 50% beträgt?

Beachten wir dazu das Beispiel der schweizerischen Landwirtschaftspolitik. Der Tenor in der Presse bzw. Politik lautet oft: «Wir opfern doch nicht noch unsere Bauern dem GATT oder der EG!» Die erste Frage ist: «Wer sind wir?» Tatsache ist, dass unsere Agrarpolitik die schweizerischen Konsumenten etwa 4 Mia. Franken und die schweizerischen Steuerzahler etwa 3 Mia. Franken im Jahr kostet. Tatsache ist weiter, dass wir damit anderen Ländern der Dritten Welt (oder Osteuropas) Handelschancen zunichte machen, und zwar in einem Ausmass, das sehr wohl den Wert der gesamten Entwicklungshilfe übersteigen kann. Aber es kommt noch schlimmer: Die Subventionen von Steuerzahlern und Konsumenten übersteigen die Wertschöpfung der schweizerischen Landwirtschaft zu Weltmarktpreisen. Mit anderen Worten wäre es volkswirtschaftlich billiger, nichts, aber auch gar nichts mehr zu produzieren. Weiter: Welche «Solidarität» ist hier gemeint? Jene zwischen «reichen Bauern» und «armen Konsumenten» oder jene zwischen Schweizer Landwirten und ihren afrikanischen Kollegen? Die neue Armut in der Schweiz hat einiges mit den hohen Nahrungsmittelpreisen zu tun, ebenso wie die Rückschläge in der Dritten Welt mit unserer Überproduktion, mit den Exportsubventionen und den Marktschliessungen für Importe im Agrarbereich.

Damit sind wir wieder zu der ethischen Bedeutung der Funktionsebene zurückgekehrt. Gutes tun zu wollen, genügt nicht, ja es ist häufig sogar kontraproduktiv, wenn ineffizient durchgeführt. Den Entwicklungsländern freiwillig mehr für Bananen oder Kaffee zu bezahlen, mag einer guten Gesinnung entspringen. Aber wer übernimmt die Verantwortung für die damit ausgelöste Mehrproduktion oder gar für die dadurch verhinderte Strukturanpassung? Sozial schwache Mieter zu bevorzugen, ist menschlich verständlich. Aber wer trägt die Konsequenzen einer dadurch ausgelösten Diskriminierung potenziell schwacher Mieter oder eines Rückganges der Produktion von günstigen Mietwohnungen? Kündigungsschutz für (schwangere) Frauen ist nur dann fortschrittlich, wenn wir sicherstellen, dass dadurch keine Benachteiligung bei der Anstellung erfolgt, d. h. das Schwangerschaftsrisiko eben nicht dem Arbeitgeber überbunden wird.

Krankhafte Moralisierung
Während die meisten Nichtökonomen die ethische Dimension in der Wirtschaftstheorie vermissen und deshalb versuchen, eine sozial-ethisch gehaltvolle Ökonomie aufzubauen, vertrete ich hier – in Anlehnung an ROLAND VAUBEL – zwei andere Thesen, nämlich:
1. Sehr viele vermeintliche soziale Ziel- und Wertkonflikte sind in Tat und Wahrheit Allokationsprobleme. Oder anders gesagt: Unsere Gesellschaft leidet unter einer ab und zu schon fast krankhaften «Moralisierung» von Sachproblemen bzw. einer ethischen Verbrämung von unausweichlichen Güterabwägungen.
2. Individuelle Handlungs- und Vertragsfreiheit (basierend auf entsprechenden Eigentumsrechten) im Markt und Limitierung der staatlichen Macht durch politischen Wettbewerb sind ethisch durchaus begründbar.

Beginnen wir mit dem zweiten Aspekt: Die ergebnisorientierte Ethik verlangt nicht bloss eine logische, sondern auch eine empirische Begründung der Überlegenheit marktwirtschaftlicher Koordination. Es ist denn auch das historische Versagen des Sozialismus auf der Funktionsebene die wichtigste Ursache seines Zerfalls. Wir dürfen deshalb jetzt aber auch nicht den Markt zur «Religion» erklären und das Ende der Geschichte proklamieren. Der friedliche Wettbewerb alternativer Wirtschaftssysteme muss weitergehen. Um Pareto-Effizienz zu realisieren, müssen wir die Präferenzen der Einzelnen und deren freie Entscheidungen respektieren. Mit anderen Worten, die Ethik des Marktes impliziert die Freiheit des Individuums. Dieses handelt jedoch in einem gesellschaftlichen Kontext, so dass der staatliche Schutz der individuellen Freiheitsrechte und deren (notfalls) zwangsweise Durchsetzung geradezu zwingend ist. Damit steht jedoch auch die Notwendigkeit eines konsensfähigen, demokratischen Gesellschaftsvertrags fest, der erst die gesellschaftlichen Institutionen schafft, innerhalb deren individuelle und kollektive Entscheidungen gefällt und durchgesetzt werden. Dabei ist es durchaus vorstellbar, dass Umverteilungen aller Art legitimiert werden können – unter drei Vorbedingungen:

1. Sie müssen auf einem demokratischen Konsens beruhen.
2. Sie müssen so effizient wie möglich erfolgen.
3. Sie müssen effektiv wirtschaftlichen und sozial schwachen Mitgliedern der Gesellschaft zugute kommen.

Kontraintuitive Marktlösungen
Mit dem Zusammenbruch des Sozialismus hat die Marktwirtschaft ihren ideologischen Konkurrenten verloren. Wohl ist die Skepsis gegenüber staatlicher Regulierung und Planung gewachsen, doch auf der ethischen Ebene hat der Markt kaum neue Freunde dazugewonnen. Im Gegenteil besteht die Gefahr, den Funktionsmechanismus diesmal mit demokratisch-sozialen Argumenten aus den Angeln zu heben: Mit anderen Worten, die drei Vorbedingungen einer ethisch legitimen Wirtschafts- und Sozialpolitik werden häufig verletzt oder nicht beachtet.

1. Statt eines demokratisch fundierten Grundkonsenses, der in einer Verfassung niedergelegt ist und insbesondere die Grenze staatlicher Eingriffe in die Freiheitssphäre des Einzelnen eng und scharf zieht, verlegt sich der demokratische Konsens auf eine falsch verstandene direkte Demokratie. Die absolute Souveränität des Volkes führt letztlich zu einer total offenen Verfassung im Stile der permanenten Vollversammlungsdemokratie, wo jederzeit jedermann über jedwelche Sachfragen mitreden und entscheiden kann, ohne dass vom Verfahren oder der Materie her Schranken – zum Beispiel individuelle Freiheitsrechte oder Grundregeln des Rechtsstaates – zu beachten wären. Dies ist wohl ein typisch schweize-

risches Problem. Der Vorwurf des Demokratiedefizits gegenüber der embryonalen Staatlichkeit der EG ist angesichts der schwindenden Demokratiequalität der Schweiz erheblich zu relativieren.

2. Das leichteste Spiel hat der Ökonom wohl immer hinsichtlich der Effizienz der staatlichen Eingriffe. Hier steht ihm nämlich stets der so genannte «something-better-approach» (THOMAS SCHELLING) zur Verfügung: «Sage mir, was du willst, und ich präsentiere dir die optimale Lösung.» Trotzdem ist auch hier der Boden steinig; denn viele «Do-gooders» haben wohl ein warmes Herz, aber häufig keinen kühlen Kopf. Für eine gute Politik braucht man jedoch beides. Leider sind ökonomische Direktvergleiche zwischen Geboten und Verboten einerseits und Marktlösungen andererseits «kontra-intuitiv», indem ordnungspolitische Regeln «nur» die Rahmenbedingungen verändern, nicht aber direkt das Verhalten beeinflussen. Moralisten, aber auch vielen Juristen geht dies gegen den Strich. Gerade im ökologischen und sozialen Bereich wird aus mangelndem Verständnis ökonomische Effizienz der (scheinbar) höheren Moral geopfert – letztlich zum Schaden beider.

3. Der dritte Punkt, die soziale Dimension der Umverteilungspolitik, ist vor allem im Zusammenhang mit dem ersten zu sehen. Eine Mehrheitskoalition kann immer wirtschaftspolitische Umverteilungen realisieren, welche die allokative Effizienz vermindern. Dieses Argument kann auch mit dem Stichwort der so genannten Tyrannei der Mehrheit umschrieben werden. Wechselnde Mehrheiten verteilen Kosten und Nutzen staatlicher Programme in einer Art und Weise, die permanente Verlierer schafft: zum Beispiel beim Bund die Wehrsteuerzahler. Da allerdings gerade grosse, aber diffuse Gruppen wie Steuerzahler oder Konsumenten Mühe bekunden, sich politisch zu organisieren und damit ihr Stimmenpotenzial zum Spielen zu bringen, kippt das «Tyrannei-Problem» leicht in die andere Richtung, nämlich die der «Ausbeutung der Mehrheit» durch gut organisierte Minderheiten um.

Weiterführende Literatur
ALAN BLINDER, «Hard Heads – Soft Hearts», Reading (Mass.), Addison-Wesley, 1990
FRANCIS FUKUYAMA, «The End of History and The Last Man», New York, Free Press, 1992

Arthur Okun, «Equality and Efficiency. The Big Tradeoff», Washington D.C., The Brookins Institution, 1975

Mancur Olsen, «The Logic of Collective Action. Public Goods and the Theory of Groups», Cambridge, Harvard University Press, 1965

Thomas Schelling, «Choice and Consequence», Cambridge, Harvard University Press, 1984

Josef Schumpeter, «Capitalism, Socialism and Democracy», London, Allen und Unwin, 1943

Roland Vaubel, «Marktwirtschaft und Ethik», in Christian Matthiessen (Hrsg.), Ökonomie und Ethik. Moral des Marktes oder Kritik der reinen ökonomischen Vernunft, Freiburg i.Br., Hochschul-Verlag 1990

Zu viel oder zu wenig Regeln?

Nach 2000 Autokilometern in Indien habe ich den geradezu chaotischen Verkehr auf Stadt- und Überlandstrassen hautnah erlebt. In Indien ist die Strasse auf den ersten Blick ein lärmiges Chaos: Rikschas, Kühe, Kinder, Greise, Wasserbüffel, Fussgänger, Verkäufer, Schafe und Ziegen, Rad- und Mofafahrer, Lastwagen, Busse und Personenwagen bewegen sich in einem heillosen Durcheinander. Von Ordnung oder Regeln kaum eine Spur, ausser, dass primär links gefahren und rechts überholt wird. Keine Verkehrsampeln, keine Trottoirs, keine Hinweis- oder Verkehrsschilder, keine Sicherheitslinien oder Fussgängerstreifen und – wie schon erwähnt – keine Trennung der Nutzung des öffentlichen Raums Strasse. Irgendwie funktioniert das Ganze aber trotzdem. Wie?

Eine erste Erklärung ist das langsame Tempo, für das bereits die schwache Motorisierung der Autos wie das permanente Gewimmel auf den Strassen sorgen. Dazu kommen an kritischen Stellen Bremsschwellen, die häufig von den Anwohnern selbst errichtet werden. Die zweite und wichtigere Erklärung ist die Hierarchie im Sinne der Macht des Stärkeren. Lastwagen und Busse haben hinter den heiligen Kühen, die von allen elegant umkurvt werden, die erste Priorität. Dann kommen die Personenwagen, dann die Wasserbüffelgespanne, die Töffs, Fahrräder und schliesslich die Fussgänger. Die Schwächeren weichen den Stärkeren in einer schon fast stoischen Selbstverständlichkeit.

Drittens aber liegt die wichtigste Erklärung in der Kommunikation der Strassenbenützer. Wo es kaum Regeln gibt, kann sich auch niemand wirklich daran halten, weil alle alles «falsch» machen. Die Menschen erfinden aber dann selber Verhaltensweisen, die auf Kommunikation der Direktbeteiligten fussen.

Während man bei uns auf die Regeln achtet, muss man in Indien auf die anderen achten. Wo eine allgemeine Signalisierung fehlt, muss man im konkreten Fall seine Absichten signalisieren. Dazu dient in erster Linie die Hupe, die mehr oder weniger permanent eingesetzt wird. In zweiter Linie bedient man sich vorerst geheimnisvoller Handzeichen durch das offene Fenster, wobei bei Bussen und Lastwagen sowohl Fahrer wie Beifahrer winken. Das dritte Kommunikationsmittel ist der Scheinwerfer bzw. die Lichthupe, die vor allem beim Überholen mit Gegenverkehr eingesetzt wird, aber nicht etwa vom bedrohten Fahrzeug, sondern vom Überholenden auf der falschen Strassenhälfte. Das Lichtsignal ist eine Aufforderung an den «korrekt Fahrenden» abzubremsen.

Ein Beispiel soll das Ganze verdeutlichen. Man will mit dem Personenwagen einen Bus überholen, bei Gegenverkehr in Form von Velos, Fussgängern und Autos. Zuerst wird mit lautem Hupen die Absicht dem Vordermann kundgetan – in vollem Einverständnis mit letzterem; denn an seiner Rückfront steht gross geschrieben: Use your horn! Der Überholende bremst mit Licht die entgegenkommenden Vehikel ab. Die Fussgänger, Weidetiere und Radler retten sich über den Strassenrand hinaus. Nur die Kühe bleiben, wo sie sind. Das zu überholende Vehikel gibt mit Handzeichen sein Einverständnis für den Überholvorgang. All das läuft mit relativ wenig Unfällen und vor allem absolut friedlich und gelassen ab. Nicht ein einziges Mal habe ich jemanden fluchen, schimpfen, drohen oder sonst irgendwie aggressiv erlebt.

Welch Unterschied zu uns, wo Hupe, Lichthupe und Hände nur noch für Wut- und Missfallenskundgebungen bemüht werden. Warum dieser eklatante Unterschied im Grad der Zivilisiertheit?

Der wenig schöne Grund ist das Recht des Stärkeren, der schönere aber der Zwang zur Rücksichtnahme bzw. zum Verzeihen in eigenem Interesse. Jedes Manöver ist ein Deal mit dem direkt Beteiligten. Weil letztlich alle im Unrecht sind, muss man sich verständigen und einigen, weil man auf der Strasse nur so überleben kann. Sturheit, Besserwisserei oder Rechthaberei sind sinnlos, weil selbstgefährdend.

Warum erzähle ich das alles? Vielleicht haben wir hierzulande zu viele und zu starre Regeln, die zu viele Rechte und spiegelbildlich Pflichten schaffen. Wer durch zu viele Regeln gebunden ist, fordert unerbittlich die Pflichten der anderen ein. Man erzwingt den Vortritt, auch wenn man es nicht eilig hat. Man lässt den Eiligen nicht überholen, weil er (z.B. Gegenverkehr) dazu kein Recht hat. Man pocht eisern auf seine Rechte. Auch wenn man sich z.B. als Fussgänger damit selber in Lebensgefahr begibt. Darunter leiden die Kommunikation, das Verständnis und die Rücksichtnahme. Die schwächeren Verkehrsteilnehmer werden von den Regeln geschützt. Vielleicht verlieren sie gerade dadurch ihre berechtigte Angst vor der Bedrohung durch den Stärkeren und wiegen sich in falscher Sicherheit. Letztlich verlieren die Menschen auch die Eigenverantwortlichkeit in Form der Vorsorge für die eigene Sicherheit.

Alle fühlen sich durch tausend Vorschriften eingeengt. Die Last der Pflichten wiegt insgesamt schwerer als die Summe der Rechte. Also beharrt man auf dem Recht. Der Radfahrer wird hautnah überholt in rasendem Tempo. Was zählt, ist nur die Sicherheitslinie, die nicht «übertreten» werden darf.

Die Regelung des Verkehrs ist ein schlechtes Beispiel für eine wichtige Erkenntnis für die rechtliche Regelung anderer Lebensbereiche: Man kann zu viel regeln. Die Konsequenzen sind Egoismus und Rücksichtslosigkeit, weil alle nur noch ihre Rechte einfordern. Der viel beklagte Wertewandel hin zu einem materialistischen Egoismus hierzulande ist deshalb wohl weniger eine genuine Verschiebung der inneren oder geistigen Haltung als vielmehr eine Reaktion auf zu viele Regeln, die zu viele Rechte und damit zu viele Pflichten definieren. Deregulierung fördert somit nicht nur die individuelle Freiheit, sondern auch die Solidarität mit anderen.

Ökonomische «Naturbeobachtungen»

So wie der echte Naturforscher auf das Zwitschern der Vögel, das Spriessen der Blumen, den Austrieb der Blätter, das Jagen der Tiere usw. achtet, wenn er sich draussen aufhält, genauso sieht der Ökonom Phänomene des Alltags durch eine ganz besondere Brille. Diese ist auf das Verhältnis von individuellem Verhalten und kollektiven Spielregeln fokussiert. Der Ökonom, der durch die Welt läuft, sieht vielleicht das Gleiche wie der unverbildete Betrachter, aber – analog zum «Birdwatcher» oder Insektenforscher – spezialisiert er sich in seiner Wahrnehmung wie in seiner Interpretation. Dies ist besonders reizvoll, wenn er sich in eine ganz neue Umgebung begibt.

Seit einigen Wochen etwa durchwandert der Berichterstatter als «ökonomischer Naturalist» eine völlig fremde Grossstadt: Buenos Aires. Was fällt ihm besonders auf und ein?

Vorerst einmal der allgegenwärtige und allmächtige Lärm, der über 24 Stunden andauert. Lärm ist ein typisches Marktversagen, insofern als die Verursacher nur einen Bruchteil der Kosten selber tragen, wenn überhaupt. Deshalb gibt es zu viel von diesem (negativen) «Gut», dessen soziale Kosten weit grösser sind als die privaten. Doch gemach! Der Lärm ist eine Art von relativ harmloser Umweltverschmutzung, weil er rein lokaler und reversibler Natur ist. Also letztlich müssen die Porteños (Bevölkerung von Buenos Aires) ihren Lärm selber verkraften. Sie können ihn z. B. im Vergleich zum CO_2-Problem weder auf andere Regionen noch Generationen abschieben.

Damit wird der Lärm zu einem harmlosen Umweltproblem. Vielleicht wird es gerade deshalb auch nicht wirklich ernsthaft angegangen. Zudem gewöhnt man sich relativ schnell und leicht daran, wie der zu Hause extrem lärmempfindliche Berichterstatter effektiv berichten kann. Fast scheint es so, dass Lärm stets stört. Je stiller es ist, desto weniger braucht es dazu. Und je mehr Lärm da ist, desto glücklicher ist man über die (bescheidene) Abnahme zwischen 1 Uhr und 5 Uhr früh am Morgen. Überdies ist Ohropax eine billige Lösung zur Ausschaltung zumindest des «Nacht- oder Bettlärms».

Daraus kann man eine wichtige politische Lehre ziehen. Umweltschäden lokaler Natur ohne Langzeitfolgen kann man seelenruhig auch lokal und aktuell so oder so lösen. Scheinbar ist den Porteños die Mobilität am Boden und in der Luft mehr Wert als der damit verbundene Lärm. Wenn nicht, dann sollen und können sie dies auch selber ändern. Unter keinen Umständen ergibt sich beim Lärm eine Notwendigkeit einer Angleichung der Normen.

Das ohnehin falsche Konzept von «Öko-Dumping» wird bezüglich des Lärms exemplarisch entlarvt.

Ganz anders liegen die Dinge beim CO_2-Ausstoss. Hier kommt es letztlich überhaupt nicht darauf an, wo und wann die Emission stattfindet. Das einzige, was interessiert, ist der CO_2-Gehalt der Atmosphäre.

Hier haben wir somit ein globales und irreversibles Umweltproblem, das ganz anders zu beurteilen und anzupacken ist. Aber auch hier sind gleiche Normen oder Emissionsstandards völlig fehl am Platz. Denn jetzt kommt es darauf an, den CO_2-Ausstoss effizient zu reduzieren. Das heisst sicher nicht überall gleich, sondern prioritär dort, wo dies am billigsten möglich ist. Dies könnte z. B. bedeuten, dass es wenig Sinn macht, mit enormen Kosten (via hohe Steuern auf fossilen Energieträgern) den CO_2-Ausstoss der Schweiz zu reduzieren, wenn z. B. in Form der Aufforstung bzw. des Erhalts der Tropenwälder viel billigere Varianten zur Verfügung stehen.

Apropos Aufforstung: Kurz vor meiner Abreise habe ich die Schweizer Alpen durchwandert und mich über Sinn und Unsinn der beobachteten intensiven Alpwirtschaft gefragt. Die kahlgefressenen Hänge, die Trittspuren der Tiere, die geteerten Alpstrassen, die festen und gasförmigen Abfälle (Methan) müssen zu denken geben, vor allem wenn man auch bedenkt, dass diese Wirtschaftsform substanziell subventioniert wird.

Die Abholzung der Tropenwälder ist ein Jammer. Doch die Hauptursache dafür ist der Druck einer mausarmen Bevölkerung, die keine Alternative zum Raubbau hat. Statt uns am Tropenwald emotional aufzuheizen und den rechtlichen oder moralischen Bann von Tropenholz zu unterstützen, wäre es vielleicht gescheiter, unsere Alpen wieder zu bewalden. Weniger Kühe und mehr Bäume wären vielleicht ökologisch und ökonomisch effizienter als eine exorbitante Belastung des Autoverkehrs.

Wie viel ist ein Menschenleben wert?

Diese Frage kann man auf zwei Arten einfach vom Tisch wischen. Zum einen kann man argumentieren, dass sie a priori unethisch bzw. unangebracht sei. Das Leben ist ein Geschenk (Gottes) von einem in Franken nicht bezifferbaren Wert. Zum anderen kann man darauf hinweisen, dass die meisten Menschen ihr eigenes Leben als «unendlich viel wert» einstufen. Und in der Tat: Wenn wir die Einzelnen fragen, für wie viele Franken sie bereit wären, auf ihr Leben zu verzichten, dann wäre die Antwort in der Regel die, dass auch eine gegen unendlich strebende Geldsumme nicht ausreichen würde, um den Nutzenverlust des Lebens zu kompensieren. Darum soll es aber hierbei nicht gehen.

Auch nicht um die schon realistischere Frage, welchen Schadenersatz z. B. der feuchtfröhliche Waidmann bezahlen müsste, wenn er mich auf dem Waldspaziergang mit einem Rehbock verwechselt und mit einem sauberen Blattschuss zur Strecke brächte. Solche Kalkulationen müssen Experten und Richter leider in solchen Fällen jedoch effektiv machen, ebenso wie die Transplatationschirurgen, die zwischen verschiedenen Empfängern eine so genannte «tragische Auswahl» treffen müssen. In beiden Fällen wird man vom noch bzw. nicht mehr erzielbaren Einkommen minus dem Konsum (Instandhaltung) ausgehen müssen. Jüngere Menschen, besser Ausgebildete oder Männer erscheinen in dieser Perspektive als relativ «wertvoller».

Viel interessanter und politisch relevanter ist jedoch eine andere Fragestellung, nämlich diejenige, wie viel wir bereit sind, zu bezahlen, um *ex ante* das statistische Risiko eines Todesfalls um ein Prozent oder ein Promille zu senken. Diese Sichtweise ist in zweifacher Hinsicht «objektiv». Erstens einmal treffen wir solche Entscheide hinter dem Vorhang des Nichtwissens, wer davon profitiert. Wenn wir zweitens (sagen wir) durch Geschwindigkeitsreduktionen usw. die Wahrscheinlichkeit tödlicher Verkehrsunfälle um ein Millionstel reduzieren, so heisst das, dass wir pro Million und pro Jahr ein statistisches Leben retten werden. Wenden wir dafür jährlich pro Einwohner 5 Franken auf, so folgt daraus, dass damit indirekt das gerettete Leben mit 5 Mio. Franken bewertet wird. Die Formel ist einfach: Wert des Lebens oder WDL = $5 : 1/1$ Million = 5 Mio. Amerikanische Experten haben auf diese Weise berechnet, dass wir nach dieser indirekten Methode ein gerettetes (statistisches) Menschenleben im Normalfall so zwischen fünf bis zehn Millionen Franken bewerten. Dabei ist klar, dass all diese Aufwendungen zur

Unfallherabsetzung nicht eine risikolose Gesellschaft herbeiführen können. Wir können nur die statistische Unfallwahrscheinlichkeit (mit Todesfolge) reduzieren.

Was nun hier gemäss einer Studie von KIP VISCUSI (Regulating the Regulators, The University of Chicago Law Review) besonders ins Auge sticht, ist zweierlei. Erstens, wie absurd ungleich die Kosten der Lebensrettung vor verschiedenen Unfallarten ist. Und zweitens, wie «falsch» die einzelnen Menschen verschiedenes Risikoverhalten subjektiv einschätzen. Um dem Leser eine Vorstellung von der Spannweite der Vermeidungskosten für einen Todesfall zu geben, präsentiere ich die Extrembeispiele der Studie von VISCUSI.

Um ein Menschenleben pro Jahr durch die Reduktion des Unfallrisikos mit Todesfolge zu retten, werden in den USA zirka 160 000 Franken für die Sicherheitsvorschriften von Kerosin-Öfen ausgegeben. Demgegenüber steht am anderen Ende ein Preis von zirka 100 Milliarden Franken für ein gerettetes Menschenleben durch Sicherheitsvorkehrungen im Umgang mit Formaldehyd. Welch groteske Relation von 160 000 Franken im einen Fall und 100 Milliarden im anderen! Und welch riesiges Potenzial für die Verbesserung der Sicherheit mit weniger Aufwand!

Aber leider sind wir nicht nur als Gesellschaft bezüglich der Risikopolitik unvernünftig, auch der Einzelne macht riesige Schätzfehler bei den durch sein eigenes Verhalten vermeidbaren Risiken. Lassen Sie mich dies anhand einiger Beispiele illustrieren, deren Gemeinsamkeit darin besteht, das Sterberisiko innerhalb eines Jahres um einen Millionstel zu erhöhen. Oder anders gesagt: alle folgenden Aktivitäten vergrössern das statistische Risiko, innerhalb eines Jahres zu sterben um ein Millionstel: 1,4 Zigaretten rauchen, einen halben Liter Wein trinken, während einer Stunde eine Kohlemine besuchen, 6 Minuten Kanu fahren, 1000 Meilen mit einem Jet fliegen, in einem (guten) Spital eine Röntgenaufnahme machen lassen, 40 Kaffeelöffel mit Erdnussbutter essen, 2 Tage in New York weilen, 10 Minuten Velo fahren, 30 Cola light trinken, oder 200 km Auto fahren.

All diese Tätigkeiten haben also dasselbe statistische Gefährdungspotenzial für das individuelle Leben. Nun vergleichen Sie das angesichts der Castor-Hysterie mit den Nuklearrisiken der Elektrizitätswirtschaft. All die obigen Risiken, also 1,4 Zigaretten, ein Halbeli Roter, 200 km im Auto oder 10 Minuten auf dem Velo entsprechen dem Risiko von 150 Jahren Nachbarschaft mit einem AKW in einer Distanz von 30 km oder 50 Jahren Nachbarschaft mit einem AKW im Umkreis von 8 km.

Diese Risiken subjektiv unterschiedlich zu bewerten, ist jedermanns gutes Recht. Ebenso ist bei der Unfallvermeidungspolitik die absolute Zahl der Betroffenen zu berücksichtigen. Diese objektiven Risikodifferenzen zu negieren, bzw. nicht wahrhaben zu wollen, ist jedoch entweder ein kognitives Versagen oder eine ideologische Deformation.

Schwarze Erdbeeren

Nun haben doch einige Landwirte, darunter auch Angehörige der Politprominenz, polnische Praktikanten und Studenten angeheuert, um die süssen, roten Erdbeeren «schwarz» zu pflücken. «Pfui» rufen da die moralisch Entrüsteten, die nur auf ihr (angeblich) gutes Herz hören und den Verstand (sofern vorhanden) automatisch ausschalten, wenn es eben um die höhere Moral geht. Doch wem schadet es eigentlich, wenn ein paar polnische Wanderarbeiter für zwei bis drei Wochen Saisonfrüchte ernten? Wer kommt als Opfer in Frage?

1. Die armen Polen
Nun arm sind diese Menschen in der Tat, weil während Jahrzehnten eine verfehlte Ideologie (Sozialismus) einen planwirtschaftlichen Entwicklungsweg in die «Dritte Welt» beschritten hat. Wie wenig diese jungen Leute auch immer verdienen, es ist allemal weit mehr als zu Hause. Lohn-Dumping ist ohnehin ein völlig falsches Konzept: Dumping heisst, eine Ware oder Dienstleistung im Ausland billiger anzubieten als zu Hause. Davon kann nun wirklich nicht die Rede sein.

2. Die verdrängten schweizerischen Arbeitskräfte
Da man auf dem ausgetrockneten schweizerischen Arbeitsmarkt für solche kurzfristigen Arbeitseinsätze ohnehin niemanden findet, gibt es auch hier sicher keine Opfer zu beklagen.

3. Die Steuerzahler
Im Gegensatz zu den offiziellen Saisonniers, die faktisch zu Langzeitangestellten und zum Grossteil später permanent Einwanderer wurden, belasten solche Kurzarbeits-Touristen die schweizerische Volkswirtschaft in keinster Weise. Es genügt, die Arbeitgeber für Unfälle usw. haftbar zu machen, d. h. allfällige Risiken zu privatisieren. Selbst, wenn diese paar Franken nicht besteuert werden, so nehmen die Wandervögel auch keine staatlichen Leistungen in Anspruch.

Schöne neue Welt: Alles ist reglementiert und moralisiert
Der Schreiber dieser Zeilen erinnert sich an die 1960er-Jahre, wo er als Praktikant/Student in Antwerpen (schwarz) in einer Import-Export-Firma ein

paar Wochen verbrachte, in New York bei einem entfernten Verwandten (schwarz) in einem Restaurant wirkte oder in der Schweiz auf dem Bau (schwarz) ein paar Zusatzfranken verdiente. Er hat davon profitiert und damit sicher niemandem geschadet. Schwarzarbeit als System ist ein echtes Problem, obwohl auch hier nicht alles so «schwarz zu sehen» ist, wie dies vor allem die Gewerkschaften tun. Aber ein paar junge Leute aus Polen, die zum Erdbeerpflücken in die Schweiz kommen, sind mir jedenfalls willkommener, als die vielen Kriminaltouristen mit Einbruchswerkzeug-Kasten oder schwarzen Aktenköfferli.

Diebstähle und Einbrüche

Der Tauschvorgang in der Marktwirtschaft führt bekanntlich zu Effizienzgewinnen, indem die Güter – z. B. ein Ferienhäuschen und ein Segelschiff – deshalb den Besitzer wechseln, weil die neuen Eigentümer diese Güter höher bewerten als die alten. Oder anders gesagt: Beide haben einen Nutzengewinn. Warum sind wir uns da so sicher? Weil der Tausch ja beidseitig freiwillig erfolgt. Wenn mir ein bestimmtes Gut oder eine bestimmte Leistung den Preis nicht wert ist, dann lasse ich es eben sein.

Was ändert sich denn, wenn A dem B das Auto stiehlt? Es könnte ja durchaus der Fall sein, dass A einen höheren ökonomischen und psychischen Nutzen daraus zieht als B. Volkswirtschaftlich hat eigentlich nur eine Vermögens-Umschichtung stattgefunden. Der Bestand an Autos in der Gesellschaft ist konstant geblieben. Das Auto ist nur vom B zum A transferiert worden – allerdings gegen den Willen von B. Trotzdem könnte man ja argumentieren, dass (der arme) A das Auto «nötiger hat», es «besser fahren» kann oder mehr Freude daran hat als (der reiche) B, so dass der Nutzengewinn des Diebs grösser ist als der Nutzenverlust beim Bestohlenen. Ist somit «stehlen» nicht unbedingt ineffizient oder gar effizient?

Diese schockierende Frage könnte man ganz locker damit umschiffen, dass stehlen ethisch ungerecht und deshalb gesetzlich verboten, aber auch sittlich geächtet ist: «Du sollst nicht stehlen.»

Aber das würde zu kurz greifen; denn die meisten gesetzlichen und sittlichen Regeln haben auch mit Effizienz zu tun. Und in der Tat verursachen Diebe und Einbrecher hohe volkswirtschaftliche Wohlstandsverluste. Vermögensdelikte sind nicht nur ethisch verwerflich oder rechtlich strafbar, sondern auch volkswirtschaftlich schädlich. Beim Einbrecher ist das schon deutlich sichtbarer als beim Taschendieb, richtet ersterer doch meistens Sachschaden an, der jetzt nicht mehr einen Vermögenstransfer, sondern einen Vermögensverlust darstellt. Doch auch der umsichtigste Dieb verursacht volkswirtschaftliche Verluste. Diese bestehen in all den kostspieligen Vorsichtsmassnahmen, die wir gegen Diebstähle und Einbrüche treffen müssen: Schlösser, Alarmanlagen, Wachpersonal, Polizei, Versicherungsprämien usw. sind so genannte «unproduktive Ausgaben», die keine neuen Wohlfahrtsgewinne schaffen. Würde niemand je etwas stehlen, dann könnten wir uns die Schlösser sparen. Die «Moral» fördert also die Effizienz. Aber die Verschlechterung der Grenzmoral ist demzufolge leider auch wohlstandsvernichtend. Wer je eine Stadt wie Sao Paulo (Brasilien) besucht hat, kann verstehen, dass die Menschen dort (welche Autos, Häuser, Schmuck usw. besitzen) sehr hohe unproduktive Ausgaben machen (müssen), um sich und ihr Eigentum vor Räubern zu schützen. Ein erheblicher Teil der Einkommen geht für Ausgaben verloren, die eigentlich «regrettable» sind. Nicht nur ethisches Verhalten (Nicht-Stehlen) kann die Effizienz erhöhen, sondern auch Sanktionen gegen Verstösse gegenüber dem Eigentum, da sie den Anreiz zum Stehlen und Einbrechen vermindern. Sittliche Gebote sind sehr gut, aber meist für sich allein unzureichend. Wir müssen deshalb auch die Kosten der Diebe und Einbrecher erhöhen. Dies bedingt vor allem eine Erhöhung der Ertappungswahrscheinlichkeit und/oder der Strafe. Dabei können bei Vermögensdelikten Geldstrafen eher wirksamer sein als das Gefängnis. Mit anderen Worten, je tiefer die «Kosten» der Diebe und Einbrecher sind, desto grösser der Anreiz, einen Berufswechsel vom Autoschlosser zum Autodieb vorzunehmen.

Wenn eine Gesellschaft also zu nachsichtig und verständnisvoll mit Gesetzesbrechern umgeht, senkt sie die privaten Kosten der Einbrecher und Diebe und erhöht damit die sozialen Wohlfahrtsverluste. Gleichzeitig höhlt dieser Prozess die Moral aus. Wenn (fast) alle stehlen und niemand erwischt oder bestraft wird, erhöht sich der «Preis» des «Nicht-Stehlens». Wenn diese Spirale einmal losgegangen ist, wird es schwierig, sie zu bremsen oder wieder zurückzudrehen. Sao Paulo lässt grüssen.

3

Internationales
Weltpolitisches

Quellennachweis

Die Schweiz ist keine Insel	Basler-Zeitung	15.7.1978
Der neue Merkantilismus	Basler-Zeitung	21.6.1980
Selbst geschaffene Zwickmühle	Aargauer Zeitung	6.12.1997
Globalphobia	Aargauer Zeitung	6.11.1999
Der Verlierer von Seattle	Basler-Zeitung	10.1.2000
Hurra! Das WEF ist wieder da!	Aargauer Zeitung	18.1.2003

Die Schweiz ist keine Insel

Die schweizerische Industrie produziert heute mit rund 10 % weniger Beschäftigten etwa gleich viel wie 1971. Die Zusammensetzung des Outputs ist zwar ganz anders geworden, und ohne Zweifel haben die qualitativen Produktkomponenten stark an Bedeutung zugenommen. Der Arbeitsmarkt hingegen zeigt nach wie vor ein zwiespältiges Bild: einerseits fehlen ganz bestimmte Kategorien von relativ unqualifizierten Arbeitskräften (z. B. in der Textilindustrie oder im Gastgewerbe), andererseits haben wir eine Arbeitskräftereserve von gut und gerne 200 000 Schweizern, wenn wir die geschlechts- und altersspezifischen Erwerbsquoten von 1970 der heutigen Schweizer Bevölkerung zugrunde legen. Dabei bleibt allerdings offen, wie viele potenzielle Arbeitskräfte aus dieser Reserve überhaupt willig und fähig wären, wieder ins Erwerbsleben einzusteigen. Verglichen mit der viel kleineren Zahl scheinbar fehlender ausländischer Arbeitskräfte muss die globale Unterauslastung des Arbeitspotenzials jedoch insgesamt erheblich sein. Dazu kommt nun die demographische Tatsache, dass bis 1981 rund 100 000 neue, d. h. zusätzliche Arbeitsplätze für die junge Generation geschaffen werden müssen. Vorerst bleibt aber die Anzahl besetzter Arbeitsplätze in der Schweiz etwa konstant. Mehr und mehr wird unserer Bevölkerung auch klar, dass ein weiterer Abbau der Ausländer das angedeutete strukturelle Dilemma nur vergrössert, ohne jedoch die globale Arbeitsplatzlücke zu verringern.

Auf diesem alles andere als erfreulichen Hintergrund unserer Beschäftigungsaussichten müssen wir die Verlagerung von Arbeitsplätzen ins Ausland – sei es in Form aktiver Unternehmerentscheidungen schweizerischer Unternehmungen oder passiver Marktverdrängung durch Auslandkonkurrenz – ganz anders beurteilen als in der Zeit vor der Rezession und Redimensionierung einerseits und vor dem Höhenflug des Frankens sowie der Exportoffensive der Niedriglohnländer andererseits.

Auf eine Kurzformel gebracht, kann man diese Richtungsänderung der Problemperspektive so fassen: Vor 1973/74 spielt die Produktionsverlagerung aus der Schweiz nach Niedriglohnländern eine Ausgleichsfunktion. Bei stets vollausgelasteten Kapazitäten, raschem Produktionswachstum und wechselkurs-subventionierter Wettbewerbsfähigkeit war die Vollbeschäftigung im Inland absolut ungefährdet. Die Zuwanderung von Fremdarbeitern und die Produktionsverlagerung ins Ausland waren unter diesen Umständen nicht nur nahe Substitute, sondern auch eine Art Überdruckventil, wobei die Produktionsverlagerung erst noch als volkswirtschaftlich vorteilhaft (oder schlimmstenfalls als neutral) taxiert werden konnte.

Heute und wohl erst recht morgen richten sich Investitions- und Expansionsentscheidungen mit Verlagerungskonsequenzen durch schweizerische Multis (und solche, die es werden wollen) kaum mehr nach der inländischen Beschäftigungssituation, sondern nach den weltweiten Marktkräften und der Industriepolitik der potenziellen Industrieländer der noch nicht oder erst halb-industrialisierten Welt. Der demographische Stillstand in der Schweiz, die Hochkostenwirkung des Frankenkurses, die Kleinheit des Binnenmarktes, die zunehmende Gefahr des Importprotektionismus in den klassischen und neuen Exportmärkten, die Kaufkraft des Frankens auf dem ausländischen Kapitalmarkt, die Konkurrenz und Exportoffensive der Niedriglohnländer, die Dequalifikation der Arbeitskräfte im Zuge gewisser technischer Fortschrittstendenzen, die Revolution in der Transport- und Kommunikationstechnik und nicht zuletzt auch die Verlagerungsinvestitionen der Konkurrenz aus anderen Industrieländern – all das sind gewichtige Faktoren im Entscheidungskalkül der Multis. Wer kann es diesen verargen, dass zumeist recht wenig von diesen Überlegungen für den Standort Schweiz spricht, obwohl es natürlich auch äusserst gewichtige Faktoren zugunsten dieses Standortes gibt?

Die Multis sind nicht die Ursache eines weltweit orientierten und operierenden Export-Industriesystems auf marktwirtschaftlicher Basis, sondern eine – vielleicht die einzige wirklich effiziente – Reaktion auf diese Dominanz der weltweiten Betrachtungs- und Handlungsebene. Es ist in diesem Zusammenhang nicht die «Schuld» der grössten Schweizer Unternehmen, dass sie für ihr Überleben in diesem Weltsystem (oder vielleicht besser Weltchaos) im Schnitt vier Arbeitnehmer im Ausland pro Beschäftigten in der Schweiz anstellen müssen und deswegen das gesamtwirtschaftliche Beschäftigungsniveau in der Schweiz in ihren Überlegungen eine untergeordnete Rolle spielt.

Der mögliche Konflikt zwischen Weltmarktproduktion und -absatz und nationalen wirtschaftlichen Zielen, insbesondere Vollbeschäftigung bei hohem Lohnniveau und grosser sozialer Sicherung, ist ein struktureller – und eben nicht ein durch die Multis *per se* vom Zaun gerissener.

Wir haben, so meine ich, davon auszugehen, dass in näherer und erst recht ferner Zukunft unsere Beschäftigung und unsere Produktion die Ventilfunktion ausüben wird, die früher die Fremdarbeiter und die Verlagerung erfüllt haben. Das heisst, dass die inländische Beschäftigung immer mehr zu der Grösse wird, die eine Art Gleichgewicht im komplexen Kraftfeld der Beschäftigungs- und Absatzmärkte für Güter und Dienstleistungen auf der einen und der Finanz- und Devisenmärkte auf der anderen Seite herbeiführt. Wenn Wechselkurs, Nominaleinkommen, Preis- und Kostenniveau als relativ starr anzusehen und das weltweite Wachstum in seiner Struktur- und seiner Geschwindigkeit als von uns unbeeinflussbar hinzunehmen sind, dann bleibt nichts anderes übrig, als die Anpassung über das inländische Produktions- und Beschäftigungsvolumen abrollen zu lassen. Es scheint, dass in der neuen weltweiten Konstellation die entsprechenden Anpassungskosten vermehrt auf uns selbst zurückfallen. Insoweit diese Prozesse der Umstrukturierung und Redimensionierung selber wieder Rationalisierungswellen ankurbeln oder die Inlandnachfrage drosseln, tragen sie auch nichts zur automatischen Beseitigung der allfälligen Arbeitsplatzlücke bei.

Sowohl im Hinblick auf das qualitative Wachstum unseres Wohlstandes wie auch die Ziele von sozial sinnvoller Vollbeschäftigung und qualitativ-technologischer Spezialisierung unserer Produktion wird sich die Dimension «Arbeitsplätze» in Zukunft als entscheidend erweisen. Schaffen wir diese Umorientierung in unserem Denken nicht, d. h. vertrauen wir weiterhin nur auf eine Selbstheilung durch die Marktanpassung ohne Berücksichtigung der schweren Heilungskosten und -schäden (in Form von massiven Niveau- und Strukturverschiebungen im Lohngefüge und der Produktionsstruktur), so könnten wir recht bald von einer Preisstabilitäts- zu einer Beschäftigungsschwundinsel werden. Bis jetzt haben wir die Rezession und die nachfolgende relative Stagnation von Produktion und Beschäftigung nur wohlstands- und beschäftigungsmässig überbrückt, weil wir die Gastarbeiter nach Hause gesandt und unseren Exportanteil «massiv erhöht» haben. Beide Anpassungsprozesse haben meines Erachtens ihre untere bzw. obere Grenze eher schon überschritten als nur erreicht. Es wird langsam Zeit – oder besser: spät – für neue Initiativen zur Sicherung der Beschäftigung in unserem Land.

Der neue Merkantilismus

Ob ein Land für oder gegen den Freihandel ist, ist eine Frage seines allgemeinen Entwicklungsniveaus, der politischen Zielsetzungen und der spezifischen Position in der internationalen Arbeitsteilung. Von leicht erklärbaren Ausnahmen wie etwa den kleinen europäischen Industrieländern oder den ebenfalls kleinen asiatischen neuen Industrieländern abgesehen, sind die meisten Industrienationen im Kern merkantilistisch geblieben. Das Ziel des Ertragsbilanzüberschusses dominiert nach wie vor die Aussenhandelspolitik. Erreichbar ist dieses Ziel für ein einzelnes Land jedoch nur durch eine intensive Handelsverflechtung, die wiederum eine zunehmende Spezialisierung und damit wachsende Abhängigkeit vom Export mit sich bringt. Die Intensivierung des internationalen Handels wird so zur «raison d'être» einer Exportwirtschaft.

Überlegen wir uns nur, was in der Schweiz ab 1975 geschehen wäre, wenn wir nicht den Exportanteil so massiv gesteigert hätten. Die riesigen Überschüsse der OPEC, die 20 Mio. Arbeitslosen in der OECD, die exportgerichtete Industrialisierung der neuen Industriestaaten sowie der Devisenhunger des Ostblocks und der physische Hunger in der vierten Welt mit 350 Mio. Arbeitslosen verschärfen den weltweiten Druck in Richtung des Protektionismus. Nicht zuletzt verstärkt auch die Produktionsverlagerung diese Tendenz. Die Multis machen keinen Unterschied zwischen Heim- und Auslandproduktion – die einzelnen Regierungen im Blick auf ihre Beschäftigungspolitik jedoch sehr wohl.

Aus dieser Interessenlage heraus handelt sogar ein so auslandabhängiges Land wie die Schweiz häufig merkantilistisch, (z.B. Rüstungsbeschaffung, Agrarpolitik, Entwicklungshilfe, Fremdarbeiterpolitik).

Kaum eine Erkenntnis ist so grundlegend und so eindrücklich historisch belegt, wie die von ADAM SMITH, dass die Arbeitsteilung durch die Grösse des Marktes bestimmt sei. Nur wachsen eben diese Märkte insgesamt langsamer als die Produktionspotenziale, so dass praktisch alle nationalen Regierungen versuchen, zur Sicherung ihrer Beschäftigung, ihres Wohlstandes und ihrer Unabhängigkeit den eigenen Anteil am Weltmarkt zu erhöhen. Das ist der «Neue Merkantilismus».

Aus diesen weltwirtschaftlichen Aussichten leiten sich gravierende Konsequenzen für die industrielle Entwicklung der Entwicklungsländer ab. Die Hoffnungen auf eine exportorientierte industrielle Spezialisierung werden sich an harten Handels- und Absatzschranken zerschlagen, die nur von einer relativ geringen Zahl von neuen Industrieländern überwunden werden können; sie verfügen über ausreichend qualifizierte Arbeitskräfte, limitierte eigene Ressourcen und reichliche Kapitalzufuhren aus dem Ausland.

Diese Länder sind somit nicht die Vorhut auf einem allen Entwicklungsländern offenstehenden Aufstiegspfad, sondern – ähnlich wie die Schweiz – weltwirtschaftliche Sonderfälle. Würde zum Beispiel Indien pro Kopf gleich viel Industriewaren exportieren wie Südkorea, dann wäre der heutige Umfang des Industriewelthandels bereits erreicht, wobei zu bedenken ist, dass alle Entwicklungsländer sich industrialisieren wollen, um das bestehende Import-Export-Verhältnis von 5:1 zu ihren Gunsten zu verschieben.

Eine rohstoff- und agrarbezogene Exportforcierung ist langfristig ebenfalls wenig aussichtsreich, weil daraus sehr schiefe Einkommensverteilungen und einseitige Wirtschaftsstrukturen entstehen, deren spätere Anpassung an die Erfordernisse der Industrialisierung mit gewaltigen sozialen und politischen Kosten verbunden ist. Nur eine zweibeinige, koordinierte Steigerung der Produktivität in Landwirtschaft und Industrie kann zu allerdings immer noch bescheidenen Entwicklungserfolgen führen. Die Strategie des «Balanced Growth» (Ausbalanciertes Wachstum) scheint deshalb mit ihrer Ausrichtung auf die Nachfragegrenzen in Heim- und Exportmärkten eher angezeigt. Der internationale Handel kann nicht an die Stelle der breit angelegten Entwicklung der eigenen Produktivkräfte treten.

Völlige Abkoppelung ist trotzdem keine Lösung. Der Aussenhandel und die Multis bleiben ein zentrales Element jedwelcher Entwicklungspolitik. Sie sind aber nur «Schmiermittel» und nicht «Treibstoff» der Industrialisierung. Im Vordergrund sollte ein verstärkter Ausbau des Handels zwischen den Entwicklungsländern stehen, um einseitige Abhängigkeit – von den Bedürfnis- und Produktionsstrukturen der Industrieländer zu – vermeiden. Die Integration in die Weltindustrieproduktion sollte allmählich durch selektive Ankoppelung in industriellen Bereichen, bei denen infolge genügend ähnlicher Struktur- und Entwicklungsniveaus echte komparative Vorteile vorliegen, erfolgen.

Die technische Überlegenheit der Multis könnte von den Entwicklungsländern dazu genutzt werden, einen gezielten Technologie- und Know-how-Import durchzuführen, um spezifische Produktionshemmnisse zu überwinden. Mit der vermehrten Ausrichtung der Industrialisierungspolitik auf die eigene Entwicklung der Entwicklungsländer wird aber auch der Spielraum der Standort- und Absatzpolitik der Multis eingeschränkt werden.

Unsere eigenen Wachstumsgrenzen erblicke ich in der endgültigen Verknappung und damit permanenten Verteuerung der industriell nutzbaren Arbeitskraft. Ausserdem in der durch Protektionismus, Produktionsverlagerung und Industrialisierung der Entwicklungsländer verschärften internationalen Konkurrenz. Ein nicht-exportgerichteter Übergang zur Dienstleistungsgesellschaft könnte vielleicht langfristig die Beschäftigung sicherstellen, aber sicher nur mit einschneidenden Wohlstandseinbussen. Aus heutiger Sicht erscheint zirka ein Viertel der Industriebeschäftigung durch Importe aus Niedriglohn-Ländern strukturell bedroht. Im gesamten Produktionsspektrum werden die im Produktzyklus weit fortgeschrittenen Gütergruppen unter zunehmenden Kostendruck geraten. Die Multis sind hier eindeutig überlegen, werden aber mit nicht minder schwerwiegenden politischen Restriktionen und Eingriffen in Heim- und Gastländern konfrontiert werden. Wir sollten uns jedoch klar darüber sein, dass in der Schweiz die Multis sowohl die dynamischen Innovationsträger darstellen wie auch dadurch massgeblich zum Wohlstand beitragen, dass von sechs Arbeitern deren fünf bei wesentlich tieferen Löhnen im Ausland produzieren.

Die traditionelle klein- und mittelbetrieblich strukturierte Exportindustrie läuft Gefahr, zwischen dem Kostendruck der Löhne und dem Innovationsschub der Konzerne eingeklemmt zu werden, weil sie die Vorteile der weltweiten Internalisierung von Forschung, Entwicklung, Produktion und Absatz nicht ausspielen können und so immer mehr in die riskanten Frühphasen des Produktzyklus hineingezwungen oder preislich aus dem Wettbewerb geworfen werden. Von diesen Firmen hängt die inländische Beschäftigung jedoch entscheidend ab.

Der Ausweg kann hier wohl nur über ein Fortschreiten der Internationalisierung der Produktion, eine Koppelung von industrieller Produktion an Dienstleistungen aller Art und in einer möglichst grossen Mobilität und Flexibilität der lokalen Produktions-, Lohn- und Beschäftigungsstruktur liegen.

So gesehen eröffnen sich zugleich Chancen für die Rückgewinnung von weltwirtschaftlichen Führungspositionen – und zwar auch oder gerade für kleinere Firmen, deren internationale Operationen nicht die Marktmacht und Finanzkraft der grossen Multis voraussetzen und deshalb auch nicht die politischen Mächte und sozialen Gegenkräfte herausfordern. Hier liegt eine grosse Aufgabe für Wissenschaft und Praxis: nämlich nach neuen Kooperationsformen zu suchen, die das weltweite Entwicklungs-, Innovations- und Kostengefälle überbrücken, ohne dass daraus Machtkämpfe, Handelskriege und ruinöse Verdrängungskonkurrenz resultieren, wenn nicht noch weit Schlimmeres.

Selbst geschaffene Zwickmühle

Die Erinnerung an den 6. Dezember 1992 ist noch (sehr) lebendig. Kein anderes politisches Ereignis in der Schweiz hat bei mir einen so tiefen Eindruck hinterlassen wie der Schock des - doppelten - EWR-Neins von Volk und Ständen. Denn zumindest ein Volksmehr hätte meines Erachtens einen politischen Gärungsprozess in Richtung institutionelle Reformen ausgelöst.

Statt dessen haben wir auf dem von uns bereits 1990 skizzierten Weg vom «Sonderfall zum Sanierungsfall» einen weiteren Holzweg unter die Füsse genommen: den der illusorischen bilateralen Verhandlungen. Nun sind wir genau fünf Jahre später wie beim «Eile mit Weile» wieder auf das gefürchtete «erste Feld» zurückversetzt worden. Das Würfeln kann also wieder von vorne anfangen, mit dem «kleinen» Unterschied allerdings, dass die Schweiz innerhalb dieser fünf Leerjahre nichts dazugelernt hat. Innenpolitisch sind wir mehr denn je blockiert, wenn man die Realität und nicht das Palaver um Revitalisierung zum Massstab nimmt. Aussenpolitisch ist aus dem Musterknaben Schweiz ein Prügelknabe geworden. So wenig das erstere gerechtfertigt war, so wenig ist das letztere wirklich verdient, insbesondere in Bezug auf unsere Rolle im Zweiten Weltkrieg.

Im Verhältnis zur EU sind unsere eigenen Fehler und Versäumnisse allerdings schwerwiegend. Nach der Ablehnung des EWR, der eigentlich eine massgeschneiderte Schweizer Sonderfall-Lösung darstellte, haben wir mit der Ablehnung der Einbürgerung junger EU-Ausländer, der Abschmetterung der Lockerung der Lex Friedrich, dem Nein zu Blauhelmen und dem Ja zur Alpeninitiative eine Mischung aus Arroganz und Renitenz an den Tag gelegt, die nun unsere europäischen Partner tatsächlich irritiert.

Gerade die Alpeninitiative erweist sich dabei als fatales Kuckucksei, das wir uns ins eigene Nest gelegt haben. Von den hehren Alpenhöhen herab wollen ausgerechnet wir abseits stehenden Schweizer dem ganzen Kontinent eine Transitverkehrspolitik verordnen, die den anderen anmassend und eigennützig zugleich erscheint. Obwohl die Zielsetzung vernünftig und zukunftsweisend ist, erweist sich die eingeschlagene Strategie als Bumerang. Statt an einer gemeinsamen Lösung für die Verkehrsprobleme mitzuwirken, haben wir in krasser Selbstüberschätzung den Alleingang gewählt, der die schweizerischen Steuerzahler noch Milliarden kosten wird. Die Uneinigkeit innerhalb der EU ist ein Problem, aber nicht das unsrige. Wenn man sich in Brüssel über eines einig ist, dann sicher darüber, sich nicht von der sperrigen (unsolidarischen) Schweiz von aussen die Bedingungen diktieren zu lassen.

Das verlorene Jahrfünft wird uns noch grosse Mühen – und Kosten – bescheren. Das Scheitern der bilateralen Verhandlungen wird dazu führen, dass wir das Schisma weiter pflegen, wortreich auf unsere Autonomie und Souveränität zu pochen, aber effektiv kleinlaut (mit vorauseilendem oder nachhinkendem Gehorsam) die EU-Regelungen nachzuvollziehen. Dies kann und wird nicht gut enden (können).

Man kann sich nur wünschen, dass das Ende der bilateralen Illusionen eine veritable politische Krise hervorruft, die den ökonomischen Kosten aus Abseitsstehen und der Diskriminierung daraus angemessen ist. Dazu beitragen wird auch die bereits eingetretene Finanzkrise des Bundes, der die Folgekosten der Alpeninitiative und der Neat-Versprechen innenpolitisch nicht einlösen können wird. Auch das hat die EU mittlerweile eben klar durchschaut. Alle Versprechungen, die unsere Delegation auf den Verhandlungstisch in Brüssel legt, sind so lange Nonvaleurs, als sie nicht innenpolitisch durch gewonnene Referenden abgesichert sind. Das ist doch unsere selbst geschaffene Zwickmühle. Entweder machen wir in Brüssel so viele Konzessionen, dass der Stimmbürger nicht mehr ja sagen wird. Oder wir bleiben so stur, dass die EU nicht mehr darauf eingeht. Wir können nur noch wählen, ob wir das endgültige Scheitern der bilateralen Verhandlungen in Brüssel oder in Bern zelebrieren wollen.

Wie weiter? Dass wir die Kraft oder den Willen für einen aufrechten, schneidigen und zielstrebigen Alleingang nicht aufbringen, ist in den letzten fünf vertanen Jahren leider bereits (für mich) bestätigt worden. Wer dies nicht glaubt, wird es durch weitere bittere Erfahrungen auch noch lernen müssen.

Bleibt also nur noch ein Durchbruch auf Druck von aussen. Dies hätte eine historische Tradition. Wären nicht die Franzosen vor 200 Jahren einmarschiert, wer weiss, ob der Aargau nicht auch heute noch Teil des bernischen Feudalregimes wäre.

Globalphobia

Die weitverbreiteten Ängste vor der Globalisierung haben verschieden Wurzeln. Die für die meisten wohl wichtigste ist die Befürchtung, dass die Globalisierung einerseits «uns die Arbeit wegnimmt», andererseits, dass sich die Ungleichheit zwischen Arm und Reich erhöht. Über diese primär ökonomischen Quellen, die – obwohl nicht völlig zu negieren – im Grossen und Ganzen theoretisch und empirisch leicht zu widerlegen oder doch wesentlich abzuschwächen sind, ist die Globalisierung jedoch auch ein politisches oder ideologisches Gespenst. Doch vorher noch zwei Tatsachen zum Wirtschaftlichen:
1. Bis vor kurzem war es eigentlich fast allen ganz klar, dass die enorme Wachstumsbeschleunigung nach dem 2. Weltkrieg parallel zu einer über Jahrzehnte dauernden Liberalisierung via globale Integration verlief.
2. Unsere Importe aus so genannten «Billiglohnländern» sind anteilsmässig so gering, dass sie quantitativ nicht gross ins Gewicht fallen können.

Wichtiger ist deshalb die ideologische (oder politische) Dimension. ADOLF MUSCHG, der Literaturprofessor und Schriftsteller, nennt die Globalisierung den «faulen Zauber, mit dem uns Raum und Zeit gestohlen werden können», die französische Literaturwissenschaftlerin VIVIANE FORRESTER nennt ihr Buch «Terror der Ökonomie» und zahlreiche Kommentatoren sprechen vom Zerfall der Macht des Nationalstaates bzw. vom Diktat der internationalen Wirtschaft über die nationale Politik.

Dazu noch einmal MUSCHG: «Der Service public, der einmal als Sozialstaat zwischen auseinanderdriftenden ökonomischen Schichten einen Ausgleich versuchte, wird immer gründlicher wegrationalisiert ... Was tut man nicht alles um des lieben Standorts willen!»

So weit nun aber mein eigenes Auge reicht, wächst der Sozialstaat munter weiter. Und selbst wenn man zugesteht, dass die internationale Konkurrenz den inländischen Löhnen Obergrenzen setzt, so hat auch in einer total globalisierten Welt jedes Land die freie Wahl, diesen Lohn beliebig auf Netto-Lohn und Sozialbeiträge aufzuspalten. Der Widerstand gegen weitere Auswucherung des Sozialstaates kommt deshalb vom CH-Büezer selber, der an ständig steigenden Lohn- und Mehrwertsteuerprozenten und konstantem oder sinkendem *Take-home-Pay* weniger Freude empfindet als unsere Sozialromantiker von vorgestern.

Globalisierung ist heute der Sammelpunkt für ehemalige Sozialisten, die ja ihre ursprüngliche Religion begraben mussten, weil anstelle eines kapitalistischen Weltuntergangs ihr sozialistisches Himmelreich auf Erden kollabierte. Der Kapitalismus funktioniert offensichtlich: «Aber er terrorisiert die Menschen und zerstört die Nationen». Das ist die neue Lösung! Meine Gegenthese lautet ganz anders: Nicht die Globalisierung ist eine Gefahr für die zivile Gesellschaft, sondern diese politisch-ideologische Gegenreaktion. Das war schon nach der letzten Jahrhundertwende so. In vielerlei Beziehung war z. B. die Schweiz vor 1914 globalisierter als heute: Die Exportquote war etwa gleich hoch; aber die Freizügigkeit der Menschen und der Kapitalverkehr lagen völlig ausserhalb der staatlichen Kontrolle. Erst der nationale und soziale *Backlash* gegen die offene Weltwirtschaft führte zu den Katastrophen, welche die ganze erste Hälfte des 20. Jahrhunderts überschattet haben.

Liberalismus ist heute schon fast ein Schimpfwort, vor allem in Verbindung mit «Neo» oder «Manchester». Die alten und neuen Ideologen der «Linken» verzichten grosszügig auf den Systemumbau d. h. die Abschaffung des Kapitalismus. Noch in den 1980er-Jahren wollte unsere SP Schweiz das jugoslawische Selbstverwaltungs-Modell anstelle der Marktwirtschaft einführen. Jetzt geisselt man «nur» noch ihre Auswüchse und führt all diese auf die «Globalisierung» zurück. Alle diejenigen Menschen, die in der Globalisierung der Menschenrechte, der Information und Kommunikation einen echten Fortschritt erkennen, sollten sich auch vor der wirtschaftlichen Globalisierung nicht fürchten; denn zum einen sind in einer Dienstleistungsgesellschaft der Globalisierung recht enge Grenzen gesetzt. Zum anderen aber ist die Herausforderung des Nationalstaats durch den Weltmarkt a priori alles andere als ein Unglück. Im Vergleich zum ersteren ist letzterer eine relativ friedliche Institution. Muschg zitiert denn auch – zustimmend – den alten Satz: «Stadtluft macht frei».

Wie wäre es damit: «Weltluft macht frei!»

Der Verlierer von Seattle

Ist kurz vor der Jahrtausendwende in Seattle der Höhepunkt der Globalisierung überschritten worden? Sind Liberalisierungsrunden auf der multilateralen Schiene vorbei? Fällt die Weltwirtschaft nach 2000 wieder in die bilaterale oder gar protektionistische Gangart zurück?

Ich hoffe nicht. Nicht so sehr in unserem ureigenen Interesse als vielmehr im Interesse der Armen und Ärmsten auf dieser Welt.

Schon einmal (nach 1914) hat die Welt einen solchen Globalisierungs-Rückschlag mutwillig produziert: mit verheerenden ökonomischen und politischen Folgen – wie wir alle wissen (sollten).

Die «Globalphobia», die jetzt in den USA und Europa als «Gespenst umgeht», hat viele Anhänger mit ganz unterschiedlichen Motiven. Schon das allein sollte stutzig machen. Da haben wir z.B. die Erben des Sozialismus, die selbsternannten Sittenwächter und Naturschützer, die alten Protektionisten (vor allem Gewerkschafter) und neuen Ultra-Nationalisten: alle im selben Boot. Da hatten wir einen amerikanischen Präsidenten, der die amerikanischen Arbeits- und Sozialnormen weltweit durchdrücken wollte. Und hier die EU-Europäer, welche den verheerenden Agrarprotektionismus retten zu müssen glaubten. Und beides sicher nicht im Interesse der Entwicklungsländer!

Das gemeinsame Opfer all dieser naiven Gutmenschen und raffinierten Macchiavellisten sind die Entwicklungsländer, die endlich ihre Volkswirtschaften geöffnet haben und auf weitere Liberalisierung setzten. Jahrzehnte hat z.B. allein Indien wegen der sozialistischen Planungsideologie und protektionistischen Abschottungsstrategie (Importsubstitution) «verloren». Endlich hat sich auch dieses Land zu einer Kehrtwende in Richtung Marktwirtschaft und Öffnung der Aussenwirtschaft durchgerungen. Und jetzt machen unwissende Idealisten und wissende Zyniker diesen leisen Entwicklungshoffnungen einen dicken Strich durch die Rechnung. Angesichts dieser verkehrten Welt stelle ich mir die bange Frage, wie ethisch wohlgemeinte Anteilnahme am Schicksal der armen Menschen und der geschundenen Natur ist, wenn diese hirnlos zu vernichtenden Schlüssen und entsprechenden Taten führt. Meine persönliche Konsequenz ist klar die: Solches Tun ist selber wieder unmoralisch. Auch hehre Absichten und schöne Ziele rechtfertigen Aktionen nicht, die wissentlich und willentlich das Gegenteil bewirken müssen. Sollte Seattle denn zum Wendepunkt in der Globalisierung werden, so würde dadurch die Hoffnung auf eine ökologisch und ökonomisch nachhaltige Entwicklung der Entwicklungs- und Schwellenländer geknickt. Und das wiederum wird den Frieden (noch mehr) gefährden.

Traurige Tatsache ist und bleibt, dass all das, was in Seattle offen oder verdeckt bekämpft wurde – Vertiefung des Handels einschliesslich der Dienstleistungen und Agrarprodukte einerseits und rasche Globalisierung des technisch-ökonomischen Wissens andererseits –, zentrale Voraussetzungen für den Frieden unter den Menschen und zwischen diesen und der Natur sind: Der wahre Feind ist die Armut, die ohne technischen Fortschritt und ohne Integration in die Weltwirtschaft nicht nachhaltig zu beseitigen ist.

Hurra! Das WEF ist wieder da!

Die offizielle Schweiz und vor allem die (wenigen) wirtschaftlichen Profiteure sind erleichtert, dass das WEF nach einjähriger Absenz wieder nach Davos zurückkehrt.

Ein Gutachten meines ehemaligen Mitarbeiters, Prof. THOMAS BIEGER aus St. Gallen, bestätigt dann auch den volkswirtschaftlichen Netto-Nutzen, obwohl er die Netto-Belastung der öffentlichen Hände durch die Sicherheits- und Sicherungsaufgaben ehrlicherweise offen auf den Tisch legt. Also für die Steuerzahler ist das WEF kein Geschäft, ebenso wenig wie dies bei der Expo oder der Swiss der Fall war. Und mit dem indirekten = volkswirtschaftlichen Nutzen ist es auch so eine Sache, je nachdem, wie wir z. B. die Reputationswirkungen von Krawallen einschätzen oder je nachdem, was wir als Alternative «benchmarken», z. B. ein wintersportlicher Grossanlass wie etwa den Spengler-Cup oder eine alpine Ski-Weltmeisterschaft.

Aber darum geht es gar nicht: Meine These ist eine viel radikalere: Das WEF braucht es gar nicht. Vielleicht war es in den (bescheidenen) Anfängen im grossen und ganzen ganz nützlich; aber heute scheint mir dies definitiv nicht (mehr) der Fall zu sein.

Ist der als «neo-oder-sonst-liberal» (negativ) apostrophierte Kolumnist urplötzlich ins Lager der «Globalisierungsgegner» übergelaufen?

Nein, ganz im Gegenteil sind meines Erachtens die Globalisierungsgegner die grösste Gefahr für eine freiheitliche und friedliche Weiterentwicklung der Weltwirtschaft. Ihre ökonomischen Argumente sind unhaltbar und ihre politische Legitimation ist praktisch gleich Null. Zudem ist die Dialogbereitschaft des harten Kerns a priori nicht vorhanden, was ja aus ihrer Sicht auch Sinn macht, weil mit dem Krawall und der damit provozierten staatlichen Gegenmacht (Unterdrückung der Diskussion durch Polizeigewalt) erst die sonst fehlende Legitimation geschaffen werden soll.

Heisst das, dass man dem Druck der Krawallbrüder (und -schwestern) kleinlaut weichen soll?

Nein, im Gegenteil ist zu fordern, dass Recht und Gesetz in der gleichen Konsequenz und notfalls der gleichen Härten gegenüber allen angewandt werden.

Das Paradox liegt anderswo: Das WEF mit seinem Pomp und Personenkult erhebt den völlig lächerlichen Anschein, dass hier eine – ebenfalls – selbst ernannte Weltwirtschafts-Regierung tage oder gar Entscheidungen treffe. Eine solche Weltwirtschafts-Regenz ist aus liberaler Sicht nicht erforderlich und erst recht nicht wünschenswert. Den entsprechenden Anspruch auch nur ansatzweise in die Welt zu setzen, ist damit kontraproduktiv, weil es den Gegnern in die Hände spielt, ja sogar eine gewisse Berechtigung zu geben scheint. Die Weltwirtschaft braucht kein WEF, wo sich Politiker (auf Kosten der Steuerzahler) und Wirtschaftsführer (auf Kosten der Aktionäre) ein paar Tage lang im Schein der gleissenden Alpenwelt gegenseitig inszenieren.

Was die Weltwirtschaft braucht, sind freier Wettbewerb und klare Regeln über den internationalen Handel. Fürs erste sind demokratisch legitimierte Regierungen in den einzelnen Ländern zuständig, für das Letztere die WTO und andere internationale Institutionen mit klar definierten Aufgaben und transparenter Rechenschaftsablegung. Die WEF-Organisatoren und die Gegen-Organisationen haben eine eher tragikomische Gemeinsamkeit: Niemand hat sie gewählt oder sonstwie beauftragt, das Geld anderer Leute für nutzlose Weltwirtschaftsgipfel auszugeben.

Die Davoser Manager-Prominenz der 1990er-Jahre entpuppt sich im Nachhinein mehr als eine Ahnengalerie der Gefallenen und Gestrauchelten als eine Quelle von originellen Ideen oder gar tragfähigen Initiativen. Das beste Erinnerungsstück ist wohl noch immer Bill Clintons «Austreten» an einer schweizerischen Autobahn-Raststätte. Ohne Begleitung durch Monica; aber immerhin!

4

Persönliches oder (Allzu-)menschliches

Quellennachweis

Reisen ins Vergangene	Aargauer Zeitung	15.1.2000
«Service Public» und «New Public Management»	Aargauer Zeitung	13.4.2000
David und Goliath	Aargauer Zeitung	24.2.2001
Marketing à la marocaine	Aargauer Zeitung	19.5.2001
Vom Sockel gefallen	Aargauer Zeitung	26.5.2001
Ballersdorf	Aargauer Zeitung	15.9.2001
Adieu, Micky	Aargauer Zeitung	24.11.2001
Gut und böse – Ein Gespenst geht um: Moralisierung!	Aargauer Zeitung	26.1.2002

Reisen ins Vergangene

Das Jahr 1999 hat mich an drei Orte zurückgeführt, die ich vor plus/minus 25 Jahren schon mal besucht habe. Solche Momente der äusserlichen Rückkehr sind auch Anlässe für innere Einkehr.

Erste Station ist Istanbul, einstmals Zentrum eines expansiven Imperiums, dessen Machtausbreitung erst kurz vor den Toren Wiens halt machte. Im Gegensatz zu den Italienern sind uns die fast so vielen Türken im eigenen Land fremd geblieben. Der Durchschnittsschweizer weiss wenig bis gar nichts über die moderne Türkei, die jetzt wieder an die Pforte Europas klopft – diesmal friedlich.

Was immer man aber auch an der Politik dieses Landes bemängeln mag, eines steht felsenfest: Die moderne Türkei ist ein Schlüsselelement für das neu entstehende Europa. Das Bedrohliche am Islam ist nämlich nicht die Religion *per se*, sondern die fehlende Trennung von Kirche und Staat in fast allen islamischen Ländern. «Gottesstaaten» sind für Freiheit und Wohlstand des Teufels. Das Christentum ist wohl über die letzten 2000 Jahre eher aggressiver gewesen. Die Rivalität zwischen kirchlicher und staatlicher Macht in Europa hat jedoch zur Entwicklung der individuellen Freiheit geführt. Und diesbezüglich ist die moderne Türkei, wie sie von KEMAL ATTATÜRK in der ersten Hälfte des 20. Jahrhunderts geschaffen wurde, der grosse Hoffnungsträger für eine freiheitliche und friedliche Zukunft in der islamischen Welt.

Eine Mitgliedschaft dieses faszinierenden Landes in der EU würde die Sicherheit aller erhöhen. Die Türkei als Vorbild? Dazu muss «JA» sagen, wer gegenüber den serbischen Vorstellungen, den Westen vor dem Islam zu schützen «NEIN» gesagt hat.

Zweite Station ist Prag. Anfang der 1970er-Jahre auf der Durchreise nach Warschau. An der österreichisch-tschechischen Grenze eine Stunde Halt. Uniformierte mit Waffen und Hunden durchsuchen den Zug von innen, aussen und unten. Die Koffer des jungen Assistenzprofessors werden nach verdächtiger Literatur durchsucht. Gut nur, dass die geschmuggelten Dollars hinter dem «Nicht Hinauslehnen-Schild» nicht gefunden wurden.

Dann Prag selber. Trist trotz aller Grösse, alles grau: die Häuser, die Menschen, die Gedanken. Das Einzige, was die Kommunisten nicht zerstören konnten, war die Qualität des Bieres. Wer kennt schon in der Schweiz den Namen MASARYK? Dabei war der eine (Vater) der Gründer der modernen und demokratischen Tschechoslowakei, die in der Zwischenzeit als einziges demokratisches Land im Osten Europas eine wirtschaftliche und kulturelle Blüte erlebte.

Bis dann HITLER dem Ganzen ein brutales Ende setzte und 1948 die Kommunisten den zweiten MASARYK (den Sohn) zum Fenster hinauswarfen. Hatte der erste Fenstersturz von Prag (1618) den Dreissigjährigen Krieg ausgelöst, so folgte dem letzten von 1948 vierzig Jahre kommunistische Gewaltherrschaft.

Und heute, zehn Jahre nach der «samtenen Revolution»? Demokratie und Marktwirtschaft sind fest verankert, die Slowakei friedlich von Tschechien abgespalten, die Türe zur EU weit offen. Fünfzig Jahre später ist man in Prag in etwa wieder dort, wo man schon einmal war. Zwei Generationen bezahlten für idiotische Ideologien einen horrenden Preis. Wohl möglich, dass Tschechen heute klarer sehen und besser wissen, was Freiheit wirklich bedeutet als wohlstandsverwöhnte Schweizer, die wegen einer Betriebsschliessung den Kopf verlieren.

Die etwa 50-jährige Fremdenführerin sagte es so: «Ich war die Tochter eines privilegierten Funktionärs. Jetzt muss ich hart arbeiten. Aber ich bin frei. Und das ist das Einzige, was zählt.»

Wohl möglich, dass Länder wie Polen oder Tschechien viel neuen Schwung in die EU bringen werden.

Letzte Station ist Buenos Aires, eine Stadt, in der um 1900 das Pro-Kopf-Einkommen höher war als in der Schweiz. Aber auch hier wütete die Politik: Populistischer Peronismus und Militärdiktaturen ruinierten ein Land, das angesichts seines natürlichen Reichtums schwierig zu ruinieren ist. Die Visite der späten 1970er-Jahre ist noch in schlechtester Erinnerung: Hyperinflation, militärisch-polizeiliche Repression, nicht-funktionierende öffentliche Dienste. Ausser Fussball alles im Eimer. Und heute? Der Fortschritt ist auf Schritt und Tritt mit Händen zu greifen. Auch hier geschehen keine Wunder. Fünfzig Jahre politisch-ökonomischer Niedergang lassen sich in 10 Jahren nicht nachholen (siehe Ostdeutschland). Verglichen mit 1980 oder 1990 ist aber das Buenos Aires von 2000 ein lebendiges Symbol der Hoffnung auf eine wirtschaftliche und politische Zukunft. Erstmals haben Wahlen einen friedlichen politischen Wechsel herbeigeführt. Der charismatische Führer CARLOS MENEM ist durch eine graue Maus namens FERNANDO DE LA RUA abgelöst worden. Auch Buenos Aires gibt wie Prag und Istanbul Grund zur Hoffnung. Man muss nur richtig hinschauen und nicht gleich überall die schweizerischen Massstäbe anlegen. Die Menschen in Istanbul, Prag und

Buenos Aires hatten es in den letzten hundert Jahren unvergleichlich schwerer als wir. Sie haben etwas verändert und viel erreicht. Wir können davor nur den Hut ziehen. Käme jemand nach plus/minus 25 Jahren zurück nach Basel oder Zürich wäre alles wie gehabt.

Ist das ein Grund zur Freude? Wohl nur für diejenigen, die fest davon überzeugt sind, dass wir als auserwähltes Volk eben schon vor 25 Jahren den Gipfel von Demokratie und Wohlstand erreicht hatten.

«Service Public» und «New Public Management»

Von diesen beiden Schlagwörtern ist das erste französisch, das zweite englisch. Aber beide sind gefährliche Nebelgranaten im politischen Diskurs.

Unlängst fand meine alte Identitätskarte in der Waschtrommel ihren Tod. Auf dem Weg zu einer neuen staunte ich nicht schlecht, als ich in der Einwohnerkontrolle von Basel Stadt zwei Schalter vorfand, die mit «Ausländische Kundschaft» angeschrieben waren. Dahinter lange Schlangen von Menschen, die nicht wie «Kunden» aussahen. Hier muss das «New Public Management» am Werk gewesen sein – mit Folgen, die an KAFKA erinnern. So genuin staatliche Tätigkeiten, wie die Erteilung von Bewilligungen aller Art, haben effizient und (wichtiger noch) rechtsstaatlich zu erfolgen. Doch der WK-Soldat ist nicht Kunde der Armee, ebensowenig wie der Gefängnisinsasse, der von der Polizei Kontrollierte oder der Professor am Schalter der Einwohnerkontrolle ein Kunde ist. Ich habe ein Recht auf eine ID – gegen Vorlage der vorgeschriebenen Unterlagen und Bezahlung der gesetzlich fixierten Gebühr selbstverständlich. Genauso haben der Gefängnisdirektor und der Polizist die Pflicht, den Verurteilten einzusperren oder den Bedrohten vor dem Angreifer zu schützen.

Bezüglich Post, Bahn, Schulen usw. ist demgegenüber ständig von «Service public» die Rede. Aber niemand sagt auch hier klar, was gemeint ist.

Meist entpuppt sich der stets rötlich eingefärbte «öffentliche Dienst» als Selbstbedienung der dort Angestellten. In Frankreich ist es gerade geschehen, dass die Steuerbeamten eine Verbesserung des «Service public» zugunsten maximaler Personalbestände mit Streiks verhindert haben. Aber auch die SBB darf bis zum Jahr 2003 aus wirtschaftlichen Gründen keine Stellen abbauen. Der Aufschrei gegen die Schliessung von Poststellen kam nicht von den Kunden sondern primär von den Gewerkschaften.

Dabei ist meines Erachtens alles ziemlich einfach und klar. Öffentliche Dienstleistungen betreffen Beziehungen zwischen dem Staat mit dem Machtmonopol und seinen Bürger/innen. Mit anderen Worten: es handelt sich um die Ausübung von hoheitlichen Funktionen, z. B. die Verurteilung (Richter), die Verhaftung (Polizei), die Bestrafung (Gefängnisse), der Abgabe einer ID (Einwohnerkontrolle). Wer solche hoheitlichen Staatstätigkeiten ausführt, ist «kein Dienstleister», sondern ein beamteter «Staatsdiener», der nach legalen und legitimen Regeln so und nicht anders handeln muss. Der Beamte in der Einwohnerkontrolle kann z. B. eben weder einen «Ausverkauf» von Niederlassungsbewilligungen veranstalten, noch die Gebühren nach «Kundengruppe» differenzieren. Effizienz ist hier wohl wichtig; aber eben letztlich nicht vorrangig. Vorrangig ist nämlich hier die Rechtmässigkeit des öffentlichen Dienstes.

Demgegenüber sind der Transport von Briefen, Paketen und Menschen, die Ausbildung von Kindern, die Pflege von Kranken, die Lieferung von Elektrizität oder die Vermittlung von telefonischen Verbindungen an sich kein «Service public», sondern ganz klar individuell beanspruchte Dienstleistungen wie Haareschneiden oder Essen in der Beiz.

Die Erbringung dieser Dienstleistung hat somit mit dem Staat und seiner politischen Hoheit *per se* nichts zu tun. Der Zugang zu solchen Dienstleistungen im öffentlichen Interesse ist jedoch in der Tat etwas anderes. Mit anderen Worten, eine politische Gemeinschaft kann sehr wohl demokratisch bestimmen, dass z.B. alle Kinder obligatorisch die Schule zu besuchen haben, dass alle für ihr Alter vorsorgen müssen, dass niemand von essenzieller medizinischer Betreuung ausgeschlossen werden darf oder dass die Betreiber von Post, Telefon, Elektrizität flächendeckend operieren bzw. offerieren müssen. Das «Public» muss den Zugang zum «Service» haben. Daraus folgt aber nicht, dass der Staat diesen Service auch gleich selber erbringen muss. Es geht hier um den «Service au public», den auch Private bestens oder häufig eher besser leisten können. Dies ist der zentrale Unterschied zu den unverzichtbaren weil hoheitlichen Leistungen des Staates. Gärtnereien, industrielle Werke, Wäschereien, aber auch Schulen oder Spitäler zu privatisieren, ist somit etwas fundamental Anderes, als die Polizei, die Gefängnisse, Gerichte, Steuerverwaltungen usw.

Natürlich gibt es Grenzfälle wie z.B. die Motorfahrzeugkontrolle. Aber im Grossen und Ganzen sind die Trennlinien klar. Und sie sollten auch eingehalten werden. Was eben echt öffentlicher Dienst ist, kann und darf nicht nach den Prinzipien des Marktes geregelt werden. Schweizer Pässe oder Führerscheine sind nun einmal nicht käuflich.

Aber ob das Paket von der privaten UPS oder der gelben Post geholt oder gebracht wird, ob der Stadtpark von beamteten oder privaten Gärtnern gepflegt, oder der Telefonanschluss über Telekom oder Diax läuft, ist dem Benutzer eigentlich wirklich egal. Wenn ich die Briefmarke am (dafür konzessionierten Kiosk) kaufen und den Brief in der (dafür konzessionierten) Kaffeebar aufgeben kann, ist dem «Service au public» genauso gedient, wie wenn ich dafür das staatliche Postgebäude aufsuchen muss.

Überall da, wo die direkte Leistungserbringung durch den Staat von vornherein nicht angezeigt ist, macht es letztlich auch keinen Sinn, mittels New Public Management so zu tun, als ob ein Markt vorhanden wäre. Aber überall dort, wo der Staat hoheitlich auftritt eigentlich noch weniger.

Meines Erachtens wäre es viel besser, das wirklich «Staatliche» nach den Regeln des öffentlichen Dienstes (meinetwegen) bürokratisch, aber (dafür) korrekt und transparent zu leisten. Den Rest können wir getrost privatisieren und den Zugang zum «Service public» entsprechend regulieren.

David und Goliath

Von der physischen Statur war DAVID DE PURY ein echter David. Doch wer ist der Goliath, gegen den er ankämpfte und der sich letztlich selber zu besiegen begann, nachdem der David vorerst so tragisch gescheitert war. Doch der Reihe nach.

Am Anfang war eine Schweiz, die den Anschluss an die technologische, ökonomische und politische Dynamik nach der langsamen Überwindung des Ölschocks der frühen 1970er-Jahre zu verlieren drohte. Sichtbare Symptome waren eine Serie von Nullern im internationalen Wachstumswettlauf, zirka 40 % überhöhte Inland-Preise für Güter und Dienstleistungen sowie falsche Strukturen im privaten wie im öffentlichen Sektor. Kartelle, Überregulierungen, Importbarrieren, geschützte Reservate wohin das Auge reichte. Die Käseunion war sozusagen «das Symbol einer Schweiz, die zum Sanierungsfall» zu mutieren drohte.

DAVID DE PURY war im intellektuellen Aufstand gegen den Filz von Selbstzufriedenheit und Sonderinteressen wohl das zentrale Bindeglied zwischen Wissenschaft, Politik und Wirtschaft. So war er schon in der so genannten Arbeitsgruppe DELAMURAZ dabei – einem informellen Kreis von Leuten aus Universitäten und Firmen, die versuchten, den damaligen Wirtschaftsminister zu überzeugen, dass die Zukunft der Schweizer Wirtschaft nicht von der Weisswein-Überschwemmung am Genfersee abhängen würde.

Das glaubten wir geschafft zu haben, nicht zuletzt dank der diplomatischen und konzilianten Übermittlung der ungeschliffenen Postulate aus der Küche der Ökonomen – durch DAVID DE PURY natürlich. Nach einem denkwürdigen Nachtessen in kleinem Kreis und feinstem Haus kam ich sehr spät nach Hause und konnte meiner Gemahlin freudig und erleichtert berichten, dass Bundesrat DELAMURAZ (für mich jetzt Pascal) die Message kapiert habe und nun mit der Liberalisierung und Deregulierung ernst machen werde. Was für ein Erfolgserlebnis für den Ökonomen, der sonst bestenfalls in «Papierform» zum Schaulauf antritt.

Am nächsten Morgen unterzeichnete mein neuer Freund Pascal eine Verordnung, welche die «Hors-sol-Produktion» von – ich weiss jetzt nicht mehr was – unter den vollen Schutz des Landwirtschaftsgesetzes stellte.

Das war der «Goliath», der zugeschlagen hatte: die gut geschmierte Maschinerie aus Bürokratie und Sonderinteressen mit dem Schwungrad der Vergangenheitsbewältigung hatte einmal mehr gewonnen. Mich hat das ziemlich geschockt und auch enttäuscht. Nicht so unseren David. Er stürzte sich gleich ins nächste Abenteuer, das berühmte «Weissbuch», das von den Ayatollas der Massen-Medien ähnlich gewürdigt wurde wie die «satanischen Verse» von den Bonzen in Teheran. Kaum jemand hat das schmale Bändchen wirklich gelesen; aber es erzielte eben erst durch die Verdammung von seiten der «vereinigten Gutmenschen» aus Kirchen, Gewerkschaften, Linksparteien, Medien eine geradezu historische Bedeutung.

Was war aber wirklich geschehen? Von einem der (effektiven) Autoren erhielt ich Wochen vor Erscheinen einen Probeabzug. Ich überflog das Manuskript auf die Schnelle und fand eigentlich weder etwas wirklich Neues noch etwas wirklich Brisantes.

Was verursachte den Aufschrei der Empörung? Wohl nur die Namen, die das Weissbuch zierten. Ganz böse Zungen behaupten ja, es sei nicht sicher, ob alle wirklich auch (vorher) gelesen, was sie mitunterschrieben hätten.

Als jedoch die geschürte öffentliche Meinung wie ein Rudel Wölfe über die Weissbuchverfasser herfiel, fand sich unser David plötzlich ganz allein im Wolfsgeheul. Dabei wurde er auch mehrmals feige (von hinten) gebissen. Während viele mit den Wölfen zu heulen begannen, stahlen sich einige aus dem Autoren-Kollektiv still und leise davon.

Und so wurde der David zum Bösewicht der Nation. Wer sich zu weit aus dem nicht-linken Fenster des Schweizerhauses hinauslehnt, lebt gefährlich und wird stigmatisiert. Wenn das Geheul mit der Zeit auch leiser wurde, so konnte unser David den Bann-Fluch auf das Weissbuch nie mehr abschütteln.

Er selber wurde auch stiller. Aber jetzt arbeitete die Zeit für ihn. Die Schubkraft der neuen Technologien, der Druck des internationalen Wettbewerbs, das Aufwachen der Shareholder, die Verwandlung der deutschen und englischen Sozialdemokraten, der wachsende Widerstand gegen noch mehr Steuern usw. usw. – all das rückte die Erfüllung der Forderung des Weissbuchs unerbittlich näher und näher. Mit der typisch schweizerischen Verspätung zwar, aber eben unumkehrbar.

Und so könnte die Geschichte von David und Goliath – hoffentlich – gerade noch einmal gut ausgehen. DAVID DE PURY wird es nicht mehr miterleben. Er hat nicht den ersten Stein geworfen, sondern den politischen Grundstein gelegt. Dafür gilt ihm Dank. Dass von derselben Presse, die ihn zu Lebzeiten moralisch ausgrenzte und dem Volkszorn aussetzte, ihm dann nach dem Tod (d.h. als er als Bösewicht wertlos geworden war) noch redaktionelle Sonntagsblumen für seine Offenheit und Tapferkeit ins Grab nachgeworfen wurden, schliesst den Kreis der Stil- und Geschmacklosigkeit des öffentlichen Umgangs mit dem «Weissbuch-David».

Doch auch Goliath ist noch nicht wirklich besiegt. Fast scheint es, als ob er sich seit dem Konjunkturaufschwung eher wieder erholt. Von der Post bis zur Landwirtschaft, vom Strommarkt bis zur Bildungspolitik geraten Liberalisierung, Deregulierung und Privatisierung ins Stocken: Die Bremser vom Dienst schwingen eine neu entdeckte Todschlagskeule mit dem harmlosen Namen «Service public».

Welsche Liberale haben es hierzulande besonders schwer. Bei ihren *compatriots* gelten sie als von Zürich ferngesteuerte Handlanger des Gross- und Finanzkapitals, bei den Deutschschweizern als arrogante und elitäre Anti-Demokraten. Bundesrat Pascal (dem Älteren) ist dieses Ungemach erspart geblieben, allerdings nur unter hohen volkswirtschaftlichen Kosten. Bundesrat Pascal (der Jüngere) läuft Gefahr, als Nachfolger von David zum «Service-public-Schreck» montiert zu werden.

Marketing à la marocaine

Am Ende dieser Kulturtour durch Marrakesch landen dieser Kolumnist plus Gattin doch noch in einem Teppichhaus. Zufällig hat der Führer den zufällig heute gerade ortsanwesenden Besitzer angetroffen (sonst schwärme er durchs Gebirge auf der Suche nach den besten Stücken). Es beginnt mit einem Vortrag über das «Wesen des Nomadenteppichs», nahtlos übergehend zur Einteilung in verschiedene Gruppen je nach Motiven und Techniken. Dann kommt der Minzentee angefahren. Man setzt sich und erklärt, was zu Hause feierlich geschworen, unter keinen Umständen einen Teppich zu kaufen. Mache gar nichts, sagt der stattliche Teppichderwisch. Anschauen koste ja nichts, meint er gutmütig, und zudem müsse er die Theorie von vorhin doch durch die Praxis illustrieren. Gut, man kann ja nicht unhöflich sein. Acht flinke Hände von jungen Berbern (oder Arabern) werfen elegant Stück für Stück vor uns hin. Der «Chef du tapis» beobachtet uns diskret, aber scharf. Schliesslich sitzen wir vor einem grossen Teppichhaufen, bedanken uns und machen erste Gehversuche in Richtung Ausgang. Nein, nicht so schnell, bitte, meint der Boss. Er habe sich noch ein kleines Spielchen ausgedacht. Beim Abtragen des Demonstrations-Stapels sollen wir doch bitte auf Arabisch (wir lernen schnell Ja und Nein) kund tun, ob uns das jeweils oberste Stück gefällt. Ein Nein bedeutet Abtransport in den Lagerraum. Nach 15 bis 20 Nein sendet meine Frau (schwache) Signale der Anerkennung aus. Aha, meint der Chef, der bleibt hier. Nach 20 weiteren Nein abermals eine zustimmende Körperbewegung der holden Gattin. Ein dritter Teppich übersteht das Prozedere. Nun liegen nur noch diese drei majestätisch vor unseren Augen.

Es wird Tee nachgeschenkt. Der Teppichherr rühmt den sicheren Geschmack der «Gazelle». Sie kontert mit dem Argument, dass sie ja eine Architektentochter sei und einen Design-Laden geführt hätte. Damit sitzt sie in der Falle. Da sehen wir es, meint er, und überhaupt sei die Gazelle selber auch sehr schön (mindestens zehn Kamele würde er für sie hergeben). Nun bin ich dran. Einer so schönen «Gazelle» könne ja nur ein Frauenverächter einen bescheidenen Wunsch abschlagen. Wir wollen wieder abziehen. Er schlägt vor, die Gazelle gehe nach oben auf die Galerie und betrachte die Kunstwerke von dort. Ich genehmige mir einen dritten Tee. Frau kommt von Galerie runter, Teppichhändler erklärt, dass die Zeiten hart wären, für die Nomaden, aber auch für ihn. Zudem hätte er zu viel eingekauft, und – im

Vertrauen – seine Liquidität sei nicht die beste. Aber das schlimmste sei die Dürre, welche die Nomaden zwinge, die besten Stücke zu verscherbeln.

Man drückt Anteilnahme aus, und will wieder gehen. Doch er zieht noch einen letzten Trumpf: Die Preise – wir sollten sie doch kennen, bevor wir uns mit dem Nicht-Kauf unglücklich machen.

Er kritzelt drei Preise auf einen Zettel und hält mir diesen unter die Nase. Es stehen drei Zahlen drauf, sagen wir 12 000, 10 000 und 8000 (nicht Franken natürlich).

Jetzt will ich schlau sein und ordne mit einem Pfeil den schönsten Teppich dem tiefsten Preis zu. «Sie sind ja schlimmer als ein Berber» lautet die entrüstete und zugleich anerkennende Antwort. Jetzt sitze auch ich in der Tinte. Die acht flinken Hände räumen rasch die zwei anderen Teppiche ab. Nun liegt er also da, der Hochzeits-Kelim. Eigentlich sehr schön, findet meine Frau, und ich möchte hier raus. Alles weitere läuft sehr schnell und effizient. Bei der Bezahlung harzt es dann wieder: Na, bei Kreditkarten gebe es einen Aufschlag von 5,5 %. Jetzt kommt meine Stunde: Ein Wort ist doch ein Wort unter uns Berbern. Keinen Rappen mehr. Er gibt sofort nach. Ich muss ja auch einmal einen Stich machen. Das Ding ist in Windeseile verpackt und versandbereit. Aber noch sind wir nicht von der Angel. Er zieht mich in eine dunkle Ecke und murmelt mir etwas von Trinkgeld für die armen Burschen ins Ohr. Vier Augenpaare treffen die meinigen. Dann senken sie alle demütig die Köpfe. Ich zücke hilflos einen 200er, mit dem der Boss diskret den Jungen zuwedelt. Danach sind wir wieder draussen und frei. Hat uns der Mann gelegt, forciert, betrogen?

Die Antwort ist klar «Nein». Der Teppich ist sehr schön und würde in der Schweiz wesentlich mehr kosten. Was geschehen ist, lässt sich ökonomisch leicht erklären. Er hat es durch äusserstes Geschick verstanden herauszufinden, was uns gefällt und wie viel wir maximal dafür auszugeben bereit wären. Solange das mehr ist, als der Teppich ihm wert ist, besteht eine Gewinnchance aus dem Deal. Ich bin bereit, 8000 (im Maximum) zu bezahlen, er (sagen wir) ist bereit, im Minimum auf 6000 hinunterzugehen. Wer diesen Handelsgewinn einstreicht, hängt vom Verhandlungsgeschick oder präziser von der Fähigkeit ab, den Reservationspreis des Käufers bzw. den Minimalpreis des Verkäufers herauszufinden. Ich kaufe alle paar Schaltjahre einen Teppich. Der Verkäufer ist seit 30 Jahren im Geschäft und wohl ebenso intelligent.

Klar, wer den grössten Teil des Handelsgewinns erworben hat. Aber ich wurde nicht «beschissen», sondern verhandlungstaktisch ausmanövriert.

Das nächste Mal in einem arabischen Land werden wir sicher keinen Teppich mehr kaufen. Zumindest werde ich versuchen, es besser zu machen.

Vom Sockel gefallen

sind schon viele Helden: Einige als Folge von Launen der Natur (wie Erdbeben, Erosionen usw.), andere wurden vom Sockel gestürzt durch aufgebrachte Massen und noch andere wurden von «ihren Kindern» diskret entsorgt.

Mehr oder weniger ohne fremde Einwirkung, gewissermassen über sich selber gestolpert sind in letzter Zeit einige Schweizer Helden der Neuzeit in Gestalt des so genannten Topmanagers, der sich eigentlich auch schon selber auf den Sockel gemacht bzw. gehievt hatte. Wie konnte dies geschehen?

Als jemand, der die Schweizer Wirtschaft mittlerweile seit einem Vierteljahrhundert beobachtend und ausbildend begleitet, kann ich folgende Antwortfragmente aus Erinnerung und Erfahrung ausgraben.

1. Das rasante Wachstum der Wirtschaft in den 1980er-Jahren und erst recht der Aktienboom der 90er-Jahre haben viele Bewohner der Führungsetagen von Banken und Dienstleistungen mehr oder weniger zufällig an goldene Ufer geschwemmt. Schon mein Lehrer Prof. Küng sagte zu uns Studis Anfang der 60er-Jahre, dass wer 1950 ein Baugeschäft besass und bis Mitte 60er-Jahre nicht (Mehrfach-)Millionär geworden sei, eigentlich unter Vormundschaft gestellt werden müsste.
Analog kann man heute sagen, dass die letzten zehn Jahre ohne Inflation zusammen mit anderen günstigen Veränderungen der Rahmenbedingungen zu einer Erhöhung der Börsenkapitalisierung sehr vieler Unternehmen führen musste, die wenig mit der Genialität der Topmanager zu tun hatte. Davon ausgenommen sind natürlich Pioniere, die nicht als angestellte Manager, sondern Gründer oder Investoren neue Unternehmen geschaffen oder entwickelt haben.

2. Trotzdem machen Spitzenmanager in Gross-Unternehmen einen Unterschied. Nehmen wir einmal an, dass Fritz Leutwiler und Pierre Borgeaud je am anderen Schaltpult von BBC bzw. Sulzer gestanden hätten. Oder vergleichen Sie die Führungsqualität der alten UBS mit derjenigen von Kreditanstalt oder Bankverein, so wird klar, dass die alte UBS mit ihrem «Wachtmeister» an der Spitze Werte in Milliardenhöhe vernichtet hat. Der Filz von Militär, Politik und Wirtschaft ist für sehr viele Debakel auf Stufe Verwaltungsrat klar die Erklärung Nummer eins. Die Old-Boys-Netz-

werke haben sich inzwischen von den Kasernen auf die Golfplätze verlagert. Aber sie funktionieren wie eh und jeh; man tut sich sicher nicht weh!

3. Der Machtfülle folgt die Selbstüberschätzung auf dem Fusse und damit der Absturz in die Machtfalle. Man analysiert und argumentiert nicht mehr, sondern man schweift ab ins Visionäre und pocht auf seine Allwissenheit. Wer das nicht so sieht, ist ein mieser Meckerer, der abgestellt wird. Bald bekommt der Topmanager – ähnlich wie der politische Diktator – nur noch das zu sehen oder hören, was als «strategisch korrekt» von den hörigen Höflingen in den Vorzimmern durchgelassen wird.

Erstaunlich ist dabei, wie lange sich offensichtliche Versager als oberste Steuermänner zu behaupten vermögen oder kurz vor oder nach dem Kentern als Hoffnungsträger auf die Kommandobrücke anderer, meist noch grösserer Schiffe berufen werden.

Das Problem der schweizerischen Top Cats ist nicht die Höhe der Entschädigung *per se*, sondern das fehlende Risiko, das wohl abgegolten wird, aber letztlich gar nicht besteht. Das ist der grosse Unterschied zu den grossen Stars im Sport oder der Musik. Dort verdient nur sehr viel, wer wirklich «top» ist. Tennisspieler, Opernsänger, Fussballer usw. verdienen Unsummen, aber nur so lange sie die Stadien und Theater füllen. Goldene Fallschirme, Frühpensionierung, Abgangszahlung – all das bekommen die Pavarottis, Beckers oder Figos von niemandem geschenkt – weder vom Aktionär, Zuschauer noch Steuerzahler. Das Weggli und den Batzen zu nehmen, wird vom Volk nicht goutiert – zu Recht. Wenig verwunderlich ist auch, dass viele Manager bei der Hetze gegen den «Shareholder-Value» diskret, aber effizient mitwirken. Leider aus einem nicht sehr edlen, weil eigennützigen Motiv. Denn gerade das Ziel der Steigerung des Unternehmenswertes setzt der Selbstbedienungs-Macht des Managements die wirkungsvollsten Schranken. Oder anders gesagt: Der Shareholder-Value-Gedanke richtet sich nicht gegen Kunden, Mitarbeiter oder die Öffentlichkeit, sondern prinzipiell gegen die Übermacht der eigenmächtigen Manager, die so denken und handeln, als ob das Unternehmen ihnen persönlich gehörte. Diese Kategorien von Wirtschaftsgenerälen sollte jetzt noch ihren Schüblig bekommen und dann «abtreten»! Alles sonst noch für einen Lebensabend im globalen Golfstil unter dem «5-Stern-Himmel» haben sie schon bekommen (oder selber genommen).

Ballersdorf

Wer war schon dort oder weiss auch nur, wo dieses Kaff liegt? Ich fahre seit 14 Jahren ziemlich regelmässig durch dieses Sundgauer-Strassendorf an der D-419, die von Basel nach Belfort führt – und mich ins ländliche Weekend.

Die D-419 ist eine klassische Unfallstrecke: zum einen, weil sie über zahlreiche blinde Kuppen führt. Und zum anderen, weil die Elsässer immer pressiert sind. Am Morgen zu spät dran für den Arbeitsbeginn in der Schweiz. Am Abend, um noch vor den anderen wieder zu Hause zu sein.

Auch Ballersdorf hat seine Tücken in Form von mehreren – *plus ou moins* – rechtwinkligen Kurven. In der Mitte des Dorfes dann die hässliche neugotische Kirche, schräg vis-à-vis eine Kneipe mit dem Namen «Canon d'Or» und einem Tages-Menu von 49 francs français.

Aber Ballersdorf deshalb irgendwie mit «ballern» in Verbindung zu bringen, wäre abscheulich geschmacklos. Geschmacklos ist zwar auch die Statue, die am Gedenkstein für die Toten der beiden Weltkriege vor der Kirche zu kleben scheint – mit einem grossen Loch im Bauch. Und trotzdem stand ich neulich tief betroffen und gerührt vor diesem Mahnmal. Nach 14 Jahren der Nichtbeachtung wollte ich wissen, was diese hässliche Statue vor dieser hässlichen Kirche eigentlich sagen will.

Nebst den Zeilen für die «Morts pour la France» findet man unten eine Rubrik mit dem Titel «fusillé à Ballersdorf en février 1943». 17 Namen stehen dort. Alle um die zwanzig und aus der näheren Umgebung. Einen, nämlich den Y aus E haben die Deutschen nicht erwischt, weil er zu spät zum vereinbarten Treffpunkt für die Flucht in die gut 20 km entfernte Schweiz eintraf. Die deutschen Besetzer wollten diese jungen Männer in den Wehrdienst einziehen. Da versuchten sie Richtung Ajoie abzuhauen. Was in der Schweiz mit ihnen geschehen wäre, kann offen bleiben, weil sie vorher aufgegriffen und standrechtlich erschossen wurden. Andere Elsässer wurden von den Deutschen zwangsverpflichtet, meist in die Waffen-SS gesteckt und mangels Vertrauen ausnahmslos nach Russland verfrachtet, wo an Flucht nicht mehr zu denken war. Einige kamen dann dort auf dem Schlachtfeld um. Andere gerieten in russische Gefangenschaft und nach der Rückkehr auch noch als Kollaborateure auf die französische Anklagebank. In «meinem Dorf» hat es noch nahe Verwandte aller drei Opferkategorien. Die Ästhetik von Ballersdorf ist das eine. Die menschlichen Tragödien etwas ganz anderes. Der Schweizer Wochenendgast im Elsass wird in Zukunft bei der Vorbeifahrt in Ballersdorf eine Gedenksekunde nicht verhindern können und dankbar für den Frieden in diesem Teil Europas sein Haus betreten, dem im Ersten Weltkrieg eine Granate ein Loch in den Dachstuhl gerissen hatte.

Adieu, Micky

Vor 32 Jahren kamst Du in St. Gallen als Sohn von C.T. und R.T. zur Welt. Deine Eltern waren Immigranten aus Piräus bei Athen: der Vater ein Seemann und Schiffskoch, die Mutter Tochter eines orthodoxen Geistlichen.

Der Vater war mein Tankwart und lud uns eines Tages zum Nachtessen ein, wie das bei mediterranen Menschen halt so üblich ist.

Das Essen war vorzüglich, und so wurde aus dem Tankwart mit der Zeit halt ein Beizer, Euer Restaurant zum Treffpunkt für weltoffene und kommunikative Leute aus allen Schichten. Es wurde viel gelacht, erzählt, gefeiert, bei Euch zu Hause, wobei die Kinder voll einbezogen waren und die Gaststube auch Wohnstube war.

Dein Bruder und Du und unsere beiden Töchter waren viel zusammen. Unvergesslich die beiden Sommer, die wir so um 1980 alle zusammen in Griechenland verbrachten. Der Vater T. verantwortlich für Essen und Trinken, Mutter T. für die Ordnung und die Beziehung zu all den Verwandten, und wir haben vor allem alles so genossen.

Micky, Du warst ein starker Junge: mental, aber auch physisch. Bei unseren «Schaukämpfen» am Strand musste ich mich schnell voll ausgeben, um Dich zu bodigen.

Früh schon zeigte sich Dein Interesse an Informatik, Mathematik und Computern. Die Matura wurde trotz einiger Schreckstunden für die Eltern glatt geschafft.

Die ganze Familie wurde eingebürgert, was an einem Riesenfest mit einer parodistischen militärischen Einkleidung des Vaters ausgedehnt gefeiert wurde.

Die Hochschule St. Gallen wurde Dir bald zu langweilig, vielleicht auch die strenge Führung durch die Eltern zu einengend. Also ab nach Boston an die dortige Universität. Der befreundete Professor in Basel durfte mit ein paar Referenz-Schreiben sanft und diskret nachhelfen. Alles hast Du bravourös gemeistert, und grosse Zeiten standen Dir in den USA bevor. Welch ein Weg vom Hafen in Piräus via St. Gallen als Hot Shot nach Boston. Wie stolz waren Deine Eltern, und wie haben sich alle auf das Kind gefreut, das – wie man sagt – schon unterwegs war.

In wenigen Sekunden ist am 11. Sept. alles zerschellt, weil ein paar verblendete Vollidioten und menschenverachtende Besessene den Flug AA11 kaperten und in das World Trade Center lenkten. Was hast Du wohl gedacht oder unternommen, als dieser unvorstellbare Spuk begann? Oder hast Du Dich einfach Deiner Frau zugewandt und Dich in das Unvermeidliche gefügt? Wir werden es nie erfahren. Gelitten hast Du so oder so in einem unbeschreiblichen Masse. Gerade Du, der Micky, der nichts anbrennen liess, der kämpfte und gewohnt war, sich auch in schwierigen Situationen zu behaupten.

Bis jetzt war der 11. 9. 01 für mich trotz allen Informationen irgendwie abstrakt geblieben. Das ist nicht mehr der Fall, seit auch nur ein einziges Opfer ein so persönliches Gesicht bekommen hat.

Das Leben ist voller Risiken. Unfälle oder Unglücke geschehen, weil die Technik nicht perfekt ist und die Menschen Fehler machen. Aber darum geht es nicht. Die Technik war in Ordnung, und die unmenschlichen Täter haben – in ihrer kranken Optik – eben gerade keinen Fehler gemacht. Alle theoretischen Erklärungs- und Entschuldigungsversuche dieser Schandtat müssen angesichts dieser Tatsache klar und deutlich zurückgewiesen werden. Wir werden an Dich denken, wenn wir unsicher werden sollten.

Gut und böse – Ein Gespenst geht um: Moralisierung!

Ökonomische oder politische Sachfragen werden nicht mehr analysiert, sondern zuerst emotional aufgeladen und dann mit der Moralkeule erschlagen. Hier das Gute – dort das Böse. Hier die Täter – dort die Opfer. Für Differenzierung bleibt keine Zeit bzw. kein Raum, weil das «Nicht-Gute» eben das Böse sein muss und *vice versa*. Viele durch die moderne Welt Verunsicherte erkennen darin eine lang verzögerte und ersehnte Wende zum Besseren. Endlich werden dem Terror der Ökonomie, der Arroganz der Naturwissenschaft oder dem Hochmut der Medizin ethische Schranken gewiesen. Und alles, was vor dem so komplex und undurchschaubar erschien, wird glasklar. Und selbst wenn diese Einstellung zu Widersprüchen führt, werden diese nicht einmal erkannt. Eine Probe aufs Exempel gefällig?

Herr X und Frau Y sind «Sans-Papier» aus Ex-Jugoslawien bzw. aus der Dominikanischen Republik. Er ein abgewiesener und weggewiesener Asylbewerber, sie eine von einem Verwandtenbesuch zurückgebliebene Touristin. Er «pfuscht» auf dem Bau, sie in einem Hotel. Sie sind beide Papierlose, nicht weil sie staatenlos wären oder alle Papiere verloren hätten, sondern, weil sie keine Aufenthalts- und Arbeitsbewilligungen für die Schweiz besitzen. Würde ich mit einem Touristen-Visum in die USA fliegen und dann einfach nicht zurückkehren, wäre ich nach dieser Definition auch ein «Sans-Papier». Diese Kategorie von grossmehrheitlich sicher bedauernswerten Menschen in der Schweiz verdienen unsere volle Unterstützung. Wer das nicht so sieht, ist unmoralisch. Am Kirchenportal lese ich «kein Mensch ist illegal!» Menschen sind doch wichtiger als Papierkram.

Noch schlimmer ist, dass diese Menschen als wehr- und schutzlose Halbsklaven ausgebeutet und mit Hungerlöhnen abgespiesen werden und ohne Rechtsschutz völlig der Willkür amoralischer Arbeitgeber ausgeliefert sind.

Schweift der Blick jedoch vom Kirchenasyl hinüber zum Schwarzmarkt, so werden aus den eben noch ausgebeuteten «guten» X und Y ganz «böse» Ausbeuter der schweizerischen Volkswirtschaft. Von zweistelligen Milliardenverlusten ist jetzt plötzlich in derselben Presse zu lesen. Dieselben Menschen, die nicht hier ausgebildet worden und nicht altersversichert sind, die rechtlos kuschen und sich verstecken müssen, sollen nun den Staat Milliarden kosten, weil sie keine Steuern und Abgaben zahlen. Die von ihnen erbrachte Wertschöpfung ist jetzt hier klar «illegal» und daher moralisch zu verdammen und polizeilich zu verfolgen.

Dieselben Gutmenschen, welche die «Sans Papier» vor dem Zugriff der Staatsgewalt schützen, machen sich stark dafür, die «Schwarzarbeiter» zu bespitzeln, zu verfolgen und zu vertreiben. Dass Herr X und Frau Y sowohl «Sans-Papier» wie «Schwarzarbeiter» sind, scheint keine Rolle zu spielen. Wer fügt jetzt eigentlich wem einen Schaden zu? Wir legalen Schweizer den illegalen Ausländern oder die illegalen Ausländer uns Schweizern?

Die moralische Antwort ist natürlich die, dass beides gleichzeitig der Fall ist. Dumm ist nur, dass das logisch nicht möglich ist. Möglich ist hingegen etwas anderes: Dass wir den «Sans-Papier» nicht wirklich schaden können, solange diese ja freiwillig hier bleiben, sie aber auch uns nicht schaden, wenn sie (bei Vollbeschäftigung) Arbeiten verrichten, die für Schweizer nicht attraktiv genug wären. Volkswirtschaftlich sind all jene eine Belastung, die keiner Arbeit nachgehen (wollen oder dürfen). Alle im Arbeitsprozess offiziell oder inoffiziell eingegliederten Ausländerkategorien tragen mehr zur Wertschöpfung bei als sie an Staatsleistungen beziehen.

Dies ist kein Plädoyer für die Schwarzarbeit, aber eines gegen den Missbrauch der Ökonomie als Feigenblatt für die Moralisierung.

5

Alterssicherung und Arbeitslosenversicherung

Quellennachweis

Kritische, ketzerische Fragen	Neue Zürcher Zeitung	11.9.1976
Die drei Säulen	Basler-Zeitung	6.8.1977
Traue niemandem über 30!	Basler-Zeitung	17.12.1977
Arbeitslosigkeit und Mobilität	Basler-Zeitung	23.12.1978
Die staatliche Alterssicherung: Kollaps oder Reform?	Aargauer Zeitung	6.6.1998
Rentenklau oder Wachstumsstau?	Basler-Zeitung	30.9.2002
Überalterung und Altersgrenzen	Basler-Zeitung	20.1.2003

Kritische, ketzerische Fragen

Als angeblich unbestrittene Elemente einer neuen definitiven Regelung der Arbeitslosenversicherung sollen 1. das allgemeine Obligatorium sowie 2. die Finanzierung durch Lohnprozente zeitlich vorgezogen und relativ rasch (1977) in Kraft gesetzt werden. Sind diese Punkte wirklich so selbstverständlich und unproblematisch? Dazu sollen im Folgenden ein paar ketzerische Steine in den klaren Teich der offiziellen Argumentation geworfen werden. Wie stark sich dadurch das Wasser trüben lässt, soll der Leser selbst entscheiden.

Solidarität oder Ungerechtigkeit? Das ist die *erste Frage*. Sie bezieht sich auf das allgemeine Beitrags-Obligatorium aller AHV-pflichtigen Lohneinkommen. Gerecht und solidarisch wäre diese Gleichbehandlung sicher dann, wenn das Beschäftigungsrisiko seinen Ursprung im Arbeitsmarkt hätte (daher nur Lohneinkommen beitragspflichtig), wenn das Risiko auf alle gleich verteilt wäre und wenn die Löhne auf dem Markt den Sicherheitsaspekt des Arbeitsplatzes nicht berücksichtigen würde. Diese Annahmen sind aber in Wirklichkeit nicht gegeben. Vielmehr ist konjunkturell, strukturell oder technologisch bedingte unfreiwillige Arbeitslosigkeit primär ein Symptom der marktwirtschaftlichen Organisationsform, die bekanntlich auf Privateigentum und freien Entscheidungen von Unternehmungen und Haushalten beruht. Warum also nicht eine Vermögens- oder Unternehmungssteuer für die Finanzierung der Arbeitslosenversicherung?

Wichtiger sind vielleicht die beiden anderen Punkte. Wenn die Risiken ungleich verteilt sind, aber der Markt diesen Unterschieden durch unterschiedliche Löhne und Gehälter Rechnung trägt, dann kann eine allgemeines Obligatorium mit einheitlichen Beitragssätzen und keiner individuellen Zusatzbelastung des mit der Arbeitslosigkeit involvierten Arbeitnehmers und/oder Arbeitgebers zu Verzerrungen führen, die sowohl ineffizient und ungerecht sein können.

Dazu ein Beispiel: Nehmen wir an, drei Bauzeichner beendigen ihre Lehrzeit am Ende einer längeren Konjunkturflaute. Der A will entweder «alles oder nichts», das heisst entweder sehr reich werden oder sich einfach irgendwie durchschlängeln. Er tritt in ein spekulativ und modisch einseitig orientiertes Architekturbüro ein, die Konjunktur belebt sich, das Büro liegt goldrichtig, die Gewinne fliessen, der A steigt auf, nennt sich Architekt, wird Aktionär des Ladens und damit erfolgsbeteiligt, scheffelt Geld auf die Seite und lebt in Saus und Braus, den Augenblick geniessend.

Der B vertraut auf eine sorgfältig aufgebaute Karriere. Er wählt sich einen seriösen und fachlich anerkannten Chef und gibt sich verglichen mit dem A mit einem sehr kleinen Lohn zufrieden, weil er ja etwas lernen will. Der C schliesslich ist vor allem risikoscheu, das heisst er sucht die Sicherheit und wird Bauzeichner Nummer 47 in einer staatlichen Bauverwaltung. Da während einiger Zeit der Arbeitsmarkt recht entspannt war, sind Staatsstellen gesucht, das heisst der Marktlohn umschliesst eine recht hohe Sicherheits-Prämie, so dass der Effektivlohn des C eben noch unterhalb desjenigen des B zu liegen kommt. Und alle bezahlen 0,4 % des Lohnes unter 3 900 Franken als Prämie. Ihre Arbeitgeber tun dasselbe. Denken wir daran, dass alle drei sich frei und bewusst kalkulierend so und nicht anders entschieden haben.

Nun kommt eine Krise, die modische Firlefanzarchitektur ist nicht mehr gefragt, und die Aktiengesellschaft des A schliesst sofort seine Pforten. Selbst der seriöse Architekt muss seinen vielversprechenden B schliesslich ziehen lassen, nachdem er ihn monatelang durchzuhalten versuchte. Was geschieht? Der A nimmt die Sache nicht zu tragisch. Er kann warten, hat er doch in den letzten Jahren genug gespart. Aufgrund seines eine Risikoprämie enthaltenden Spitzensalärs erhält er das maximale Taggeld und muss erst noch kaum mit einer staatlichen Vermittlung rechnen. Er sitzt die Krise aus – und geniesst es. Seine Zeit wird wieder kommen. Sein Chef schmiedet auf den Bahamas Pläne für den nächsten Aufschwung. Der B hat weder finanzielle Reserven, noch eine Vorliebe für ein Plauscherleben. Er bekommt weniger Arbeitslosengeld als der A und muss unter Umständen eine Stellung in einem anderen Beruf annehmen, die für den A seines früheren Phantasiegehaltes wegen unzumutbar wäre. Vielleicht wird B für etwas umgeschult, was in der nächsten Rezession zuerst umsteht. Der C schliesslich bleibt unberührt von allem an seinem Pult, weil er Beamter ist und nicht entlassen werden kann; aber auch er hat bezahlt, nämlich einmal durch die Prämien, die er ohne Risiko entrichtete, und zum zweiten durch den niedrigen Lohn. Diese Geschichte ist übertrieben und frei erfunden; aber Parallelen zur Wirklichkeit sind beabsichtigt.

Die *zweite Frage:* Ist die Lohnprozentfinanzierung wirklich sozial? Ist das nicht eine proportionale Einkommenssteuer auf dem Lohn der Arbeit, die überdies keine Rücksicht auf die Zahl der Kinder oder andere sozialen Lasten nimmt? Wird sie nicht weiter dadurch regressiv, dass gerade relativ viele

Kleinverdiener eben ziemlich sichere Stellen haben und daher gar kein Risiko abzudecken haben? Auf wen werden die Beiträge der Arbeitgeber überwälzt? Anders als zum Beispiel bei der AHV steht diesem regressiven Finanzierungssystem kein eindeutig progressives Leistungssystem gegenüber, indem praktisch jeder Arbeitslose (ob mit grossem oder kleinem Lohn) weit mehr an Entschädigung erhält als er zeitlebens an Prämien leistete, weil die allermeisten eben gar nie arbeitslos werden. Warum sollen alle gleich viel bezahlen? Sind unser Herr A und sein spekulativer Arbeitgeber nicht besonders anfällige Figuren im Sinne von Verursacher und Opfer von Arbeitslosigkeit? Sollen diese, wenn sie wieder von der nächsten Konjunktur profitieren, nicht zumindest einen Teil der verursachten bzw. bezogenen Leistungen zurückerstatten, um so den B und den C zu entlasten?

Und eine (vorläufig) *letzte Frage:* Ist es sinnvoll, die Finanzierung organisatorisch und institutionell vollständig von den Leistungen zu trennen, so dass die Kassen nur noch Geld verteilende Bürokratien werden, die sich um die Mittelbeschaffung nicht mehr zu sorgen brauchen? Fördert nicht gerade diese Zerschneidung der Bande zwischen Beiträgen und Leistungen eine egoistische Anspruchshaltung der Benützer und eine routinemässige Geldver(sch)wendung nach dem Giesskannenprinzip der Verwaltungen? Fragen über Fragen.

Übrigens: Wussten Sie schon, dass die Gesamteinnahmen der Sozialen Sicherheit 1973 bereits 90 % aller Steuereinnahmen von Bund, Kanton und Gemeinde ausmachten und rund dreimal so hoch waren wie alle Aufwand- und Verbrauchssteuern zusammen, über die es im Rahmen der Mehrwertsteuer einmal mehr ein Riesen Tamtam geben wird?

Wir sollten langsam erkennen, dass unsere Lohnprozente immer weniger mit «Versicherungsprämien» zu tun haben als vielmehr mit einer proportionalen Lohnsteuer ohne Sozialabzug, die für immer mehr Haushalte zur wichtigsten und grössten Steuer wird.

Die drei Säulen

Das Bild von den drei Säulen der schweizerischen Altersvorsorge erweckt einen beruhigenden Eindruck von harmonischer Ausgewogenheit und konstruktiver Eleganz. Drei Säulen: eine jede hat ihren Platz, erfüllt ihre tragende Funktion und ist auf die andere abgestimmt. Der Schein trügt, und man täte besser daran, heute darüber nachzudenken, dass wir die meisten Säulen nur in Form von Ruinen besichtigen. Zerfallene Architektur lässt sich auch heute noch bewundern. Nicht so zerfallene Sozialwerke, und für diejenige Generation der mittleren und jüngeren Jahrgänge, die womöglich unter ihre Trümmer zu liegen kommen, ist es noch viel weniger erbauend mitanzusehen, wie man an diesem 3-Säulen-Gebilde munter weiterbaut. Erst ist die 9. AHV-Revision mit ein paar Retouchen bei der Finanzierung und problematischen Leistungsanpassungen sowie geradezu unverantwortlichen Dynamisierungsautomatismen über die Bühne des angeblichen Sparparlamentes gegangen. Hunderte von Bundesmillionen pro Jahr sind dabei ohne Sicherung ihrer Finanzierung zusätzlich für die AHV der Zukunft gesprochen worden.

Die erste Säule steht somit dick und automatisch wachsend vor uns. Der Stolz des politischen Establishments von rechts bis links wird kaum gedämpft durch die umstösslichen Tatsachen,

- dass *erstens* diese AHV-Säule mit ihrem gegenwärtigen Leistungsprofil infolge der demografischen Veränderungen in Zukunft nur mit massiven Zusatzbelastungen der Erwerbsgeneration gestützt werden kann,
- dass *zweitens* die primäre Finanzierung über Lohnprozente seitens Arbeitnehmer/Arbeitgeber eine regressive Lohnsteuer darstellt (das heisst die arbeitende Bevölkerung mit kleinem Einkommen und/oder grossen Familien relativ stärker belastet),
- dass *drittens* die Hauptnutzniesser in den oberen Schichten der Eintrittsgeneration (Maximalrentenbezüger) zu suchen und zu finden sind,
- und dass *viertens* die Kennzeichnung der AHV als Versicherung eine offensichtliche Irreführung eines gutwilligen Publikums darstellt.

Da nun einmal schon die erste Säule allzu monumental geworden ist, muss man logischerweise schleunigst die zweite nachziehen. Trotz Konsolidierungsgerede und angeblicher Sparübungen ist auch diese Sache in vollem

Gange, indem in Kürze ein Bundesgesetz über die berufliche Alters-, Hinterlassenen- und Invalidenvorsorge (BVG) vor die Räte kommen soll.

Das verfassungsmässige Ziel von erster und zweiter Säule zusammen besteht darin, den nicht mehr Erwerbstätigen eine angemessene Fortführung der gewohnten Lebenshaltung zu ermöglichen. Gemeint ist damit konkret eine minimale Rente von 60 % des Einkommens der letzten drei Erwerbsjahre, wobei sich das gegenwärtig auf ein Einkommen bis zu 36 000 Franken bezieht. Bei höheren Einkommen bleiben AHV- und obligatorische Pensionskassen Renten bei 60 % von 36 000 stehen. Dieses Leistungsziel ist somit für beide Säulen zusammen in dem Sinne dynamisiert, dass die Renten der jeweiligen Neurentner gemäss der Einkommensentwicklung automatisch angehoben werden. Zudem sollen die laufenden Renten indexiert werden, wobei die natürliche Aufbauphase von zirka 40 Jahren – wie schon früher bei der AHV – künstlich drastisch verkürzt werden soll, was natürlich den Einbau von Umlagemitteln erfordert.

Für den daraus resultierenden Lastenausgleich zwischen den einzelnen Kassen und für die Finanzierung der Teuerungszulagen ist ein gesamtschweizerischer Pool vorgesehen. Im Prinzip soll die 2. Säule jedoch nach dem Kapitaldeckungsverfahren im Sinne der klassischen Versicherung funktionieren, mit Ausnahme eben der für den Pool benötigten Umlagekomponenten. Hauptsächliche Nutzniesser dieses Systems wären somit einmal mehr die Eintritts- und Übergangsgeneration sowie diejenigen Branchen, denen das Obligatorium reichlich und kontinuierlich zufliessende Finanzmittel verschafft.

Die Suche nach Alternativen müsste etwelche Tabus verletzen, so etwa die sachlich ohnehin nicht begründbare Abstufung zwischen Minimal- und Maximalrenten bei der AHV von 1:2. Nähme man nämlich die Aufgabe der Existenzsicherung der AHV ernst und könnte man sich von der ohnehin bloss fiktiven Versicherungsideologie dieser 1. Säule lösen, so würde man rasch und ohne Hemmungen bei irgend einer Art von Einheitsrente für alle Rentner landen. Zusammen mit dem Abbau von übrigen Leistungsprivilegien (insbesondere der nicht erwerbstätigen Ehefrauen und vielleicht der 62-Alters-Grenze für Frauen überhaupt), liesse sich so bereits mit den heute verfügbaren Mitteln die Weiterführung des gewohnten Lebensstandards oberhalb des Existenzminimums realisieren. Arbeitgeberbeiträge und Bundeszuschüsse aus allgemeinen Bundesmitteln wären mit der Zeit abzuschaffen, ebenso wie die einzelnen Rentner-Konten. Wir hätten dann ein reines, lohnsteuerfinanziertes Umlagesystem, dessen regressive Elemente auf der Beitragsseite auf der Leistungsseite mehr als aufgewogen würden.

Das Obligatorium der 2. Säule könnten wir uns dann schenken, indem wir jederzeit die Basisversicherung AHV im Bedarfsfall nach oben verbessern könnten. Was der einzelne Haushalt oder Betrieb über diese Existenzsicherung hinaus für seine Altersvorsorge vorkehren möchte, könnte man ihm überlassen. Eine gesunde Konkurrenz von privaten, betrieblichen und nicht-betrieblichen Pensionsplänen und den rein individuellen Spar- und Kapitalbildungsmöglichkeiten im Rahmen der dritten Säule wäre wohl aus Effizienzgründen wie auch im Hinblick auf die Berücksichtigung der individuellen Bedürfnisse sowie der Vermeidung einer unnötigen Kapitalkonzentration irgend einem Obligatorium im Bereiche oberhalb der eigentlichen Existenzsicherung eindeutig vorzuziehen.

Denn es ist im Grunde nicht einzusehen, weshalb in einer Gesellschaft, in der Konsum- und Sparfreiheit im Zentrum der Wirtschaftsordnung stehen, dermassen intensiv in die intertemporale Einkommensverwendung der einzelnen Menschen eingegriffen werden soll, und zwar in einer Weise, die im Endzustand auf eine zwangsweise Versicherung nach klassischen, das heisst marktwirtschaftlichen Prinzipien hinausläuft. Dass dabei vor allem die Übergangsgeneration und der Banken- und Versicherungskomplex profitieren würden, hat mit Solidarität wenig zu tun, sind doch die ersteren schon einmal äusserst generös bevorzugt worden und gehören die letzteren doch nicht eben zu den Wirtschaftszweigen, die es ohne staatliche Krücken nicht schaffen.

Wenn wir mit der sozialen Solidarität ernst machen wollen, dann müssen wir die AHV im skizzierten Sinne umbauen. Soziale Sentimentalität ist kein Ersatz – weder für soziale Solidarität noch für ökonomische Rationalität. Die Konsolidierer und Fortentwickler in der schweizerischen Sozialpolitik sind beide auf dem Holzweg.

Die Geprellten sind die grossen Massen der gegenwärtigen und zukünftigen Erwerbstätigen, für die sich erste und zweite Säule dereinst als nachträglich zusammengeflicktes Monstergebilde präsentieren wird, während die dritte Säule – das individuelle Sparen – nur noch als Fata Morgana vorstellbar bleibt (mit Ausnahme für die schon sehr Vermögenden und die wenigen Grossverdiener).

Traue niemandem über 30!

Dieser Slogan aus den unruhigen 1960er-Jahren gewinnt eine neue Aktualität im Hinblick auf die schweizerische Politik der Einkommenssicherung für die älteren Mitbürgerinnen und Mitbürger, obwohl man statt 30 vielleicht eher 50 sagen sollte. Worum geht es? Schlicht und einfach um die so genannte Solidarität zwischen den Generationen, den Alten und Jungen.

Diese Solidarität ist ohne Zweifel etwas Edles, Gutes und Soziales. Doch auch hier kann es zu viel des Guten geben, und das ergibt dann eine falsche Solidarität, die bei Lichte besehen sehr asozial ausschaut.

Sowohl im Rahmen der 9. AHV-Revision und der geplanten 2. Säule wird meines Erachtens eine Solidarität zwischen der heutigen und mehr noch zukünftigen Aktivgeneration einerseits und der gegenwärtigen und zukünftigen Rentnergeneration angestrebt, die von den jüngeren Arbeitenden und ihren Kindern als eine Art Beutezug auf ihr Portemonnaie erkannt und entsprechend bekämpft werden müsste. Sozialer Ausgleich hat immer eine vertikale Umverteilung von Reichen und Armen zum Ziel. Was die AHV bislang an Umverteilung brachte, war aber vor allem eine horizontale Umschichtung zu Lasten der Erwerbstätigen (armen und reichen) und zugunsten der Pensionierten (armen und reichen). Rein privatwirtschaftlich betrachtet, haben alle bisherigen Neurentner (mit Ausnahme absoluter Spitzenverdiener) mit ihren AHV-Beiträgen phänomenale Renditen erzielt. Das wird vorerst noch eine Weile so weitergehen, weil ja mit jeder Rentenerhöhung eine neue Eintrittsgeneration entsteht und gerade in den letzten Jahren die grössten Rentenerhöhungen gesprochen worden sind. Das erklärt denn auch die Popularität der AHV, indem die älteren Jahrgänge reichlich beschenkt werden konnten, während die mittleren unkritisch darauf hoffen, dass ihnen gleiches widerfahren werde und die jüngeren uninteressiert zusehen (müssen). Bis zur Erreichung der Existenzsicherung war diese horizontale Umverteilung sozial durchaus in Ordnung. Und bei den Rentnern, deren Existenz auch heute noch ungesichert ist, sind weitere Erhöhungen auch nach wie vor angebracht.

Doch darum geht es im Grossen und Ganzen weder bei der 9. AHV-Revision noch bei der 2. Säule. In beiden Fällen soll vielmehr das Solidaritäts-Füllhorn über alle zukünftigen Neurentner der Eintrittsgeneration ausgeschüttet werden. Der vorgesehene Mischindex der automatischen Rentenanpassung bei der AHV hat nämlich ganz klar zur Folge, dass die Renten insgesamt stärker als die Teuerung anwachsen, dass aber von Jahrgang zu Jahrgang die Neurentner im Vergleich zu ihrem Letzteinkommen schlechter gestellt werden. Solange wir annahmen, die Löhne stiegen stärker als die Preise, schleckt keine Geiss dieses unsoziale Ergebnis der gewählten Mischindexklausel weg. Da dieses Verfahren zudem langfristig mehr kostet als eine so genannte Teildynamisierung, bei der die laufenden Renten bloss der laufenden Teuerung angepasst werden, während die Neurenten dem jeweiligen Lohnniveau entsprechend festgesetzt und nachher ebenfalls nur noch indexiert werden, heisst das, dass die zukünftigen Generationen nicht nur die bereits erwähnte Schlechterstellung in Kauf nehmen müssen, sondern dereinst als Gegenleistung auch noch mit höheren Beiträgen beglückt werden.

Auch bei der 2. Säule, die auf dem Deckungsverfahren aufgebaut werden soll, ist eine Bevorzugung der Eintrittsgeneration vorgesehen, indem nach 15 Jahren die vollen Leistungen erbracht werden, obwohl man dafür eben 40 Jahre ansparen müsste. Auch hier sollen aus Solidarität zwischen den Generationen Umlagebeiträge eingeführt werden, die dieses Loch decken. Und wer zahlt diese Lohnprozente? In Anbetracht der Tatsache, dass es hier nun nicht mehr um Existenzsicherung geht, sondern um die Fortsetzung der gewohnten Lebenshaltung, ist diese Art von Solidarität nun doch schon sehr eigenartig. Hinzu tritt dann noch der seltsame Umstand, dass die Ärmsten der Armen mit Einkommen unter 12 000 Franken von der ganzen 2. Säule ohnehin nichts zu sehen bekommen werden und völlig leer ausgehen, da die AHV schon 60 % ihres Lohnausfalls deckt. Aus der Zürcher Steuerstatistik zum Beispiel ist zu entnehmen, dass das durchschnittliche Reinvermögen der über 65-jährigen Steuerpflichtigen mit zirka 180 000 Franken etwa dreimal grösser ist als dasjenige der 40 bis 49-jährigen und sechsmal grösser als dasjenige der 30 bis 39-jährigen. Auch ist zu bedenken, dass die mittleren und älteren Jahrgänge der Erwerbstätigen nun 30 Jahre ungebrochenes Wachstum hinter sich haben, verbunden mit Vermögensvermehrungs- und Vermögensbildungschancen, mit denen die nachrückenden potenziellen Erwerbstätigen kaum mehr rechnen dürfen. Wäre es nicht ein Akt echter Solidarität, wenn diese bevorzugten Jahrgänge der Eintrittsgeneration sich kollektiv durch Nachzahlungen in Form von Vermögensabtretungen in die 2. Säule einkaufen würden?

Das hiesse, dass wir vorerst einmal Solidarität innerhalb den Generationen herstellen, und zwar zwischen den Gleichaltrigen mit grossem und kleinem Vermögen. Man mag über die Weltfremdheit dieser Idee lächeln; aber mir erscheint sie alles andere als lächerlich; denn nur diese Kombination von Solidarität und Opferwahrheit könnte zu einem fairen und gerechten Entscheid führen, der den kommenden Generationen auch noch eine Chance darüber belässt, wie sie dereinst über ihr Einkommen verfügen wollen. Was jetzt geplant ist, gemahnt – wenn auch nicht von der Absicht so doch von der Wirkung her – an eine Plünderung der Sparhefte der Kinder durch ihre Eltern.

Wir müssen aufhören, ständig Geschenke zu verteilen und die Belastung auf die Zukunft abwälzen zu wollen, weil das letztlich gar nicht möglich ist, indem wir immer nur von der Produktivkraft des Augenblicks leben können. Wenn die kommenden Generationen durch schwierige Verhältnisse oder eben überspannte Belastungen in ihrer Entfaltung der Produktionskräfte gehindert werden, wird sich auch das Geschenk als wertlos erweisen. Verteilen wir somit nichts, was noch gar nicht produziert worden ist und vertrauen wir darauf, dass auch die Jungen etwas Produktives aufbauen werden, wenn wir ihnen die Chancen hiefür in fairer Art belassen. Wenn unsere Nachfahren im Arbeitsprozess später aber zur Erkenntnis gelangen, ihre Ersparnisse seien vorweggeplündert worden, werden sie wohl nicht mehr sehr schenkfähig und -freudig sein. Und das trifft einmal mehr die sozial Schwächsten – Junge und Alte.

Arbeitslosigkeit und Mobilität

Statistische Indikatoren über den Gesundheitszustand unserer Wirtschaft werden immer mehr tagesschau- und schlagzeilenwürdig. Insbesondere die absolute Zahl der Gesamtarbeitslosen bzw. deren Zuwachsraten dienen sowohl der Beruhigung wie der Beunruhigung. Steigt die Zahl der Arbeitslosen, z. B. von 8000 auf 12 000, so ist das eine 50 %ige und mithin besorgniserregende Zunahme. Das absolute Niveau von 12 000 oder der entsprechende Anteil an der Gesamtzahl der Beschäftigten von zirka 0,5 % ist aber demgegenüber immer noch recht beruhigend.

Jede diagnostische Beurteilung erfordert irgendwelche Messungen. So misst der Arzt die Körpertemperatur, den Blutdruck, die Herztätigkeit usw. und gewinnt auf diese Weise Indikatoren unseres Zustandes. Auch der Ökonom hat seine Indikatoren zur Messung der wirtschaftlichen Leistungsfähigkeit einer Volkswirtschaft oder der Lage einzelner Sektoren und Märkte. Das oft übergangene Kernproblem ist dabei die Frage, was diese Indikatoren überhaupt messen. Wenn z. B. die Arbeitslosigkeit zunimmt, heisst dann das, dass der Arbeitsmarkt schlechter funktioniert? Oder wenn gar die Arbeitslosigkeit und die offenen Stellen gemeinsam ansteigen, heisst das, dass die Mobilität abnimmt oder die qualitative Nichtübereinstimmung (Profildiskrepanz) zwischen Angebot und Nachfrage zunimmt? Leider ist alles nicht ganz so einfach. So notwendig und nützlich derart eindeutige und meist eindimensionale Indikatoren wie Sozialprodukt, Preisniveau, Arbeitslosenrate auch sein mögen, so sehr besteht hier doch die Gefahr, dass aufgrund solcher Messungen ein volkstümliches Bild der Volkswirtschaft entsteht, das hochgradig zu Fehlschlüssen (ver)führt. Genauso wie auch der erfahrene Arzt seine Diagnose nicht aufgrund von ein paar isolierten Messwerten fällt, genauso muss auch der Diagnostiker im Arbeitsmarkt von isolierten, eindimensionalen Indikatoren zu einer umfassenden Beurteilung anhand von zusammenhängenden «Syndromen» gelangen. Und dabei ist der Grad der Unwissenheit und Ungewissheit gebührend in Rechnung zu stellen. Der methodische und analytische Fortschritt der Statistik verleitet vielleicht zu sehr dazu, all die technisch möglichen Manipulationen mit Daten und Indikatoren zu hoch einzuschätzen – im Vergleich eben zu der konzeptionellen Deutung dieser Zahlen. Nehmen wir als Beispiel die statistisch gemessene Arbeitslosigkeit. Diese Zahlen sind reine Momentaufnahmen. Sie geben an, wie viele Erwerbspersonen an einem bestimmten Stichdatum offiziell ohne Arbeit sind und demzufolge «stempeln». Aber selbst eine lange Reihe derartiger Momentaufnahmen ergibt keinen Film des dynamischen Ablaufs. Eine konstante Zahl von Arbeitslosen im Zeitverlauf kann z. B. entweder bedeuten, dass über längere Zeiträume hinweg relativ viele Personen einmal von leichter und meist einmaliger Arbeitslosigkeit befallen werden, so wie wir fast alle früher oder später einmal (oder ausnahmsweise mehrmals) den Mumps oder die Röteln einfangen. In diesem Falle würde jeder Erwerbswillige im Verlaufe seines Arbeitslebens nur wenig Arbeitszeit und -einkommen verlieren, und die «Krankheit» würde von der Gesellschaft demzufolge als letztlich nichts Gravierendes empfunden. Was aber, wenn sich hinter dieser Globalzahlenreihe ein Prozess verbirgt, bei dem ganz bestimmte Gruppen immer und immer wieder aufs neue heimgesucht werden und so einen hohen Anteil der Last ganz einseitig zu tragen haben? Die übliche Statistik zeigt nicht auf, ob das eine oder andere zutrifft oder gar, ob sich der Prozess in der einen oder anderen Richtung verändert. Eine Langzeitanalyse über zehn Jahre für eine Stichprobe von 1250 Arbeitern im Alter von 35 bis 64 Jahren ergab z. B. in den USA, dass etwa 5 % der Arbeiter fast 50 % der Betroffenheit durch Arbeitslosigkeit auf sich vereinigten.

Die Arbeitslosenstatistik ist eben eine rein statische Betrachtungsweise. Die Dynamik des Arbeitsmarktprozesses kann durch blosse Bestandesanalysen gar nicht eingefangen werden. Dies zeigt sich insbesondere bei der Analyse der Mobilität, wo die Restbestände an offenen Stellen und Arbeitslosen in einem bestimmten Zeitpunkt keine Rückschlüsse über die tatsächlich erfolgten Umstellungen in betrieblicher, beruflicher und regionaler Hinsicht zwischen zwei Messpunkten erlauben. Doch diese dynamischen Vorgänge zwischen Austritten aus alten und Eintritten in neue Beschäftigungen sind das Wesentliche an der Mobilität. Dazu ein Beispiel aus der BRD: Im Jahre 1977 hatte dieses Land einen durchschnittlichen Bestand an Arbeitslosen von etwa eine Million Menschen. Tatsächlich von Arbeitslosigkeit betroffen waren in jenem Jahr aber 3,3 Millionen. Über drei Millionen sind aber gleichzeitig in diesem Jahr wieder aus der Arbeitslosigkeit ausgeschieden und erneut erwerbstätig geworden. Bei insgesamt 22 Mio. Beschäftigten werden zudem innert einem Jahr etwa sechs Millionen neue Arbeitsverträge abgeschlossen. Das ist eine enorme «Umschlagshäufigkeit».

Was also mit Blick auf die Mobilität vor allem von Interesse ist, ist weniger die absolute Bestandeszahl von Arbeitslosen, als vielmehr der dynamische Prozess des Ein- und Austritts in und aus Arbeitsverhältnissen in den verschiedenen Branchen und Firmen. Dabei laufen zum vornherein nur

Nebenströme durch die Reservoirs von Arbeitslosenbeständen und Beständen an offenen Stellen, weil nach wie vor der grösste Teil von Arbeitgeberwechseln ohne Arbeitsunterbruch und der grösste Teil der Funktionsveränderungen ohne Stellenwechsel erfolgt.

Angesichts des Netto-Verlustes von über 350 000 Arbeitsplätzen in der Schweiz seit 1973 und der damit einhergehenden radikalen Umstrukturierung unserer Industrie mit umfangreichen Umstellungen innerhalb der Betriebe selbst, muss die Mobilität unserer Arbeitskräfte als sehr hoch veranschlagt werden. Dieser Eindruck verstärkt sich, wenn man bedenkt, dass gerade die zurückgewanderten Ausländer als besonders mobil zu gelten haben, so dass die Anpassungslast für die verbliebenen Arbeitskräfte angestiegen ist. Mobilität der Arbeitskräfte scheint somit gar nicht ein zentrales Problem der gegenwärtigen Beschäftigungssituation zu sein. Dynamisch und längerfristig gesehen spricht vielmehr einiges dafür, dass im Zuge der Strukturanpassung bei der Produktion eine gewisse Eigendynamik in der Freisetzung von schlecht qualifizierten oder anderweitig benachteiligten Arbeitskräften Platz greift. Bei insgesamt abgeschwächter Nachfrage müsste damit längerfristig auch bei uns die Arbeitslosenzahl ansteigen, zumindest in dem Masse, wie es nicht «gelingt», die aus dem Erwerbsprozess Ausgeschiedenen in die «stille Reserve» des Inlandes oder an das Ausland abzuschieben.

Wenig spricht dafür, dass die Mobilität an sich zu gering bzw. wesentlich geringer geworden ist. Vielmehr erscheint es so, als ob die Umschichtung immer mehr Arbeitskräfte trifft, die tatsächlich weniger mobilitätsfähig und -willig sind. Früher handelte es sich eben vorwiegend um eine freiwillige Aufwärtsmobilität, d. h. man wechselte, weil man sich damit verbessern wollte und konnte. Solange die Nachfrage dem Angebot ständig davonlief und die untersten Schichten der Arbeitspyramide ständig durch neue Fremdarbeiter erneuert wurden, war dies sehr vielen Schweizern möglich. Jetzt haben wir es demgegenüber mit einer weitgehend unfreiwilligen und sehr oft nach abwärts gerichteten Mobilität zu tun. Unter den neuen Konkurrenz- und Wachstumsbedingungen wird diese Tendenz wohl noch einige Zeit anhalten. Wenn das so ist, dann spielt sich hinter den relativ stabilen und erst noch kleinen Arbeitslosenzahlen der Statistik ein recht dramatischer und schmerzhafter Vorgang ab. Dieser besteht darin, dass sich die Arbeitslosigkeit immer mehr auf schwache Gruppen konzentriert und damit perpetuiert, wobei diese spezielle Betroffenheit deren politisches Gewicht noch mehr reduziert und der Gesellschaft das bequeme Urteil erleichtert, es handle sich um freiwillige oder selbst verschuldete Arbeitslosigkeit.

Die staatliche Altersversicherung: Kollaps oder Reform?

Die meisten hochentwickelten Industrieländer haben ihre kollektive Altersvorsorge ganz oder teilweise auf dem Umlageverfahren aufgebaut. Beschönigend wird dieses System auch als «Generationenvertrag» oder gar «Solidarität» bezeichnet. Im Gegensatz zum privaten Alterssparen wird kein Kapital gebildet, sondern die laufenden Prämienzahlungen finanzieren die laufenden Renten. Dies ist natürlich für die so genannte Eintrittsgeneration attraktiv, kommt sie doch sofort in Genuss von Renten, ohne selber etwas gespart zu haben. Mit jedem Ausbauschritt entsteht zudem eine neue Eintrittsgeneration. Die politische Popularität, vor allem in der Einführungs- und Wachstumsphase, ist daher leicht erklärbar. Die im Generationenvertrag Begünstigten bekommen also sofort ihre Leistungen, die zukünftigen Generationen haben zu diesem Vertag nichts zu sagen, sei es, dass sie noch nicht geboren oder zumindest nicht stimmberechtigt waren.

Solange das Volkseinkommen rasch wächst – durch zunehmende Beschäftigungszahlen und steigende Produktivität der Arbeit – kann das Umlageverfahren auch langfristig überleben, weil die Summe der Wachstumsraten von Beschäftigten und Produktivität die volkswirtschaftliche Rendite abbildet. Paradox bleibt allerdings die Vermögensillusion, die sich daraus ergibt, dass für die grosse Mehrheit der Bürger(innen) die Anwartschaft auf die staatliche Altersrente den grössten Vermögenswert darstellt. In Tat und Wahrheit gibt es aber dieses Kapital gar nicht. Und das kann gefährlich werden, wenn sich die Umstände wesentlich ändern. Für die meisten Länder wird sich das aktuelle Rentensystem als unhaltbar und von Grund auf reformbedürftig erweisen. Warum?

1. Die Menschen werden immer älter bei sinkenden oder zumindest tiefen Geburtsraten. In den OECD-Ländern wird sich der so genannte Alterslastquotient (Personen älter als 65 in Prozent der Arbeitsfähigen zwischen 15 und 64) von 1990 bis 2030 verdoppeln und Werte von knapp unter 50 % erreichen. Kam z. B. in der Schweiz auf sechs Arbeitsfähige 1960 gerade mal ein Rentner, so müssen 2030 nur noch zwei Arbeitende einen Rentner unterhalten. Dies sind absolut dramatische Verschiebungen.

2. Dies wird notwendigerweise dazu führen, dass die jüngeren Generationen viel höhere Beiträge leisten müssen und als Generation mit der AHV ein Verlustgeschäft einfahren werden. Berechnungen zeigen, dass dies für die heute Dreissigjährigen im Durchschnitt bereits zutrifft, müsste dieser Durchschnittsbürger mit Jahrgang 1970 doch 93 Jahre alt werden, um eben herauszukommen. Solange die alten Generationen an der Urne jedoch noch die Mehrheit bilden, wird der «solidarische Generationenvertrag» trotz steigender Defizite weiterlaufen. Doch eines Tages wird sich dies ändern, leider aber erst mit grosser Verspätung und entsprechend hohen wirtschaftlichen und politischen Kosten.

3. Die ungedeckten Rentenversprechen für die Zukunft stellen für die Versicherten ein illusionäres Vermögen dar. Dem steht jedoch eine entsprechende nicht sichtbare Staatsschuld gegenüber, die den Staatshaushalt existenziell bedroht. Behandeln wir das Umlagesystem wie ein Kapitaldeckungsverfahren, so können wir alle Rentenversprechen und alle Prämienzahlungen der bereits heute Lebenden abdiskontieren. Tun wir dies, so kommen gigantische negative Kapitalien zum Vorschein, die nichts anderes als verdeckte Staatsschulden darstellen. Erfüllt z.B. Frankreich das Schuldenkriterium von Maastricht gerade noch – 60% des Sozialprodukts –, so ist sein Rentendefizit mehr als dreimal grösser (216% des Sozialprodukts)!
Als Faustregel gilt: Neben den offen ausgewiesenen und nicht zu kleinen Schulden haben die meisten Industrieländer noch ein verdecktes Schuldenloch der Rentenversicherung in mindest doppelter Höhe. Die grosse Ausnahme sind hier die USA, dieses halt so unsoziale und unsolidarische Land.
Im Gegensatz zu anderen Prognosen sind hier die Zahlen ziemlich sicher, weil die Menschen, die 2030 in Pension sein werden, alle schon heute gezählt werden können. Ähnliches gilt für die dannzumal Jungen, es sei denn, wir würden eine Einwanderungspolitik forcieren (was höchst unwahrscheinlich ist). Die politische Debatte in der Schweiz vernebelt die Tragweite der Probleme nach wie vor, brechen doch die Prognosen beim Jahr 2010 ab. Bis dann wird der Alterslastquotient von 22% im Jahre 1990 auf «nur» 29,4% gestiegen sein. Das dicke Ende kommt erst in den 20 Jahren danach, steigt doch der Prozentsatz zwischen 2010 und 2030 auf sage und schreibe 48,6%.

Was wäre zu tun?

Am wirksamsten ist eine Erhöhung des Pensionierungsalters, weil dies gleichzeitig die Zahl der Rentner reduziert und die Zahl der Erwerbstätigen erhöht. Doch die Weichen sind bekanntlich in die andere Richtung gestellt, mit einer medizinisch falschen Begründung (frühere Verbrauchbarkeit) und einer ökonomisch unhaltbaren Rechtfertigung (Vermeidung zusätzlicher Arbeitslosigkeit).

Eine zweite Möglichkeit ist die Erhöhung der Beitragssätze. Ob durch Lohnprozente oder Mehrwertsteuer ist letztlich nicht so wichtig. So oder so gefährdet aber diese Lösung Arbeitsplätze. Als dritter Ansatz ist die Kürzung von Leistungen zu nennen. Politisch sind Leistungskürzungen und Erhöhung des Pensionsalters weniger attraktiv als Zusatzfinanzierungen, die ja nach wie vor zu einem grossen Teil auf kommende Generationen abgewälzt werden können.

Eine echte Reform wäre eine Reform des Systems an sich, d.h. der Übergang zu einem reinen System mit Kapitaldeckung im Stile der 2. Säule. Langfristig hätte dies für alle Vorteile, weil die Rentabilität des Kapitals höher ist als die Wachstumsrate des Einkommens. Das Ganze hat aber einen «kleinen» Haken. Genauso wie die Einführung der Umlagefinanzierung eine «Gratisgeneration» schafft, genauso verurteilt deren Einsatz durch eine Kapitaldeckung eine Generation zu «Zweimalzahlern». Einmal für die Vorfahren (die ja kein Kapital haben) und einmal für sich selber (weil es keine für sie zahlenden Nachfahren mehr geben wird).

Es ist hier etwa ähnlich wie bei den Eiern und Omeletten. Aus Eiern kann man leicht Omeletten machen. Das Umgekehrte ist schon wesentlich schwieriger bzw. eben unmöglich. Im Vorteil sind deshalb diejenigen Länder, die noch keine oder nur kleine Omeletten gebacken haben und wie z.B. Chile strikte nur mit Kapitaldeckung angefangen haben.

Rentenklau oder Wachstumsstau?

Die schweizerische Alterssicherung basiert auf 3 Säulen. Man nennt das etwas grossspurig «die 3-Säulen-Konzeption». Als Anfang der 1970er-Jahre die PdA per Initiative eine so genannte Volkspension vorschlug, wurde das politische Establishment nervös und erfand schnell eine Alternative. Dieses an sich sehr gute Modell wurde jedoch 1984 in ein quantitatives Korsett gezwängt, das auf einem versicherungsmathematischen Mythos basiert: Der «Goldenen Regel»:

Gemäss dieser wachsen die Nominallöhne pro Jahr mit 4 % und der nominelle Kapitalertrag ist auch gerade 4 %. Das hat zur Folge, dass das Ziel, 60 % des letzten Lohns durch 1. und 2. Säule zusammen zu decken, ohne Verschiebung der Bedeutung von 1. und 2. Säule auf ewig zu erreichen ist. Denn die Wachstumsrate der Löhne ist nichts anderes als die «Rentabilität» eines Umlagesystems (AHV). Entspricht diese dem Kapitalertrag der in der 2. Säule akkumulierten Ersparnisse, dann sind eben die beiden «Ertragsraten» gleich. Das Gewicht von Umlagefinanzierung und Kapitaldeckung bleibt konstant.

Ökonomisch gibt es jedoch keinen Grund, weshalb die Löhne über jeweils 40 Beitragsjahre im Schnitt 4 % p. a. (nominell) wachsen sollen und weshalb das Sparkapital der 2. Säule durchschnittlich 4 % (nominell) abwerfen soll. Lohnwachstum und Kapitalrendite sind beide abhängig von der gesamtwirtschaftlichen Entwicklung. Deshalb kann der Bundesrat (oder das Parlament) so wenig das Lohnwachstum «befehlen» wie die Schweizer eine Verzinsung ihres Alterskapitals «wünschen» können.

Das Risiko der 1. Säule liegt in der Inflation einerseits und der Demografie andererseits. Bei 7 % Inflation wachsen die Löhne schneller als 4 %. Die AHV scheint besser zu rentieren, aber nur dank der «Geldillusion», die übersieht, dass bei 7 % Teuerung z. B. eine Lohnerhöhung von 10 % eine Reallohnerhöhung von nur 3 % ergibt. Ebenso beim Kapital. Bei hohen Inflationserwartungen steigen die Nominalzinsen entsprechend. Bei denselben 7 % Teuerung ergibt ein Nominalzins von 5 % einen negativen Realzins von −2 %.

In den Inflations-Phasen der 1970er- und 80er-Jahre war somit die nominale Verzinsung von 4 % bei der 2. Säule «mit Links zu erfüllen». In den 90er-Jahren verschwand dann wohl die Inflation, aber der Börsenboom trieb jetzt die realen Kapitalerträge in luftige Höhen. Wieder kein Problem.

Doch nun finden wir uns in einem gesamtwirtschaftlichen Umfeld wieder, das weder Inflation noch reales Wachstum aufweist, uns aber via Börsencrash eine gewaltige Kapitalvernichtung beschert hat. Jetzt der Wirtschaft den politischen Befehl zu erteilen bzw. dem Volk den frommen Wunsch zu erfüllen, bitte 4 % Zins gutzuschreiben, erinnert an die alte Sowjetunion mit ihren 5-Jahresplänen.

Ein Rentenklau hat nicht stattgefunden. Aber eine spekulative Blase ist geplatzt und hat teilweise mehr Kapital vernichtet als Reserven vorhanden waren. Als die Löhne stark wuchsen und die AHV scheinbar «rentierte», hat man diese wiederholt und massiv ausgebaut. Von 1985–2001 hat die 2. Säule mehr als 4 % abgeworfen, aber die Löhne sind um weniger als 4 % gestiegen. Deshalb hat die 2. Säule auch heute noch einen beträchtlichen Vorsprung auf die Marschtabelle auf die Goldene Regel. Und als die Kapitalerträge reichlich flossen, hat man eben auch die 2. Säule auf der Leistungsseite ausgebaut und/oder die Beiträge gesenkt.

Die 2. Säule ist eben nur bedingt eine Kapitaldeckung nach dem Eichhörnchenprinzip. Wer 40 Jahre lang 1000 Franken (Nüsse) in die PK einbezahlt, der hat insgesamt 40 000 Nüsse aufgeschichtet. Bei 2 % Verzinsung bekommt er aber ein Schlusskapital von 61 000, bei 3 % von 77 000, bei 4 % von 99 000, bei 5 % von 126 000 und bei 6 % gar von 164 000 Franken. Der Anteil des selbst Gesparten (der eingebrachten Nüsse) sinkt so von 65 % bei 2 % auf 24 % bei 6 % Zins. Also ¾ des angesparten Kapitals sind dann durch den Zinseszins akkumuliert und nicht wirklich eingelegt worden. Deshalb wünschen wir uns eben vom Bundesrat hohe BVG-Zinsen, die denselben Kreisen dann aber als Mieter und Investoren gar nicht behagen. Doch BVG- und Hypozins werden im Kapitalmarkt gebildet. Auch die Zinsstruktur widerspiegelt ein wirtschaftliches Gleichgewicht.

Anders als die «Goldene Regel» eines fehlgeleiteten Versicherungsmathematikers gibt es eine andere Regel, die ziemlich «robust» ist: Der reale Kapitalertrag entspricht langfristig etwa dem realen Wachstum der Wirtschaft. Und die Steigerung der Reallöhne entspricht der Zunahme der Arbeitsproduktivität. Wer höhere Renten sicherstellen will, muss deshalb primär dafür sorgen, dass unsere Wirtschaft wieder wächst und die Produktivität der Arbeit steigt. Nicht der Rentenklau ist das Problem, sondern der Wachstumsstau. Eine politische Manipulation der Zinsen – künstlich erhöhte BVG-Zinsen und künstlich verbilligte Hypozinsen – sind der schnellste Weg in einen Investitionsstreik mit negativen Wachstumsfolgen.

Überalterung und Altersgrenzen

«Überalterung» ist ein Unwort oder ein Fehl(be)griff der schlimmsten Sorte. Was ist eigentlich passiert? Eigentlich zwei eher erfreuliche demografische Ereignisse. *Erstens* haben unsere Jungen weniger Kinder, was bei heutiger «Fortpflanzungs-Technologie» durchaus freie Entscheidungen mündiger Bürger darstellt. Weniger Kinder verschieben natürlich die Alterspyramide nach oben bzw. verwandeln diese in einen «Christbaum», was im Strassenbild im Vergleich zu Entwicklungsländern – rein optisch – sofort sichtbar wird. Diese Verschiebung des Durchschnittsalters nach oben hat jedoch nicht nur negative Seiten. So ermöglicht eine geringere Fertilität grössere Investitionen in – die zahlenmässig wenigen – Wunschkinder.

Zweitens entlastet die niedrigere Kinderzahl die Eltern, vor allem die Mütter, so dass diese bessere Erwerbs- und Weiterbildungschancen erhalten und daher länger und qualifizierter erwerbstätig sein können. So ist die Jugendquote von zirka 55% im Jahre 1960 auf zirka 38 % per 2002 gefallen. Die zweite Ursache der so genannten Überalterung ist noch eindeutiger (fast) ausschliesslich positiver Natur. Die Menschen werden signifikant älter, und sind auch im Alter viel gesünder, körperlich aktiver und geistig beweglicher als noch vor ein, zwei oder drei Generationen, Die Alten treiben Sport, surfen im Internet, bereisen den Globus. Und zu guter Letzt: Wer ganz alt wird, stirbt nicht nur leichter, sondern auch «billiger».

Gesünder älter werden ist also volkswirtschaftlich vorteilhafter als früh chronisch krank oder invalid zu werden. Unsere Alten können (noch fast) alles, was früher viel Jüngeren vorbehalten war. Sie scheiden bloss aus dem Arbeitsprozess aus, weil eine staatliche Altersguillotine dies 65 Jahre nach der Geburt so will.

Sollen wir jammern?
Die gesetzliche Altersgrenze von 65 wurde in der Schweiz bereits im Jahre 1947 rechtlich verankert. Seither ist die Lebenserwartung eines 65-jährigen Mannes von zwölf auf 17,5 Jahre gestiegen, die einer Frau im Alter 65 von 14 auf über 20 Jahre. Dies sind bei den Männern gegen 50 % und bei den Frauen etwas mehr als 40 %. Sollen wir das bedauern und bejammern? Nun haben wir uns alle individuell und kollektiv mit viel Geld und Geist darum bemüht, älter zu werden und dabei fitter zu bleiben. Und jetzt ist das auch

nicht recht, nur weil die Alterssicherung – die AHV wie das BVG – dadurch offensichtlich in Bedrängnis kommen.

Bei der AHV wird die Zahl der aktiven Bevölkerung pro Rentner deutlich kleiner. Von fünf im Jahre 1960 sank sie auf weniger als vier per 2001, und für 2040 sind noch etwas mehr als zwei Verdienende pro Rentenbezüger prognostiziert. Das reisst in einem Umlagesystem natürlich Finanzierungslücken auf, die entweder höhere Beträge notwendig machen oder zu Rentenkürzungen führen müssen, wenn sie nicht durch längeres Arbeiten kompensiert werden können bzw. dürfen.

Rentenalter abschaffen

Bei der 2. Säule läuft als Folge der steigenden Lebenserwartung der so genannte Umwandlungssatz aus dem Ruder, weil die effektive Lebensdauer der versicherungstechnisch angenommenen vorausgaloppiert. Daraus ergeben sich ebenfalls Lücken in der Kapitaldeckung, die nur durch Nachzahlungen oder Rentenkürzungen geschlossen werden können.

Was soll man tun? Das offizielle Rentenalter hinaufsetzen ist politischer Selbstmord, weil angeblich «Sozialabbau» der schlimmsten Sorte und an der Urne kaum mit Erfolgschancen, wenn alle über 50-Jährigen als effektive und potenzielle Verlierer dagegen stimmen. Effektiv sinkt das Rentenalter jedoch immer mehr unter die offizielle Schwelle. In der EU sind in der Altersklasse 55–64 nur noch gerade mal 39 % der Männer erwerbstätig. Warum schaffen wir das staatlich verordnete Rentenalter nicht einfach ab? Als häufiger Konzertbesucher staune ich immer wieder über die 80-jährigen Dirigenten, die geistig und körperlich agil und souverän ihre schwere Berufsaufgabe erledigen. Die Geschicke der internationalen Finanzmärkte lasten schwer auf den Schultern des über 75-jährigen ALAN GREENSPAN.

Auch Präsident CHIRAC ist mit seinen 68 bereits fast ein Jahrzehnt jenseits der für «M. Dupont» normalen «retraite».

Auch Künstler, Journalisten dichten, schreiben, komponieren usw. glücklich und munter über die 65er-Marke weiter. Kürzlich ass ich im Jura eine wunderbare Forelle bzw. deren zwei. Der Koch bzw. Wirt ist über 80 und putzmunter!

Mehr sparen oder länger arbeiten

Natürlich müssen wir die Versicherungssysteme irgendwie auf eine Norm ausrichten. Aber wenn die Lebenserwartung steigt, haben wir ohne Leistungsverzichte nur zwei Optionen: entweder mehr sparen (höhere Beiträge in der Aktiv-Phase) oder eben länger arbeiten: nicht unbedingt «full time» von morgens sieben bis abends fünf. Lassen wir doch die Leute möglichst frei darüber entscheiden, welche Kombination von Längerarbeit, Rentenverzicht und höheren Beiträgen bzw. Nachzahlungen sie selber bevorzugen.

Nehmen wir dabei unsere Frauen (einmal mehr) zum Vorbild: Flexible Arbeitsformen mit Teilzeitpensen, Heimarbeit usw. würden uns sehr viel helfen, die volkswirtschaftliche Alterslast und die persönliche Last des Alterns zu mildern.

6

Landwirtschaftliches

Quellennachweis

Milch und Honig	Basler-Zeitung	11.11.1978
Disney-Zellerland	Aargauer Zeitung	25.9.1999
Luchs, du hast das Lamm gestohlen	Aargauer Zeitung	16.9.2000
Auf die Kuh gekommen	Aargauer Zeitung	5.10.2002

Milch und Honig

Dem Normalverbraucher ist die schweizerische Milchwirtschaft kaum bekannt, geschweige denn suspekt. Immerhin: Bedenken wir, dass gegenwärtig Steuerzahler und Konsumenten ungefähr folgende direkte und indirekte Aufwendungen für die Milchwirtschaft aufbringen:

Butterverwertung	250 Mio. Fr.
Käseverwertung	70 Mio. Fr.
Aufwendungen für Kuhhalter ohne Verkehrsmilchproduktion	40 Mio. Fr.
Für die Milch allein fast	600 Mio. Fr.

Das sind stattliche Beträge. Ihre relative Unangefochtenheit in der Bevölkerung beruht wohl etwa zu gleichen Teilen auf Unkenntnis der Zusammenhänge und der solidarischen Bereitschaft, der Landwirtschaft ein angemessenes Durchschnittseinkommen zu gewährleisten. Ersteres ist im Prinzip unverzeihlich, letzteres an sich erfreulich; aber trotzdem fast noch schlimmer. Gerade wer sozial oder verteilungsgerecht sein will, sollte besonders der Effizienz dieser Sicherungs- und Umverteilungsmassnahme verpflichtet sein. Wohltätigkeit und soziale Gerechtigkeit sind leider in der Praxis weit weniger eine Frage der Gesinnung als der konkreten Durchführung. Umverteilung bringt immer mehr oder weniger grosse Effizienzverluste mit sich, wobei man jedoch ein gegebenes Ziel der Einkommenssicherung beziehungsweise der Umverteilung stets mit einem Minimum an Mittelverschwendung und Produktionsverzerrung anstreben sollte.

Wie folgende Beispiele zeigen, ist dies in der schweizerischen Agrarpolitik sehr oft nicht der Fall. So waren 1975/76 die hektarspezifischen Aufwendungen des Staates für Talbetriebe beim Ackerbau eher geringer als für Grünflächen (Fr. 1 660.– pro ha).

Berg- und Jurabauern erhalten für ihr Wiesland bis etwa zur Hälfte weniger Subventionen pro ha als Talbauern. Im Durchschnitt erreichen die Subventionen pro ha für Bergbauern mit Aufzuchtbetrieben etwa ⅔ dessen, was man mit reiner Milchproduktion an Subventionen beim Staat herausholen kann.

Die einzelbetriebliche Milchkontingentierung, d.h. die Fixierung einer Maximalmenge von Milchanlieferungen pro Jahr zum garantierten Preis für jeden einzelnen Landwirtschaftsbetrieb, erscheint vordergründig als ein mutiger Effort, die Löcher im Umverteilungseimer zu stopfen – also zu verhindern, dass vom Geld, das wir aus den Taschen des Konsumenten und Steuerzahlers zu den Bauern umleiten, Teil- oder gar Hauptströme durch falsche Kanäle an falsche Orte fliessen.

So weit so gut. Der Ökonom hat jedoch leider die Pflicht, die Politik nicht mit Blick auf die Motive als vielmehr auf ihre Wirkungen zu betrachten. Im Osten Europas haben wir bekanntlich das Phänomen, dass die Leute vor den Geschäften Schlange stehen oder sich mit Tricks, Schwarzmarktpreisen, Beziehungen usw. diejenigen Waren zu beschaffen versuchen, deren Preis künstlich zu tief angesetzt worden ist. Weil der Staat damit dem Konsumenten virtuell ein höheres Realeinkommen (als insgesamt erwirtschaftet worden ist) zugestehen will, kann der Preis seine Rationierungsfunktion nicht erfüllen, was dann eben ineffiziente Zuteilungsmechanismen erfordert.

Das schweizerische Milchproblem ist ganz einfach das Spiegelbild dieser Situation. Der Milchpreis ist im Vergleich zum Gleichgewichtspreis auf dem Markt viel zu hoch. Statt Schlangen und Schwarzmärkte bildet sich eine Schwemme, die verwertet werden muss. Nur ist es hier der Staat, der nun das Unmögliche versucht, nämlich durch irgendwelche Tricks bzw. bürokratisch-administrative Massnahmen zu verhindern, dass sich die einzelnen Produzenten ökonomisch rational verhalten.

Muss man in den Oststaaten durch Planungs- und Sanktionsmassnahmen dafür sorgen, dass die einzelnen Bauern zu einem niedrigeren als dem Marktpreis mehr produzieren als für sie rentabel ist, so muss man bei uns dasselbe tun, um das Gegenteil zu erreichen. In beiden Fällen jedoch erweist sich der Produzent im Durchschnitt als wendiger, rascher und erfindungsreicher. Und so wird die Planung vervollkommnet, die Bürokratie erweitert, die Regulierung verfeinert, die Zahl der Paragraphen vergrössert, der Geltungsbereich von Massnahmen ausgeweitet, bis eines Tages vergessen wird, was eigentlich die Ursache des Problems war.

Eine reine Marktwirtschaft im Agrarbereich ist weder möglich noch erwünscht, doch ohne Not sollte man nicht Marktsteuerung ersetzen und schon gar nicht durch eine bürokratische Regulierung, die neue und vielleicht grössere Ungleichheiten schafft als der Markt selbst. Eine Überschlagsrechnung ergibt z.B., dass man mit einem direkten Beitrag von etwa 500 Franken für die Berglandwirtschaft gerade ungefähr den durch die staatlichen Subventionen geschaffenen künstlichen Diskriminierungseffekt zu Lasten der Bergbauern ausgleichen würde. Man kann somit nur zu einem rationaleren System übergehen, wenn man das bestehende radikal umzustellen bereit ist.

Wenn man der Landwirtschaft Einkommen transferieren will, dann erfordert dies nicht primär Preispolitik und schon gar keine staatliche Mengenregulierung auf der Stufe der einzelnen Betriebe. Im Gegenteil erweist sich das noch schlimmer als das viel beklagte Giesskannensystem; denn normalerweise wird mit dieser Politik dort gegeben, wo ohnehin schon recht viel Milch und Honig fliesst. Kontingente sind immer und überall entweder unwirksam (und damit überflüssig) oder Quellen von Privilegien und Pfründen. Die staatliche Mengenpolitik auf der Ebene des Betriebs ist die Konsequenz einer zu einseitig preispolitisch angelegten Einkommenspolitik.

Was man an jeder Universität im ersten Semester lernen kann, nämlich dass Einkommenssicherung unter Wahrung der Effizienz nicht durch überhöhte Preise und Produktionslenkung via bürokratisch-zentrale Mengenplanung erfolgen soll, hat in der Politik (zumindest in der Agrarpolitik) keine Chance. Oder doch?

Die heutigen Missstände sind nur zu beheben, wenn wir, ausgehend von klaren produktions- bzw. versorgungspolitischen, ökologischen und einkommenspolitischen Zielsetzungen, die Allokationsfunktion des Marktes soweit wie möglich wieder herstellen. Dies würde heissen:

- Subventionen oder Abschöpfungen bei Produzenten und Konsumenten sollen nur noch der Produktions- und Absatzlenkung im Lichte dieser Zielsetzungen dienen. Auf diese Weise wäre es ein leichtes, mit viel weniger Subventionen viel grössere Einkommen zu realisieren.
- Die Einkommenssicherung bzw. Umverteilung muss mit direkten Einkommenszahlungen (in Form von ha-Beiträgen, Betriebsbeiträgen oder gar einer Art von negativer Einkommenssteuer) erfolgen. Diese sind nach allgemeinen Kriterien so abzustufen und mit allgemeinen Auflagen so abzusichern, dass erst einmal die gewaltigen Einkommensunterschiede innerhalb der Landwirtschaft abgebaut und Missbräuche vermieden werden.

Dieser Weg ist auch nicht leicht, aber sicher effizienter und gerechter zugleich als das heutige «System». Solange im Milchstrom soviel Subventionshonig enthalten ist wie heute, kommen wir über Verschlimmbesserungen nicht hinaus.

Disney-Zellerland

Ein voreiliges Versprechen an die Enkelkinder bescherte mir anderthalb Tage Disney-Land in der Nähe von Paris. Das hiess, Eintauchen in eine absolut künstliche Welt, die jedoch sehr real daherkommt. Was schreckt ist die totale Vereinnahmung von Natur und Kultur durch einen globalen Kommerz, der sich äusserlich durchaus sanft gebärdet – angefangen mit den freundlichen, kinderliebenden und hilfreichen Angestellten bis hin zur permanenten (und penetranten) Berieselung mit Disney-Filmmelodien. Auf letzteres angesprochen meinte der «fröhliche» Lokomotivführer des Tschu-Bähnlis mit verzerrter Miene: «C'est tuant» (es ist tödlich).

Welch ein Kontrast kurz darauf im natürlichen Appenzellerland, wo angefangen vom Säntis bis hin zu den Kühen alles «urächt» geblieben ist. Oder vielleicht doch nicht so ganz?

Erste Parallelen drängen sich schon bei der Ankunft in Appenzell selber auf. Aussen herum Umfahrungsstrasse, Einkaufszentren, Parkplätze und dann plötzlich die «Main Street». Dass etwas nicht ganz real sein kann, zeigt sich auch daran, dass die Läden (zumindest teilweise) am Sonntag offen sind und Beizlein überall zum Verweilen einladen. Doch dann kommt einer im braunen Halbleinen, weissem Hemd und barfuss quer über den Landsgemeindeplatz daher. Ein Teil der Freunde aus dem Ausland kramt schon in der Tasche nach einem Almosen. Der andere aber äussert den Verdacht, diese «Figur» sei wohl vom Verkehrsverein angestellt … als appenzellerische Mickey-Maus sozusagen. Solche bösen Unterstellungen können ja nur von Ausländern stammen. Der Bahnhof und das rote Bähnli wirken eher wieder echt, obwohl mit ein paar Retuschen und einer Dampf-Attrappe schon viel Richtung D-Land zu machen wäre. Verwunderung lösen hingegen die knalligen, vorwiegend roten Geländefahrzeuge am Gegenhang aus, die in schier kriegstauglicher Manier unmögliche Steigungen und Neigungen bewältigen. «Eine neue Fun-Sportart (à la Dune Buggies?)» wird gefragt. «Nein, das ist Heuen bzw. Emden», lautet die korrekte Antwort. Aber bohrende Fragen bleiben. Der Wert der eingesetzten Technik geht in die Hunderttausende; der Marktwert (zu Weltmarktpreisen) der spärlichen Ernte wohl bloss in die Region der Hunderte von Franken. Die Scheune hinwiederum – mit einem Ausbaustandard, der anderswo in der Welt auch von Wohnbauten nicht erreicht wird – passt wohl eher ins Tuch der Millionen. Produktionskosten also, die wohl höher sind, als die für abgepackte «Herbes de Provence». Aber eben:

diese gedörrten Gräser sind nicht für Menschen gedacht, sondern für das, was im Appenzellerland den Enten und Eichhörnchen der Disneyworld entspricht: den Kühen. Und diese sind nun in der Tat allgegenwärtig und schon fast ein wenig «heilig» wie in Indien. In den Souvenir-Läden dominieren K&K-Objekte (Kühe und Käse), ganz offensichtlich: K&K-Krawatten, K&K-Unterwäsche, K&K geschnitzt, gewoben, gestickt und gestrickt. Daneben ein verschnupftes «Blässli» (made in China). Doch zurück zu den Kühen. Sie sind auch draussen in der Natur nicht zu übersehen bzw. zu riechen und zu hören. Die Hinweistafel des Naturschutzes gleicht einem Landsgemeindeplatz für das Vieh, das die Wanderwege verziert, so dass man den Blick besser nach unten als in die Ferne schweifen lässt. Wieviele Tonnen fest- und gasförmige «Abfälle» das wohl im Jahr ergibt? Und dann die Trittschäden in Form von so genannten Kuhweglein, die vom ausländischen Freund für geologisch interessante Formationen angesehen worden waren ...

All das kostet viel Arbeit und noch mehr Geld. Ökonomisch sicher unrentabel; aber ökologisch wertvoll? Der Laie ist nicht so sicher und kommt auch vor der Flasche Saft auf die ketzerische Frage, ob Alpenschutz nicht auch etwas mit «weniger Kühen» zu tun haben könnte. Mit weniger Weiden und mehr Wald. Und mit mehr Magerwiesen und weniger Gülle. Mit mehr Verwilderung und weniger Kultivierung vielleicht auch. Ein väterlicher Freund, er ein ursprünglicher Appenzeller, hat eine simple Erklärung für diese alpine Intensiv-Landschaft. «Für plus/minus 20 000 Franken Direktzahlungen musst Du halt schon ein paar Kühe halten und Dich gut sichtbar werktätig zeigen.» Wie gesagt, das ist nicht von mir.

Zum Schluss zwei Punkte zur Versöhnung:
1. Ich liebe das Appenzellerland sehr, aber bin etwas in Sorge, dass bezüglich der K&K-Kultur in Feld, Wald, Dorf und auch im Geist zu viel des Guten getan werden könnte.
2. Appenzeller sind bekannt für ihren Witz und bissigen Humor. Liebe Leser, gestatten Sie für einmal auch dem baselstädtischen Ökonomen den Gebrauch dieses Stilmittels.

Luchs, du hast das Lamm gestohlen!

Und deshalb, lieber Luchs, wird gestorben, und zwar nicht nur durch das «Schiessgewehr des Jägers», sondern du wirst vergiftet, überfahren, gefangen ... Auch dem Wolf soll es nicht besser gehen. Wenn es auch nicht sieben Geisslein sind, so genügen auch sieben Schäflein für ein Todesurteil. Vollstreckt durch einen offiziellen «Wildhüter», den man wohl besser in einen «Freischützen» umbenennen sollte.

Luchs und Wolf werfen offensichtlich eine Reihe von ökologischen, ökonomischen, ethischen und staatspolitischen Grundsatzfragen auf. Da wäre einmal die fundamentale Frage im schweizerischen Föderalismus, wer nun also darf und wer nicht (abschiessen): Kantone oder die Eidgenossenschaft? Jetzt dürfen also wieder die Kantone, weil sonst die Akzeptanz für diese bösen Tiere gefehlt hätte mit der Folge, dass diese nicht von Wildhütern, sondern von Wilderern niedergestreckt würden. Dann die ethische Dimension: Wie viele Schäflein darf ein Wolf fressen, ein Luchs reissen?

Wer schützt die Privatsphäre dieser wilden Bestien? Dürfen wir nebst Sendegeräten auch noch Video-Kameras montieren, damit zumindest die Beweislage geklärt ist?

Ein weiteres primär medizinisch-juristisches Problem ist die Frage, ob all die getöteten Nutztiere noch gelebt haben, als der Wolf mit dem Frass begann. Oder ob die Vermisst-Gemeldeten überhaupt je gelebt haben?

Weiter: Warum brauchen wir überhaupt Luchse und Wölfe in der Schweiz? Es genügt doch völlig, wenn wir uns für die Elefanten in Afrika einsetzen, für die Wale in den Weltmeeren kämpfen und die Tiger in Sibirien beschützen. Immer mit schönen Worten.

Der WWF hat als Wappentier ja auch einen Panda-Bären, der vor den gefrässigen Chinesen protegiert werden muss. Und das erste W in WWF steht ja für «world» d. h. «Welt», und die Schweiz ist eben auf dieser Welt ohnehin ein Sonderfall.

Hat dieser Schreiberling denn kein Herz für die Schafe? Doch, er hat sogar 10 Jahre lang eigene gezüchtet und gehegt (und schliesslich auch verspeist).

Aber die letzte Frage ist trotzdem erlaubt. Heisst Alpenschutz nicht auch Schutz vor der Invasion von Kühen und Schafen, die auf geteerten Strassen bis zum ewigen Schnee hinauf in die hintersten Krächen und steilsten Flanken hingetrieben werden? Ohne massivste direkte und indirekte Subventionierung dieser intensiven Hochalpin-Landwirtschaft würde dieser Unfug schon gar nicht stattfinden. Womit wir wieder beim Ökonomischen gelandet wären. Als Konsumenten und Steuerzahler lassen wir uns Milliarden für eine sicher nicht nachhaltige Bewirtschaftung unserer Landschaft aus der Tasche locken. Haben wir dann aber nicht auch ein Wörtchen mitzureden, ob nun ein paar Luchse und Wölfe oder Wildschweine auch ein Plätzchen in unserer ohnehin allseitig übernutzten Natur beanspruchen dürfen oder halt doch nicht? Ökonomisch und ökologisch ist eine drastische Extensivierung der Land- und Weidewirtschaft so oder so ein Gebot der Stunde. Bergsteiger haben wir ja bereits genug. Wir brauchen nicht auch noch «bergsteigende Schafherden», welche die Flora mit ihren Stöckelschuhen zertreten und die wirklichen Wildtiere mit Viruskrankheiten beglücken. Wenn die Schafe gehütet werden müssten und nicht mehr subventioniert würden, hätte es sofort wieder für alle Platz. Auch für den Luchs und den Wolf.

Auf die Kuh gekommen

Wollte die Schweiz ein Wappentier – es müsste eine Kuh sein: Eine nahe Verwandte, die nach 30 Jahren Kanada in die Schweiz zurückkehrte, fragte mich nach automobilistischen Streifzügen durch die Gegend, ob unser Land – von den Voralpen bis zum Jura – zur Serengeti Europas für das Rindvieh geworden sei.

Wer, wie dieser Kolumnist, tagelang durch die argentinischen Weiten gefahren ist, kann diese Frage nachvollziehen. Dort: Ab und zu ein paar braune Pünktlein am Horizont der Pampa. Weder Ställe noch Scheunen sind zu sehen. Hier: Auf Schritt und Tritt begegnet man nicht nur dem Rindvieh, sondern auch Kuhbehausungen, die in anderen Ländern Wohnstandards erfüllten.

Gut, in Indien laufen die Heiligen Kühe sogar frei herum. Diese sind wohl auch eine Plage; aber zumindest geben sie keine Milch, die mit öffentlichen Zuschüssen verwertet werden muss. Die Milchmenge in der Schweiz ist heute immer noch gleich hoch wie vor zehn Jahren und beträgt etwa eine halbe Tonne pro Kopf der Bevölkerung und Jahr. Dass in einem Land mit einer Milchschwemme Milchkontingente nach wie vor einen hohen Marktwert aufweisen, verweist auf ein Paradox: Offensichtlich entstehen auf einer Ware Knappheitsrenten, die im Überfluss vorhanden ist! Also kann der Preis hinten und vorne nicht stimmen. In der Tat ist der Produzentenpreis merklich gesunken; aber der Aufwand des Bundes für die Milchverwertung beträgt immer noch rund eine Milliarde Franken pro Jahr – wie schon zehn Jahre zuvor.

Wer vom Staat gehätschelt wird, gewöhnt sich rasch an die Privilegien. Wer ging kürzlich auf die Strasse, und wer droht mit Streik? Die von staatlicher Unterstützung lebenden Landwirte und Swiss-Piloten?

Was kommen musste, ist jetzt gekommen. Nicht so sehr durch die internen Reformen, sondern durch den Druck von aussen (WTO und EU). Mit dem Ende der Exportsubventionen für die verarbeiteten Produkte wie Käse, Milch-Pulver, Butter zieht sich die Schlinge um den Hals der Verarbeiter, die mit den Milchproduzenten finanziell und personell eng verfilzt sind. Jetzt verlagert sich der Konflikt zwischen Steuerzahlern und Konsumenten auf der einen und Milchproduzenten und -verarbeitern auf der anderen Seite an eine neue Frontlinie: Hier Produzenten, da Verarbeiter. Da diese jedoch (noch) im selben Boot sitzen, ruft man einmal mehr den Bund zur Kasse. Und siehe da. Der «erzliberale» Monsieur COUCHEPIN öffnet freigiebig den Staatssäckel und zahlt die offenen Milchrechnungen.

Treuherzig erklärt er dem Volk, dass dies keine Hilfe an die gestrandete (oder wie man heute sagen würde, gegroundete) Swiss Dairy Food sei. Das Geld diene nur der Begleichung der ausstehenden Milchgelder der Bauern. Liebe Handwerker, Baumeister oder Kleinindustrielle, merkt Euch das: Wenn ihr in die Klemme kommt, dann ruft den Bundesrat herbei und bittet ihn um Hilfe; natürlich nicht für eure Firmen, sondern nur zur Bezahlung eurer Lieferanten.

Ohne drastische Reduktion der Zahl der Betriebe und Tierbestände wird unsere Landwirtschaft nicht mehr zur Ruhe kommen. Und solange die Bezahlung der abgelieferten Rohmilch vom Staat garantiert wird, hat eigentlich niemand ausser die Steuerzahler ein Interesse an Redimensionierung.

Wie die folgende Tabelle zeigt, ist die Viehhaltung bzw. Milchwirtschaft in der Schweiz auch im europäischen Quervergleich extrem intensiv.

	CH	D	DK	A	F	GB
Anzahl Rindvieh pro 10 ha Landwirtschaftsfläche	7	3	2.5	2	1.5	1.5
Anzahl Betriebe mit Milchkühen pro 100 ha Landwirtschaftsfläche	5	1	0.5	2.5	0.5	0.2

Mit einer Halbierung des Rindvieh-Bestandes bzw. der Betriebe mit Milchkühen hätten wir pro ha immer noch mehr Tiere und Betriebe als der jeweilige «Zweitplatzierte» (D bzw. DK). Alles andere ist Augenwischerei.

Und noch etwas: Auch andere Unternehmen mit «Swiss» im Logo (f)liegen in letzter Zeit in Schieflage.

7

Energie

Quellennachweis

Scheinliberalisierung	Aargauer Zeitung	20.6.1998
Schocktherapie wie durch ein Erdbeben	Aargauer Zeitung	23.2.2000
Die doppelte Dividende	Basler-Zeitung	17.7.2000
Stromsparen in Basel: Bonus oder Bogus?	Basler-Zeitung	8.7.2002

Scheinliberalisierung

Die Schweiz tut sich mit der Liberalisierung verstaatlichter oder stark regulierter so genannter «Public Utilities» schwer: Dies war schon bei der Telefonie so, wo 1992 ein zaghafter erster Anlauf gemacht wurde, der jedoch bereits vor der Landung durch die Dynamik des Marktes und der Technologie überholt war. Ein halbes Jahrzehnt später gelang der Aufbruch in das neue Zeitalter dann schon besser, obwohl der Rückstand gegenüber den Pionieren (wie z. B. British Telecom) nach wie vor gross bleibt und wohl weiter wachsen wird.

Nun kommt also die Elektrizitätswirtschaft an die Reihe. Soeben ist die Vernehmlassung zu einem neuen Elektrizitätsmarktgesetz (EMG) abgeschlossen worden. Was ist davon zu halten? Nicht viel oder gar nichts – so kann das Verdikt aus einer marktwirtschaftlichen Perspektive eigentlich nur lauten. Es wäre wohl gar besser, den jetzigen Zustand beizubehalten, als die vorgeschlagene Scheinliberalisierung zu schlucken. Hier die wichtigsten Gründe für dieses vernichtende Urteil:

1. Das EMG ist mit fiskal- und umweltpolitischen Absichten belastet, die in einem Liberalisierungsgesetz a priori nichts zu suchen haben. Dazu haben wir ein Umwelt- und ein Energiegesetz bzw. Pläne für eine Ökologisierung der Steuern (Verlegung der Belastung des Produktionsfaktors Arbeit auf die Energie).

2. Die vorgesehene Priorisierung der erneuerbaren Energie inklusive der Wasserkraft, die etwa 60 % der Stromproduktion ausmacht, schränkt die Liberalisierungsmöglichkeiten von vornherein gewaltig ein. Da die Produktionskosten der Wasserkraft wesentlich höher sind als bei der Kernkraft und erst recht bei gasbetriebenen Werken, schrumpft der mögliche Spielraum für Preissenkungen auf ein fast vernachlässigbares Ausmass, wenn wir in Rechnung stellen, dass das Hochspannungsnetz ein Monopol bleiben soll bzw. aus ökonomischen Überlegungen auch bleiben muss. Natürlich kann man die Wasserkraft und damit die Bezüger von Wasserzinsen (Bergkantone) sowie die privaten und öffentlichen Eigentümer der Wasserkraftwerkanlagen privilegieren. Aber wenn man das wirklich will, kann man auf eine Liberalisierung eigentlich schon aus diesem Grund verzichten.

3. Die Bevorzugung der erneuerbaren Energiequellen bei der Netzeinspeisung wird eine neue Welle der Re-Regulierung auslösen, die den so genannten «Free Access», d.h. den freien Zugang zum Leistungsnetz, zur Farce macht. Die entscheidende Frage wird hier diejenige des Preises sein. Der Vorrang der erneuerbaren Stromquellen beim Netzzugang schliesst nämlich eine echte Marktlösung in Form einer Art Strombörse zwangsläufig aus. Der Verweis auf die Kostengerechtigkeit führt auf den Holzweg einer neuerlichen Bürokratisierung sowie zu einer Fehlleitung der Investitionen in Technologien und Anlagen, die wirtschaftlich hoffnungslos übeteuert sind. Was helfen kostengerechte Preise, die marktwirtschaftlich betrachtet um den Faktor 10 zu hoch sind? Die einzige korrekte Lösung dieses Problems wäre, denjenigen Konsumenten diese Preise zu verrechnen, die diesen Ökostrom wollen. Nur am Rande sei vermerkt, dass es grundsätzlich fragwürdig ist, erneuerbare Energiequellen als «gut» und nicht erneuerbare als «schlecht» zu qualifizieren. Grosse Staudämme z.B. bewirken gewaltige Einwirkungen in die Natur mit irreversiblen Folgen und notabene erheblichen, den KKWs durchaus vergleichbaren Risiken. Die Holzverbrennung ist schadstoffintensiver als Erdgas, dessen Vorräte auf absehbare Zeit schier unerschöpflich sind. Wind- und Solaranlagen sind ästhetisch auch nicht jedermanns Sache. So oder so gehören Aspekte der externen Kosten aber sicher nicht in ein EMG, sondern z.B. in eine allgemeine Energie- oder CO_2-Besteuerung.

4. Die Liberalisierung legt bereits bestehende Überkapazitäten offen und macht bereits getroffene Fehlinvestitionen sichtbar. Dies betrifft unter anderem Lieferverträge mit Frankreich, Investitionen in KKWs dieses Landes und völlig unrentable Wasserkraftanlagen (wie z.B. Ilanz). Die entsprechenden Kosten sind bereits entstanden und nicht mehr zurückzuholen. Die Frage ist nur, bei wem der «Schwarze Peter» schliesslich verbleibt. Das EMG sieht dafür eine «elegante Lösung» vor: eine Zusatzabgabe für die Konsumenten zur Abschreibung der Investitionsruinen. Dabei wird übersehen, dass Investitionsrisiken überall bestehen und in einer Marktwirtschaft in den Kapital- und Finanzmärkten angesiedelt sind. Im äussersten Notfall werden diese Kapazitäten durch Fusionen und/oder Konkurse abgebaut. Gross ist die Zahl von öffentlichen und (weit weniger) privaten Unternehmen, die in der Vergangenheit die gut sichtbaren Zeichen an der Wand missachtet haben, die Dividendenzahlungen und verdeckte Gewinnausschüttungen vorgenommen haben statt abzuschrei-

ben – immer in der sicheren Gewissheit, dass Steuerzahler und/oder Konsumenten später zur Kasse gebeten werden können. Die vorsichtigen Investoren und gewissenhaften Abschreiber wären die Dummen und der Konsument der Geprellte.

5. Die Wahlfreiheit des Konsumenten bleibt weitestgehend fiktiv. Dafür sorgen schon die Übergangsbestimmungen von neun Jahren nach Inkrafttreten des EMG. Also vor 2010 gibt es auf Konsumentenstufe keine volle Liberalisierung.

Angesichts der weltrekordverdächtigen Elektrizitätspreise in der Schweiz werden deshalb vor allem die industriellen Grossabnehmer international kompetitive Tarife durchsetzen können. Wegen der neuen Auflagen bezüglich der Priorisierung der erneuerbaren Energie und der Zusatzabgaben für gestrandete Investitionen dürfte sich Otto Normalverbraucher nur die Augen reiben können. Es ist nicht auszuschliessen, dass seine Stromrechnung eher höher ausfällt, profitiert er doch heute zumindest noch von einer (wenn auch problematischen) Quersubventionierung.

Alles in allem: Was wir vor uns haben, ist ein typischer Kompromiss der Bergkantone (Wasserzinsen), der Eigentümer der Wasserkraftwerke (letztlich auch primär die öffentlichen Hände), der links-grünen Fundis und Alternativenergiepropheten und der staatlichen Strombürokratie, deren Aufgabenbereich nur wachsen würde.

Wer wirklich an Alternativenergie glaubt, soll doch bitte sein eigenes Geld – profitabel – investieren. Wer solchen – teuren – Strom will, soll doch bitte dessen Erstehungskosten privat berappen. Wer Fehlinvestitionen bzw. mangelhafte Abschreibungspraktiken kompensieren will, soll doch bitte sein privates Scheckheft zücken.

Der vorgelegte Liberalisierungskompromiss für ein EMG ist ökonomisch so falsch und politisch so faul, dass es das beste wäre, ihn sofort zu entsorgen.

Schocktherapie wie durch ein Erdbeben

Die Abschaltung der KKW entspricht einer Kapitalvernichtung in einer Bandbreite von zirka 9 bis 29 Milliarden Franken. Die politische Schocktherapie des Ausstiegs kommt einem Kapitalverlust durch ein Erdbeben oder eine Reparationsleistung an das Ausland gleich. Dieser Verlust ist real und unvermeidbar, weil die Zerstörung oder der Transfer von Produktivkapital dessen Wertschöpfung in der Zukunft verhindert. Im Falle eines demontierten und ins Ausland transferierten Schienennetzes z. B. entstehen unvermeidbare Kosten, weil die Güter jetzt auf teureren Umwegen transportiert werden müssen. Genau dies beziffert die Studie für den Fall einer innenpolitisch beschlossenen Abschaltung der KKW. Dieser Zahlenbereich ergibt sich aus der Kombination von zwei Ausstiegs-Szenarien mit zwei Gaspreisvarianten. Wie das so vernichtete Kapital finanziert und abgeschrieben wurde, ist bei dieser realen Betrachtung völlig irrelevant. Ob dieser Schaden pro Kopf der Bevölkerung hoch oder tief ist, hängt vom ökonomischen oder ökologischen Nutzen des Kernkraftausstiegs ab. Leider sind beim KKW-Ausstieg sowohl ökonomische wie ökologische volkswirtschaftliche Zusatzkosten in Rechnung zu stellen.

Die gesamten volkswirtschaftlichen Kosten sind ein Vielfaches der direkten Kapitalvernichtung. Diese Kapitalvernichtung ist die absolute Untergrenze der direkten Kosten. Man nennt das auch ein «rock-bottom»-Szenario. Die Studie berechnet nämlich die kostengünstigste Ersatzlösung primär auf der Basis von neuen Gas- und Dampf-Anlagen. Der daraus resultierende Konflikt mit der völkerrechtlichen Verpflichtung der CO_2-Reduktion um 10 % erhöht den Preis sowohl des Atomausstiegs wie der Klimapolitik. Die direkten Kosten der CO_2-Vermeidung werden in der Studie auf weitere gut sieben bis elf Milliarden Franken veranschlagt. Das Total aus Kapitalvernichtung, Gaspreisrisiko und direkten CO_2-Kosten ergibt für die Initiative «Strom ohne Atom» die in der Studie ausgewiesenen rund 40 Milliarden. Die volkswirtschaftlichen Kosten sind aber nochmals höher. Die nunmehr teurere Elektrizität führt zu relativen Preisverschiebungen mit entsprechenden Strukturanpassungskosten. Die übrige Wirtschaft muss überdies massiv fossile Brennstoffe zusätzlich einsparen, weil der Energiesektor wesentlich mehr CO_2 produziert. Diese Verbrauchsdrosselung ist nur durch drastische Preissteigerungen beim Endverbraucher erreichbar. Beides führt zu zusätzlichen volkswirtschaftlichen Verlusten.

Die doppelte Dividende

Die Schweiz ist dasjenige Land in der OECD-Gruppe mit der am stärksten wachsenden Staatsquote. Weil die meisten anderen Staaten diesbezüglich rückwärts fahren, sind wir von Rang 17 (von 21) im Jahre 1990 bis heute auf Platz 5 «vorgestossen». Nur gerade mal noch Schweden, Dänemark, Frankreich und Belgien sind noch «staatslastiger» als die angeblich «kaputtgesparte», «sozialamputierte» und den «Service public» wegwerfende Schweiz.

Neue Steuern stehen ins Haus. Die Mehrwertsteuerprozente zugunsten der AHV sind wohl kaum noch zu verhindern, obwohl auch diese die demografische Zeitbombe nicht wirklich entschärfen können.

Zum Glück gibt es aber neue Steuern auf dem Energieverbrauch, die volkswirtschaftlich «gut» sind, weil sie zwei Fliegen mit einer Klappe schlagen bzw. eine so genannte «doppelte Dividende» abwerfen.

Jeder erstsemestrige Wirtschaftsstudent lernt, dass Steuern volkswirtschaftliche Kosten verursachen, die grösser sind als die Steuererträge, also einen Wohlfahrtsverlust bewirken.

Woher dann die doppelte Dividende der Energiesteuern? Die Begründung ist einfach und (auf den ersten Blick) auch einleuchtend: Indem wir z.B. mit einer CO_2-Steuer fossile Energie besteuern, helfen wir der Umwelt durch Reduktion des Ausstosses von Treibhausgasen. Das wäre Dividende Nr. 1 – die ökologische so zu sagen.

Indem wir Erträge dieser Steuer zur Reduktion z.B. der Lohnprozente verwenden, verbilligen wir die Arbeit relativ zur Energie. Das bewirkt eine Tendenz weg von der Energieintensität und in Richtung höherer Arbeitsintensität. Das wäre dann die 2. Dividende, die ökonomische in Form von mehr Arbeitsplätzen. Alles klar? Leider nicht, wie folgende Punkte deutlich machen:

1. Ein wesentlicher Teil der schweizerischen Energiesteuer soll zur Förderung erneuerbarer Energien, für das Energiesparen oder zur Abgeltung von nicht-amortisierbaren Investitionen eingesetzt werden. Das sind neue Subventionen, die die Staatsquote erhöhen und mehr oder weniger pure Verschwendung darstellen.

2. Energieintensive Branchen und Betriebe werden geschont wenn nicht gar verschont. Die Hauptlast der neuen Energiesteuer wird somit auf die pri-

vaten Haushalte abgewälzt. Die höheren Produktionskosten drücken auf die Reallöhne bzw. Haushalteinkommen. Wir können wohl Energieträger zum Steuerobjekt deklarieren, bezahlen tun aber immer die Menschen (analog zur Hundesteuer). Mit anderen Worten: Energiesteuern werden auf die Haushalte und damit im wesentlichen auf die Lohnempfänger überwälzt.

3. Weil nun der Energiekonsum rund $^1/_{10}$ der Lohnsumme ausmacht und etwa die Hälfte des Verbrauchs ausgenommen wird, müsste man grob gerechnet für jedes Lohnprozent weniger 20 Prozentpunkte mehr Energiesteuer erheben. Für fünf Lohnprozente weniger ergäbe dies nach ADAM RIESE happige 100 %. Die viel schmalere Steuerbasis erfordert also viel höhere Sätze, die wiederum viel mehr Verzerrungen hervorrufen und deshalb grössere Wohlfahrtsverluste verursachen als die Lohnprozente! Deshalb kommen internationale Fachleute zum Schluss, dass die Ökosteuern nur der Umwelt zuliebe eingeführt werden dürfen. Sie rechnen sich nur, wenn die damit erzielte Umweltverbesserung mehr wert ist als die damit verbundenen volkswirtschaftlichen Kosten. Oder anders gesagt: Die erste – positive – Dividende sollte grösser sein als die zweite – leider negative – Dividende.

4. Da jedoch beim Problem Energie und Umwelt Treibhausgase im Vordergrund stehen, macht ein Alleingang eines kleinen Landes wie der Schweiz auch ökologisch wenig Sinn. Leider entpuppt sich das Musterland Dänemark als Maximalemittent von CO_2 pro Kopf. Und die Hoffnungen auf eine politisch erzwungene technologische Vorreiterposition für Energiesparen oder neue Energien sind theoretisch naiv und empirisch völlig unbegründet.

Was ist die Moral von der Geschichte? Steuern müssen sein. Sie tun aber weh. Das gilt leider Gottes auch für Ökosteuern, die in Tat und Wahrheit primär von jenen Kreisen vorangetrieben werden, die sich Hoffnungen auf den neuen Subventionssegen machen. Sonderinteressen zu vertreten ist durchaus legitim. Darauf hereinzufallen ist für diejenigen jedoch dumm, welche die Rechnung zur Bezahlung vorgelegt bekommen.

Stromsparen in Basel: Bonus oder Bogus?

Vom Baudepartement habe ich wie alle anderen Einwohner die freudige Mitteilung erhalten, dass ich pro Person 55 Franken aus dem Stromspar-Fonds als Bonus zurückerhalten werde. Basel-Stadt hat nämlich eine reine Lenkungsabgabe auf der konsumierten Elektrizität, die lehrbuchmässig so genannt staatsquotenneutral ist. Das heisst: Die Einnahmen aus der Lenkungsabgabe werden zu 100 % an die Bevölkerung zurückerstattet und belasten somit die Haushalte mit hohem Stromverbrauch und begünstigen andererseits diejenigen mit sparsamem Umgang mit Steckdosen, Lichtschaltern usw.

So weit so gut. Im Schreiben des Departements wird dann auch – sinngemäss – ausgeführt, dass dieser Lenkungseffekt erstens tatsächlich vorhanden sei und zweitens die Effizienz des Stromverbrauchs erhöhe.

Beides ist jedoch mehr als zweifelhaft. Zum einen wissen die meisten Leute gar nicht, wieviel ihre Stromrechnung beträgt. Zudem ist die Beeinflussbarkeit des Verbrauchs durch Otto Normalverbraucher – im Vergleich zur Heizung z.B. – gering. So betrachtet handelt es sich primär um einen Umverteilungsleerlauf, der offensichtlich politisch beliebt ist. Oder glaubt jemand im Ernst, dass eine Belohnung von 15 Rappen pro Tag Verhaltensänderungen bewirkt?

Staatliche Anreize zum Stromsparen machen ökonomisch nur dann Sinn, wenn die so genannten externen Kosten durch die Strompreise nicht voll gedeckt sind. Nun ist es halt so, dass gerade bei der Elektrizität fast keine derartigen externen Kosten auftreten. Dies im krassen Gegensatz zur Energieverwendung für Wärme oder Transport auf der Basis von fossilen Energieträgern. So gesehen ist die Lenkungsabgabe gar zu hoch! Wenn sie tatsächlich lenkt, kann es kontraproduktiv werden, weil es im industriellen Bereich zu Mehrverbrauch von Energieformen mit relativ viel höheren externen Kosten aber mit einer Lenkungsabgabe von Null käme. Diese Verzerrung resultiert eben daraus, dass die IWB (Industrielle Werke Basel) nur für den Elektrizitätsbereich zuständig sind und der Kanton Basel-Stadt bei Benzin, Öl, Gas usw. keine Zuschläge verordnen kann.

Wirklich ärgerlich wird es jedoch erst, wenn keck behauptet wird, die administrativen Kosten würden die Steuerzahler nicht belasten, weil sie voll aus den Zinsen des Fonds finanziert worden seien. Also dafür muss der Ökonom die «rote Karte» zeigen.

Denn sonst hätte ich einen Vorschlag an unser Finanzdepartement: Erheben Sie jedes Jahr einen 10 %-Aufschlag auf alle Steuerrechnungen. Legen Sie dieses Geld in einen Steuersparfonds, den sie ein Jahr später wieder zurückerstatten. Und mit den Zinseinnahmen finanzieren wir «ohne Belastung der Basler Steuerzahler» (Originalton Baudepartement) eine paar Kinderkrippen und Kindergärten (oder die Frühpensionierung aller Ökonomen an der Uni).

In der ersten Stunde in der ersten Studienwoche lernen unsere Wirtschafts-Studis, was Opportunitätskosten sind: Zumindest habe ich jetzt wieder ein abschreckendes Beispiel für deren Nichtbeachtung in der Politik.

Kritisieren ist eines. Einen besseren Vorschlag machen etwas anderes. Hier ist er: Elektrizität hat (vergleichsweise) geringe externe Kosten, aber starke Schwankungen des Verbrauchs im Saison- und Tagesverlauf. Da Strom nicht gelagert werden kann, müssen die Produktions- und Transportkapazitäten auf die «Spitzen» ausgelegt sein. Der Verbrauch zu Spitzenzeiten verursacht somit sehr hohe Kosten, in flauen Phasen dagegen fast keine. Deshalb macht es Sinn, weniger die Durchschnittsverbrauchsmenge pro Jahr zu senken, als vielmehr die Spitzen zu brechen. Dafür haben wir ein exzellentes Instrument – den PREIS notabene. Mit einer viel stärkeren Spreizung der Tarife könnte man viel effizienter den Konsum glätten und so die Kapazitätsreserven abschmelzen. Und wann ich den Strom beziehe, darauf habe ich recht viel Einfluss.

8

Konjunktur und Wachstum

Quellennachweis

Alte und neue Produkte vom Standort Schweiz	Basler-Zeitung	20.10.1979
«Konjunktur für Rattenfänger»	Weltwoche	21.11.1996
«Die Landschildkröte liegt auf dem Rücken»	Aargauer Zeitung	28.3.1998
Das Land, dem das Wachstum entschwand	Aargauer Zeitung	11.3.2000

Alte und neue Produkte vom Standort Schweiz

Im Mittelpunkt des theoretischen Konzepts mit Namen Produktzyklus steht die Unterscheidung zwischen «neuen» Produkten oder Produktionsverfahren einerseits und «alten» Gütern und Prozessen andererseits. Bei letzteren spricht man vom Stadium der Reife und einer nachfolgenden Phase der Standardisierung. Neuerungen beruhen auf Erfindungen (Inventionen), die dann via angewandte Produkt- und Verfahrensforschung zu so genannten Innovationen weiter entwickelt werden. Innovationen sind die Urquelle des Wachstums und die entscheidende Triebkraft der Investitionen, die in den allermeisten Fällen vorgenommen werden müssen, um den neuen Gütern und Herstellungsverfahren zum Durchbruch zu verhelfen. Jede Innovation stösst mit der Zeit auf Barrieren des Wachstums, und zwar von zwei Seiten her: Entweder erreicht sie die Sättigungsgrenzen der Nachfrage auf den Absatzmärkten oder die Grenzen des Ressourceangebots auf den vorgelagerten Beschaffungsmärkten, insbesondere die absolute Schranke der Zahl der Erwerbsfähigen und -willigen.

Diese Grenzen lösen aber selber wieder Anreize zu neuen Investitionen aus; nämlich auf der einen Seite als Rationalisierungsbestrebungen im Sinne der Kapitalintensivierung zur Einsparung von Arbeitskraft oder andern knappen Ressourcen (z.B. Energie) und auf der anderen Seite als Forschungs- und Entwicklungs-Investitionen zur Vorbereitung neuer Innovationen. Der Produktzyklus ist also ein Lebenszyklus für Produkt- und Prozessinnovationen. Warum werden Güter und Technologien alt? Wie bereits angedeutet gibt es dafür je eine Erklärung von der Absatz- und Ressourcenseite her. Je mehr die Güter reif und standardisiert werden, desto mehr fallen sie in klar abgegrenzte und mit der Zeit meist schrumpfende Märkte und desto mehr erfordern sie im Produktionsablauf bis ins letzte normierte und zerlegte Produktionsschritte. Beide Aspekte haben nun wichtige Konsequenzen für die Standorte der Industrie.

Es ist recht naheliegend, dass bahnbrechende Innovationen in den höchstentwickelten Ländern der Welt mit einem bereits sehr hohen Niveau der Arbeitsproduktivität und einem gewaltigen Wissens- und Forschungskapital ihre Geburtsstunde erleben. Nur hoch entwickelte Volkswirtschaften haben das erforderliche technische Potential und den nötigen wirtschaftlichen Druck, um entsprechende Neuerungen zu generieren. Je kleiner ein derartiges Land ist, desto mehr wird es diese Neuheiten in andere, hoch entwickelte Länder exportieren. Im Verlaufe der Zeit reifen die Produkte und ihre Herstellungsvorgänge, die Sortimente richten sich nach standardisierten Normen, und die Gefahr der Preis- und Imitationskonkurrenz setzt ein, unter Umständen verstärkt durch protektionistische Praktiken der Abnehmerländer. Das ist der Moment, wo der Export durch Auslandproduktion abgelöst wird, sei es im Rahmen multinationaler Gesellschaften, die Direktinvestitionen vornehmen, oder es durch den Aufstieg einer kostengünstigeren Imitationskonkurrenz in anderen relativ hoch entwickelten Ländern. Damit ist der Produktzyklus noch nicht am Ende; denn nach dem Grad der möglichen Standardisierung setzt er sich in Niedriglohn- und Entwicklungsländern fort, von wo aus dann ein Export in die alten Produktions- und Absatzgebiete erfolgt. Beispiele gibt es mehr als genug, das bekannteste ist wohl der VW-Käfer, der nun in Mexiko produziert und zum Teil bis nach Deutschland re-exportiert wird.

Für ein Land wie die Schweiz sind nun zwei Fragen von schicksalhafter Tragweite:
1. Wie kann man einen kontinuierlichen Strom von Innovationen sicherstellen?
2. Weshalb ist es in der Regel vorteilhaft, die hier erarbeiteten Innovationen in den Frühphasen des Zyklus auch bei uns selber zu produzieren?

Der erste Punkt erscheint mir weniger problematisch als der zweite. Ich erwähne in der Folge drei Gründe, die eine positive Antwort auf die zweite Frage nahe legen.
- Die Nicht-Standardisierung der Produkte oder Verfahren in den ersten Stadien des Produktzyklus (vgl. z.B. Autos vor dem 1. Weltkrieg mit den Autos von heute) erfordert sehr flexible Produktionsprozesse mit vielen und oft raschen Umstellungen und Abänderungen. Viele Weiterentwicklungen und Produktdifferenzierungen sind Kinder der ersten Produktionserfahrungen.
- Eine starke Marktstellung auf der Basis von Qualitäts- und Neuerungsvorsprüngen impliziert hohe Einkommens- und niedrige Preiselastizitäten, d.h. die Nachfrage reagiert sehr positiv auf die allgemeine Einkommenssteigerung, aber nur schwach negativ auf steigende Preise. Beide Aspekte erklären, weshalb niedrigere Produktionskosten nicht im Vordergrund stehen, solange die Produkte noch «neu» in diesem Sinne sind.
- Der grosse Bedarf an zuverlässigen, raschen und präzisen Informationsflüssen zwischen Erfindern, Entwicklern, Produktions- und Marketing-

Fachleuten und Abnehmern sowie die drückende Ungewissheit über das potenzielle Marktvolumen, über die definitiven Produktionskosten für das endgültige Sortiment und nicht zuletzt über die Gegenstrategien der Konkurrenten sprechen ebenfalls für eine Produktion in unmittelbarer Nähe des Führungszentrums in einem produktivitäts- und einkommensmässig hoch entwickelten Land.

Eine weitere Stärke des Produkt-Zyklus-Modells zeigt sich in der Erklärung des scheinbaren Widerspruchs, dass Länder wie die Schweiz gar nicht unbedingt kapitalintensive Güter exportieren. Hoch entwickelte Länder exportieren primär Güter aus den Frühphasen des Produktzyklus, Phasen, in denen die Wertschöpfung sehr hohe Arbeitskostenanteile enthält. Dies beruht vor allem darauf, dass wir den Humankapitaleinsatz und den Grossteil des Forschungs- und Entwicklungs-Aufwands statistisch als Löhne erfassen. Der zweite Teil der Erklärung liegt darin, dass in den Anfangsstadien des Produktzyklus die Verfahren und Prozesse flexibel bleiben müssen, was die langfristige Bindung an nicht-flexible Monstertechnologien riskant erscheinen lässt. Kapitalintensität allein ist somit gar kein Standortvorteil für Länder mit hoher Arbeitsproduktivität, hohem technologischen Niveau und rascher Innovation. Nicht nur ist das Kapital mobil, sondern sein Grosseinsatz erfolgt meist erst in späteren Phasen der Reife und Standardisierung der Produkte und der Stabilisierung der Märkte. Aber gerade dann rücken die Produktionskosten und insbesondere die Löhne immer mehr zum Standortkriterium Nr. 1 auf, so dass dann die Auslandsproduktion immer attraktiver wird. Unser Standortvorteil ist die Kombination von Human- und Sachkapital sowie die Harmonie zwischen dem Stand der sozio-politischen Entwicklung.

«Konjunktur für Rattenfänger»

Weshalb uns Gefahr droht, wenn Politiker den Markt überlisten wollen
Wirtschaftsthemen sind in, Ökonomie ist out – wenn man den Medien Glauben schenken will. Nicht nur wird auf den Wirtschaftswissenschaftlern herumgehackt, weil sie (angeblich) keine Rezepte für die Gesundung der Wirtschaft zur Hand haben. Noch mehr schmerzen die intellektuellen Tiefschläge in Form von gängigen Phrasen, die völlig unkritisch immer und immer wieder repetiert und gutgläubig aufgenommen werden. Fürs erste sollen folgende Beispiele dienen:

Cointrin & Cardinal
Schweizer Bier und Flugzeuge mit Schweizerkreuz am Heck erwecken scheinbar starke Emotionen, nicht zuletzt bei Politikern. Wieso und wie soll die Swissair als Aktiengesellschaft, die im internationalen Überlebenskampf steht, pro Jahr in Genf einen politischen Verlust von zirka 50 Millionen Franken absorbieren? Der Strukturwandel im internationalen Luftverkehr war seit langem absehbar. Die Kartellisierung der Flugpreise hat ihn lange aufgehalten. Um so steiler ist jetzt der Sturzflug. Sollen wir nun aber auch noch Millionen von Steuerfranken in die Erhaltung von ein paar SR-Direktflügen (vorwiegend nach Afrika) «investieren», nachdem wir schon grössere Beträge in Bahnlöcher wie Furka oder Greina verlocht haben?

Noch mehr nach «Bieridee» riecht der politische Schlachtruf nach Erhaltung einer Brauerei in einem hoffnungslos übersättigten Markt, der erst noch durch Importe überschwemmt wird. Es sieht so aus, als ob wir Konsumenten dem Restbestand von schweizerischem Einheitsgebräu immer weniger treu sind ... Aber wir können ohne Zweifel auch noch das Bier in den Schoss des staatlich geplanten Agrobusiness aufnehmen. Nicht nur die heimische Scholle, sondern auch der heimische Schaum ist staatserhaltend, nicht wahr? Nebst Milchpulver könnten wir vielleicht auch Bierpulver in die armen Länder dieser Welt verschenken.

Restrukturierung, Arbeitsplatzvernichtung und Sozialkosten
Restrukturierungen führen zu Entlassungen, diese zu Arbeitslosigkeit und diese wiederum zu sozialen Folgekosten. «Die Unternehmer handeln privat, aber zahlen tut der Staat», heisst die Losung. Aber stimmt sie? Wohl kaum. Denn erstens erfolgen Restrukturierungen nur (oder meistens erst) dann,

wenn der Strukturwandel – getrieben durch neue Technologien und neue Bedürfnisse – dies im internationalen Wettbewerb erzwingt. Wir, die Kunden, sind es, die über relative Preisveränderungen und die Vorlieben für innovative Güter und Dienstleistungen die Produktionskräfte in andere Branchen und Firmen lenken. Die wahren Kosten für den Steuerzahler entstehen dann, wenn wir diesen Strukturwandel politisch aufzuhalten versuchen, wie in der Landwirtschaft, bei der Post und der Bahn oder der öffentlichen Verwaltung. Wenn die Dämme brechen, werden die Kosten plötzlich sichtbar. Vorhanden waren sie allerdings schon längst vorher.

Arbeitsplätze, hinter denen keine produktive und profitable Wertschöpfung mehr steht, sind die wahren Quellen volkswirtschaftlicher Kosten: in Gestalt von Ressourcenvergeudung und Steuergeldverschwendung. Zudem haben wir ja für solche Fälle eine sehr grosszügige Arbeitslosenversicherung. Das Problem unserer Wirtschaft liegt in der fehlenden Innovation, in der Abwanderung von Betrieben ins Ausland sowie in einer überrissenen Vollkaskomentalität. Und dafür hat primär die Politik die Verantwortung zu übernehmen: Unsinnige Steuern auf Finanztransaktionen führen zu Verlegungen ganzer Abteilungen, genauso wie perfektionistische Reglementierungen zusammen mit unseligen Kapitalsteuern die Gründung neuer Unternehmen behindern. Ganz zu schweigen von den staatlichen Korsetts im Arbeitsmarkt und der Bestrafung von Selbstvorsorge und Eigenverantwortung durch allgegenwärtigen staatlichen Schutz vor allem und jedem.

Die Löhne sinken, die Profite steigen

Die Durchschnittslöhne in der Schweiz stagnieren in der Tat, doch qualifizierte, mobile, innovative Mitarbeiterinnen und Mitarbeiter erhalten immer noch höhere Löhne. Leistung wird vermehrt auch durch Boni entschädigt. Technischer Fortschritt und Globalisierung haben die Knappheit des Kapitals relativ zur Arbeit erhöht. Das Pendel schlägt deshalb tatsächlich zurück, und dies lässt bei der unqualifizierten Arbeit schmerzhafte Spuren zurück. Nur: Weshalb importieren wir auch noch 1996 gegen 150 000 unqualifizierte Saisonniers aus fernen Ländern, die nach dem vierten Jahr den ohnehin zu grossen Bestand Unqualifizierter automatisch vergrössern? Sieben von zehn Ausländern mit Niederlassung oder Aufenthalt sind durch diese Schleuse eingewandert und belasten mit einer überdurchschnittlichen Arbeitslosigkeit unsere Volkswirtschaft schwer.

Die Rentabilität des Kapitals in der Schweiz ist im internationalen Massstab eindeutig zu niedrig. Wenn in der Schweiz weiterhin produktiv investiert werden soll, muss – bei gestiegenem Risiko – eben auch der «return» stimmen. Mehr und mehr gehört das Kapital ja auch den Institutionen der 2. Säule, die auf einen marktgerechten Ertrag im Interesse von uns allen dringend angewiesen sind. Wer soll in Aktien Geld anlegen, wenn die Rendite der Bundesobligationen höher ist? Der vielgeschmähte amerikanische Finanzkapitalismus hat es immerhin fertig gebracht, die langfristige Produktivität des viel sparsamer eingesetzten realen Kapitals fast auf das Doppelte der Schweiz zu erhöhen. Gewinne – unter Wettbewerbsbedingungen notabene – sind Marktsignale dafür, dass die knappen Ressourcen dort eingesetzt werden, wo ihre Wertschöpfung am grössten ist. Ohne Gewinne keine Investitionen, ohne Investitionen kein Wachstum und ohne Wachstum keine neuen Arbeitsplätze! Dies ist meine Losung.

Die Umverteilung der Arbeit und die Erhaltung von (unproduktiven) Arbeitsplätzen

Von überall her wird uns Ökonomen gesagt, wir müssten schleunigst neue Modelle erfinden, um die noch vorhandene Arbeit auf mehr Hände zu verteilen und den Abbau von überflüssigen Arbeitsplätzen politisch zu stoppen. Leider ist die vorhandene Arbeit keine Konstante, sondern eine von der (profitabel) absetzbaren Produktionsleistung abhängige Grösse. Im internationalen Vergleich steht vor allem eines fest: je höher die Minimallöhne, je grosszügiger die Arbeitslosenunterstützung, je «griffiger» der Kündigungsschutz, je grösser der Schutz vor Betriebsschliessungen und Entlassungen, je rigider die Vorschriften über Arbeitszeiten, je kürzer die Normalarbeitspensen, je erzwungener die Teilzeitarbeit und Kurzarbeit, desto grösser wird mittelfristig die Arbeitslosigkeit.

Fazit

Diese Liste könnte noch fast beliebig verlängert werden. Die Ökonomie ist keine exakte Wissenschaft; aber unter allen Sozialwissenschaften verfügt sie dennoch über einen grossen Stock solider Erkenntnisse, die theoretisch und empirisch Gültigkeit beanspruchen. Nur sind sie in der gegenwärtigen Zeit der Verunsicherung, der populistischen Verbrämung, der Re-Ideologisierung und Emotionalisierung von Sachproblemen nicht (mehr) gefragt. Wer's nicht glaubt, ist eingeladen, einmal den Fall Neuseeland zu studieren. Wir haben in der Schweiz so viel über Liberalisierung und Deregulierung palavert, dass die Öffentlichkeit glaubt, wir hätten diese Strategie zwar verwirklicht, nur hätte sie eben nicht funktioniert. Dabei haben wir es bis heute nicht einmal wirklich versucht.

Und schon fallen wir in den alten Trott des Noch-mehr-Interventionismus zurück: Die Ökonomen werden die (umgekehrte) Publikumsbeschimpfung überleben. Der Wirtschaft und den von ihr abhängigen Menschen wird sie jedoch nicht weiterhelfen. Die Rezepte der Ökonomie sind leider «bittere Wahrheiten», wie Kollege Peter Bernholz unlängst formulierte. Noch haben aber die Rattenfänger Hochkonjunktur. Ängste und Emotionen sind einfühlbar und verständlich. Aber wider besseres Wissen ihren Schalmeien zu folgen führt zum «Leiden der Volkswirtschaft». Die ökonomischen Gesetze lassen sich nämlich durch noch so gut gemeinte Appelle nicht aushebeln. Ökonomischer Unsinn (z. B. administrative Umverteilung der Arbeit oder Gesetze gegen Entlassungen oder Betriebsschliessungen) bleibt ökonomischer Unsinn, mag noch so viel Ethik, Weltverbesserung oder Gutgläubigkeit darin verpackt sein. Wer dies nicht glaubt, wird es fühlen (müssen). Das politische Herumflicken an den Marktsignalen ist und bleibt in aller Regel kontraproduktiv.

«Die Landschildkröte liegt auf dem Rücken»

Nun ist es also soweit. Die bilateralen Landverkehrsverhandlungen zwischen der Schweiz und der EU sind vom Stocken ins Scheitern geraten. Wie beim Eile und Weile sind wir nach jahrelangem Vorankommen mit Rückschlägen wieder mit allen «Töggeli» aus dem Rennen geworfen worden (drei mal die Zwölf). Das Würfeln kann also von vorne anfangen ...

Im letzten November habe ich zum 5-Jahr-«Jubiläum» des EWR-Neins Folgendes zu Papier gebracht (Aargauer Zeitung vom 6. Dezember 1997):

«Gerade die Alpeninitiative erweist sich dabei als fatales Kuckucksei, das wir uns ins eigene Nest gelegt haben. Von den hehren Alpenhöhen herab wollen ausgerechnet wir abseitsstehenden Schweizer dem ganzen Kontinent eine Transitverkehrspolitik verordnen, die den anderen anmassend und eigennützig zugleich erscheint. Obwohl die Zielsetzung vernünftig und zukunftsweisend ist, erweist sich die eingeschlagene Strategie als Bumerang. Statt an einer gemeinsamen Lösung für die Verkehrsprobleme mitzuwirken, haben wir in krasser Selbstüberschätzung den Alleingang gewählt, der die Schweizerischen Steuerzahler noch Milliarden kosten wird. Die Uneinigkeit innerhalb der EU ist ein Problem, aber nicht das unsrige. Wenn man sich in Brüssel über eines einig ist, dann sicher darüber, sich nicht von der sperrigen (unsolidarischen) Schweiz von aussen die Bedingungen diktieren zu lassen.

Man kann sich nur wünschen, dass das Ende der bilateralen Illusionen eine veritable politische Krise hervorruft, die den ökonomischen Kosten aus Abseitsstehen und der Diskriminierung daraus angemessen ist. Dazu beitragen wird auch die bereits eingetretene Finanzkrise des Bundes, der die Folgekosten der Alpeninitiative und der Neat-Versprechen innenpolitisch nicht einlösen können wird. Auch das hat die EU mittlerweile eben klar durchschaut. Alle Versprechungen, die unsere Delegation auf den Verhandlungstisch in Brüssel legt, sind so lange Nonvaleurs als sie nicht innenpolitisch durch gewonnene Referenden abgesichert sind. Das ist doch unsere selbst geschaffene Zwickmühle. Entweder machen wir in Brüssel so viele Konzessionen, dass der Stimmbürger nicht mehr ja sagen wird. Oder wir bleiben so stur, dass die EU nicht mehr darauf eingeht. Wir können nur noch wählen, ob wir das endgültige Scheitern der bilateralen Verhandlungen in Brüssel oder in Bern zelebrieren wollen.»

Nun liegt die Landschildkröte also tatsächlich auf dem Rücken. Und versucht sich mit folgenden Argumenten freizustrampeln.

1. Es gibt Schuldige: Der Schweizer Michel Crippa von der ASTAG als eine Abart von neuem Landesverräter und der deutsche Bundesminister für Verkehr, Matthias Wissmann als billiger Wahlkämpfer.
2. Die EU ist nur verbal der Ökologie verpflichtet, in Tat und Wahrheit ist sie die Geisel der Lastwagen-Lobby.
3. Die EU ist uneinig und institutionell nicht in der Lage, mit einer Stimme zu sprechen bzw. uns ein Gegenangebot zu machen.
4. Die EU hat den «Vertrag von Kloten» gebrochen.
5. Jetzt müssen wir Schweizer halt zusammenstehen und unsere ökologisch und ökonomisch vorbildliche Verkehrspolitik im Alleingang durchziehen und so die EU unter Druck setzen.

Ich fürchte, dass wir uns mit dieser Strategie nur tiefer in den Sand eingraben. Warum?

1. Wir haben als erste den Transitvertrag gebrochen, als unser Souverän die Alpeninitiative angenommen hat. Die abgegebenen Versprechen, die Neat zu bauen und die Alpeninitiative diskriminierungsfrei umzusetzen, sind nach all den Jahren immer noch im luftleeren Raum angesiedelt. Die bitteren Pillen zur Finanzierung der Neat und die LSVA müssen vom Souverän erst noch (einmal) geschluckt werden.

2. Der Status quo ist für die EU nicht nur kein grosses Problem, sondern im Gegenteil eine sehr billige Lösung – trotz der 28-Tonnen-Limite und den eingeschränkten Fahrzeiten. 25 Franken Transitgebühr sind nun wirklich bescheiden. Und die LSVA muss erst einmal vom Volk angenommen werden. Zudem werden die Schweizer Trümpfe mit dem herannahenden Ende des Transitvertrags (2005) immer weniger wert.

3. Wir Schweizer wollen diese Verhandlungen – als Folge unseres EWR-Neins notabene. Die EU kann ohne solchen Vertrag sehr gut leben und sieht daher auch keinen Grund, Gegenangebote zu machen. Die EU-Länder sind sich wie in vielem in der Tat uneinig, aber einig sind sie sich wohl darüber, die europäische Verkehrspolitik nicht durch die Schweiz diktieren zu lassen.

4. Das Agreement von Kloten zwischen EU-Verkehrskommissar Neil Kinnock und Bundesrat Moritz Leuenberger war und ist eben kein völker-

rechtlicher Vertrag. Wir unterschreiben ja auch alles mögliche, mit dem selbstverständlichen Vorbehalt, dass das Volk bei uns halt das letzte Wort habe – und anders entscheiden könne. Nun ist aber auch die EU keine diktatorische Zentralgewalt, sondern die einzelnen Länder haben das letzte Wort – und können anders entscheiden. Es ist nur geradezu skurril, wenn ausgerechnet die Schweiz der EU institutionelle Unfähigkeit zum Abschluss von internationalen Verträgen vorwirft.

Eines ist richtig. Es ist schwierig, als Aussenstehender mit der EU bilaterale Verträge abzuschliessen. Aber dies hat einen logischen Grund. Die EU ist ein «Club», der in allererster Linie das Zusammenleben und -wirken seiner Mitglieder regelt. Bilaterale Verhandlungen waren daher seit eh und je letztlich ein Holzweg, den wir *faute de mieux* vorerst einmal unter die Füsse nehmen mussten. Das Scheitern der bilateralen Verhandlungen wird dazu führen, dass wir das Schisma weiter pflegen, wortreich auf unsere Autonomie und Souveränität zu pochen, aber effektiv kleinlaut (mit vorauseilendem oder nachhinkendem Gehorsam) die EU-Regelungen nachzuvollziehen. Dies kann und wird nicht gut enden (können).

Das Land, dem das Wachstum entschwand

Vielleicht müssen wir der Leserin, dem Leser noch etwas nachhelfen. Das Land, von dem im Vers die Rede ist, weist z.B. auch am meisten Poststellen oder Drei-Stern-Generäle pro Einwohner auf. Von 1990 bis 2000 produzierte man auch etwa 60 Volksinitiativen und ein paar 100 Referenden. Der politische Sonderfall bekam der Wirtschaft nicht eben gut. Als einziges OECD-Land präsentiert die Schweiz (hiermit ist ja wohl alles klar) von 1990 bis 1997 ein Negativ-Wachstum des realen Brutto-Inland-Produkts von jährlich fast einem halben Prozent, während im gleichen Zeitraum die europäische OECD im Schnitt immerhin um gut 1 % wuchs, während die gesamte OECD immerhin schon 1,22 % erreichte.

Irland schaffte gar 6,42 % und Grossbritannien auch noch 1,38 %, die Niederlande 1,84 %, Norwegen 3,34 % und Dänemark 2,29 %, aber auch Spanien noch 2,17 % und Portugal 2,16 %.

Über die Jahre hinweg läppern sich diese Differenzen ganz schön zusammen: Die anderen holen gewaltig auf. Im Gegensatz zur Meinung von Bundesrat VILLIGER ist die Einkommensklemme für die meisten Schweizer eine Tatsache. Mein lieber KASPAR (VILLIGER), darf ich Dir folgendes als wissenschaftlicher Freund oder freundschaftlicher Wissenschafter mitteilen: Wenn die Leute nach zehn Jahren Null-Wachstum den ökonomischen Druck spüren, dann ist das nicht Einbildung, sondern Realität. Dies erst recht, wenn man in Rechnung stellt, dass die Steuerschraube fortwährend angezogen worden ist und die Staatsquote steigt und steigt. Im Gegensatz zu dem, was unser Finanzminister sagt, hat sich diesbezüglich unsere Lage vergleichsweise katastrophal verschlechtert. Wiederum im Vergleich mit 21 OECD-Staaten lagen wir 1990 bezüglich der Staatsquote noch auf Platz 17. Besser dran waren nur gerade Japan, die USA, Australien und Irland.

Knapp hinter uns lag 1990 Grossbritannien, das zehn Jahre später um fast zehn Prozentpunkte besser dasteht. Bis heute sind wir nämlich von Platz 17 auf Rang fünf «vorgestossen». Nur gerade Schweden, Dänemark, Frankreich und Belgien sind noch staatslastiger als wir. War die Staatsquote 1990 des schlechtesten Landes noch um 18,1 Prozentpunkte höher, so hat sich dieser Vorsprung bis heute mehr als halbiert. Analog hat sich der Rückstand zum Klassenbesten gerade verdoppelt. Noch schmerzhafter ist die Dynamik für die Schweiz. Während z.B. Holland die Staatsquote zwischen 1990 und 2000 von 54,1 % auf 47,3 %, Neuseeland von 48,8 % auf 40,4 %, Irland von

39,0 % auf 32,1 % und selbst Italien von 53,6 % auf 48,8 % reduziert haben, sind wir ungebremst hochgefahren: von 41,0 % auf sage und schreibe 49,3 %!

Mein lieber Freund und Finanzminister. Diese Performance ist gefährlich und erschreckend. Die Verantwortung dafür wurzelt tief im politischen System. Dafür hast Du die Schuld nicht. Aber für die Verharmlosung? Dem Budgetausgleich nähern wir uns – aber eben primär via höhere Steuern und Abgaben.

Einige meiner Kollegen werden nicht müde, die direkte Demokratie dafür zu preisen, dass sie die Staatsquote darniederhält. Das stimmt vielleicht für die untersuchten Gemeinden und Kantone. Leider aber nicht für den Bund und das Ganze – wie man sieht.

Solche Fehlentwicklungen sind politisch bedingt. Es fehlt die Kraft zu einer Umkehr, zu Reformen, zur Annahme der globalen Herausforderungen. Dass das Wachstum ausbleibt, ist dann die logische Folge. Und schon sind neue Energiesteuern und happige Mehrwertsteuerprozente in der Pipeline. Die 50-%-Marke für die Staatsquote werden wir sehr schnell überschritten haben.

An diesem Wochenende stimmen wir wieder einmal ab. Gerade mal sind es fünf Vorlagen. Die erste, die Justizreform, ist ein kläglicher Rest der vor über 20 Jahren in Angriff genommenen Staatsreform. Was übrig blieb, ist kaum der Rede wert und wohl auch nicht der Aufwand eines Spaziergangs. Die vier Volksinitiativen könnten inhaltlich nicht heterogener sein: Beschleunigung der direkten Demokratie, Frauenquote, Fortpflanzungstechnologie und Halbierung des Strassenverkehrs. Gemeinsam ist diesen vier eine gewisse Nähe zum «Scherzartikel», wäre da nicht der gemeinsame und bedrohliche Nenner: die Gefahr des Terrors militanter Minderheiten gegenüber der Freiheit des Einzelnen und der Gewaltenteilung im Staat.

Alles in allem sind schon die Vorlagen an sich kein gutes Omen für einen politischen Neubeginn in der Schweiz. Machen Sie den Spaziergang zum Stimmlokal doch noch. Alle Initiativen mögen ein sympathisches Anliegen verfolgen. Ihre Annahme wäre ein weiterer Rückschritt für Politik und Wirtschaft. Die Erfindung der Velonummer war vielleicht eine komische Nummer. Aber die Halbierung des Autos, die Verfälschung des politischen Willens und die Bevormundung benachteiligter Paare wäre leider eher eine tragische Sache.

9

Gesundheit und Bildung

Quellennachweis

Gesunde Lohnprozente?	Basler-Zeitung	28.5.1977
Wer trägt die «finanziell tragbare» Krankenversicherung?	Basler-Zeitung	3.6.1988
Bildung und Ausbildung als Gebot der Stunde	Basler-Zeitung	10.11.1992
Bildung zur Aus- und Weiterbildung	Basler-Zeitung	18.12.2000
Mindestlöhne oder Weiterbildung	Aargauer Zeitung	27.1.2001
Geld und Geist	Aargauer Zeitung	24.3.2001

Gesunde Lohnprozente?

Vor kurzem orientierten die Medien über die folgenden konkreten Punkte zur Neugestaltung der Krankenversicherung, wie sie von einer der vielen stillen Expertenkommissionen in einem stillen Kämmerlein ausgebrütet worden sind:

- Nebst der bisherigen Finanzierung der Krankenversicherung durch Prämien und Kostenbeiträge der Versicherten sowie Subventionen des Staates soll nun neu noch ein Lohnprozent erhoben werden.
- Dieses Lohnprozent soll dem teilweisen Ausgleich der höheren Kostenrisiken der Frauen, zu einem begrenzten Spitalkostenausgleich und einer allgemeinen Prämiensenkung verwendet werden.
- Bund und Kantone sollen zugunsten wirtschaftlich Schwacher Beiträge leisten, während die sozialen Verpflichtungen der Kassen durch einen Bundesbeitrag global abgegolten werden sollen.
- Ab dem 2. Kind pro Familie sollen weitere Kinder die Prämie vom Bund bezahlt erhalten. Frauen und Männer müssen prämienmässig gleichgestellt werden, wobei Franchisen dahinfallen aber Selbstbehalte zu erhöhen wären.
- Auf ein Obligatorium bei der Krankenpflegeversicherung soll verzichtet werden, hingegen nicht bei der Krankengeldversicherung, die allerdings auf Arbeitnehmer beschränkt bliebe. Die Finanzierung hätte wiederum hälftig durch Arbeitgeber- und Arbeitnehmerbeiträge zu erfolgen.
- Die Versicherung der Zahnbehandlung sowie von Vorsorgeuntersuchungen soll erweitert werden.

Für den Kenner der schweizerischen sozialpolitischen Szenerie sind diese Ideen wohl kaum überraschend, aber nichtsdestotrotz alarmierend und deprimierend zugleich. An Phantasielosigkeit und Reformunfähigkeit hat man sich nachgerade gewöhnt. Geradezu stereotyp reagiert unser politisches System – und mehr noch das diesem vorgeschaltete bzw. übergestülpte Gewirr von interessenverflochtener Expertokratie auf jedes neue oder doch akut werdende alte soziale Problem. Mit neuen Lohnprozenten, weil dies das einzige zu sein scheint, worauf man sich gerade noch einigen kann. Unter der Flagge der sozialen Solidarität entfernt sich dieses Finanzierungsvehikel immer weiter von sachlich irgendwie zu rechtfertigenden Zusammenhängen zwischen dem Lohneinkommen und dem zu sichernden sozialen Tatbestand.

Diese Eigendynamik des Wachstums der Lohnprozente konnte sich wohl nur deshalb entfalten, weil den interessierten Kreisen die Tarnung der Lohnsteuern als Versicherungsprämien ebenso gelang wie die Verschleierung der effektiven Belastungswirkungen. Wie lassen sich diese kritischen Bemerkungen im Hinblick auf den neuesten Vorstoss kurz begründen?

1. *De facto* reduzieren sich die Vorschläge bezüglich der Finanzierung auf eine Sicherung des Nachschubs an Geldmitteln in ein ineffizientes und zum Teil grundlegend falsch konstruiertes System der Leistungserstellung und -verteilung. Der Status quo bezüglich Kassen, Versicherungen, Ärzten, Spitälern und deren Zusammenwirken im Rahmen von unvollkommenen Märkten sowie vor allem von administrativ-bürokratischen Vereinbarungen wird zementiert. Der einzige ernsthafte Reformkeil in Form von Geldmangel wird damit von den Rissen im System ferngehalten.

2. Die zu erwartenden Verteilungswirkungen der in scheinbar sozialer Absicht vorgeschlagenen Neuerungen sind zum Teil offensichtlich widersprüchlich und im Ganzen gesehen höchst fragwürdig. Sicher ist einmal, dass Lohnprozente in ihrer ganzen Höhe, das heisst inklusive Arbeitgeberbeitrag, aus dem Portemonnaie von Arbeitnehmern und Konsumenten geholt werden. Im ersteren Fall entsprechen die Arbeitgeberbeiträge der Differenz zwischen dem effektiven Marktlohn und dem ausgewiesenen Brutto-Lohn, im zweiten Fall stellen sie Kosten dar, die auf den Konsumenten vorgewälzt werden. Eine offene, volle Deklarierung der gesamten Lohnprozente auf dem Lohnausweis wäre demzufolge sicher ein heilsamer Schritt in Richtung vermehrter Kostenwahrheit in Sachen Sozialversicherung. Hinzu kommt, dass derartige proportionale Lohnsteuern wirtschaftlich und sozial Schwache (Kleinverdiener bzw. grosse Familien) besonders hart treffen, weil es ja weder Steuerfreigrenzen noch Sozialabzüge gibt. Je problematischer demzufolge die Umverteilungseffekte auf der Leistungsseite zu beurteilen sind, desto schwerer fallen diese regressiven Belastungen auf der Finanzierungsseite ins Gewicht.

3. Und hier ist nun tatsächlich vieles problematisch. Da wären in erster Linie die erzwungene Gleichstellung von Mann und Frau bezüglich Prämien (trotz stark divergierender Kostenrisiken) oder die Staatsfinanzierung der Prämien ab dem zweiten Kind pro Haushalt zu erwähnen. Nicht weniger fragwürdig ist die über Subventionen angestrebte Prämienver-

billigung im Allgemeinen, und selbst die Übernahme von Zahnbehandlungs- und Vorsorgeuntersuchungskosten seitens der Kassen ist nicht über alle Zweifel erhaben, weil gerade hier die Eigenverantwortung von grösster Bedeutung wäre. Es handelt sich bei all diesen Ausgleichsversuchen um Paradebeispiele des Giesskannenprinzips, gemäss dem einfach möglichst viel Geld in alle Richtungen versprüht wird, in der vagen Hoffnung, es würde doch noch etwas dahin fliessen, wo es tatsächlich nötig wäre. Frauen haben nun einmal ein wesentlich höheres Kostenrisiko – trotz höherer Lebenserwartung. Eine erzwungene Prämienangleichung hätte nur dann etwas mit Solidarität zu tun, wenn alle Frauen arm und alle Männer reich wären. Ähnliches gilt für kinderreiche Familien, von denen es eben auch mehr oder weniger begüterte hat. Der gemeinsame Nenner aller sozialen Verteilungsprobleme ist ein Mangel an Einkommen. Bei diesem gälte es anzusetzen – und eben nicht an Sekundärmerkmalen, die nur in gewissen Fällen etwas mit Einkommensmangel zu tun haben.

4. Auch beschäftigungspolitisch werden die Lohnprozente langsam aber sicher zu einer drückenden Hypothek, verteuern sie doch den Produktionsfaktor Arbeit relativ zu den übrigen, vor allem gegenüber dem Kapital. Besteht zudem die nicht abwegige Erwartung, dass diese Belastung in Zukunft noch zunehmen wird, so setzt das einen künstlich überhöhten Ersatz von Menschen durch Kapital in Gang. Je mehr die Vollbeschäftigung von anderer Seite schon bedroht ist, desto riskanter wird dieser neue, den Menschen als Produktionsfaktor benachteiligende Umstand. Dass diese Überlegungen auch Selbständigerwerbende und unter diesen arbeitsintensive Kleinbetriebe besonders stark betreffen, bedarf wohl keiner näheren Erklärung.

5. Schliesslich darf nicht verschwiegen werden, dass mit dieser einseitigen Korrektur auf der Finanzierungsseite, gekoppelt mit höchst zweifelhaften bis kontraproduktiven Verhaltensanreizen als Folge der unbeholfenen Umverteilungsversuche, primär die Existenz eines Systems verlängert werden soll, das eben gerade die Kostenexplosion unausweichlich machte. Wie kann ein Leistungssystem sinnvoll funktionieren, bei dem die Nachfrager (Patienten) weder die Kosten direkt bezahlen noch die Preise mit den Anbietern (Ärzten, Spitälern) aushandeln, und wo gleichzeitig die Anbieter Art und Umfang der zu erbringenden Leistung weit-

gehend autonom bestimmen können und dafür erst noch von Dritten (Kassen, Staat) entschädigt werden, die sich wiederum mit allgemeinen Steuermitteln und Lohnprozenten schadlos halten können. Ein derartiges System hat praktisch keine eingebauten Kostenbremsen mehr und floriert um so besser, je mehr Leute einerseits krank sind bzw. gemacht werden können und andererseits je mehr Geld unabhängig von den Verursachern beschafft werden kann. Die dritte Voraussetzung ist wohl die, dass man dafür sorgen muss, dass niemand hinter das wahre Ausmass der sozialen Kosten kommt bzw. möglichst unklar bleibt, wer die Zeche letztlich bezahlt.

Die soziale Marktwirtschaft lebt in einem ständigen Konflikt zwischen Effizienz und Gerechtigkeit oder eben zwischen Wirtschaftlichkeit und sozialem Ausgleich. Wir müssen aufpassen, dass sie nicht daran stirbt, dass im Namen der Gerechtigkeit und der sozialen Solidarität Regelungen getroffen werden, die sowohl ineffizient wie ungerecht sind. Immer wenn diese Gefahr auftaucht, lohnt es sich, darüber nachzudenken, welchen Personen oder Gruppen so etwas nützen könnte und von wem die entsprechenden Ideen stammen. In unserem Falle der Krankenversicherungsrevision stellen sich diese beiden Kreise als kongruent heraus.

Wer trägt die «finanziell tragbare» Krankenversicherung?

Eine «finanziell tragbare Krankenversicherung» – wer würde sich die heute nicht wünschen? Kein Wunder also, dass die so genannte «Krankenkassen-Initiative» so viele Unterschriften auf sich vereinigen konnte. Nimmt man jedoch die politischen Ziele dieser Initiative etwas näher unter die Lupe, ist das Resultat ernüchternd: «Finanziell tragbar» bedeutet hier nämlich nichts anderes als eine Verdoppelung der staatlichen Subventionen!

Wie die Kostenexplosion gedämpft, wie die Anspruchsinflation gebremst werden könnten, davon sagt die Initiative nichts. Eindeutig neu hingegen ist, dass sich die Krankenkassen damit ein Monopol zuschanzen wollen: Jegliche Konkurrenz durch private Versicherungsgesellschaften würde einfach ausgeschaltet.

Der grösste Stein des Anstosses

Die im Jahre 1985 eingereichte Volksinitiative «Für eine finanziell tragbare Krankenversicherung» (Krankenkassen-Initiative) hat zumindest vor dem Bundesrat – trotz ihrer fast 400 000 Unterschriften – keine Gnade gefunden. Nach der überraschenden und deutlichen Abstimmungsniederlage bei der Revision der Kranken- und Mutterschaftsversicherung vom Dezember 1987 scheinen sich die Behörden zu einer klare(re)n Haltung durchzuringen. Bekanntlich ist der grösste Stein des Anstosses bei der KK-Initiative in den Übergangsbestimmungen begraben: Die ganze Übung soll auf eine Öffnung der Schleusen für die allgemeinen Bundessubventionen hinauslaufen. Sind diese sozial ungezielt versprühten Subventionen in dieser Form schon heute ökonomisch sinnwidrig, so wäre es ihre Aufblähung von weniger als einer Milliarde Franken heute innert kürzester Zeit auf mehr als das Doppelte erst recht. Statt Reformen an Strukturen also eine raschere Drehung des Steuerumverteilungs- und Subventionskarussells.

Nicht nur finanzielle Konsequenzen

So traurig dieses Schauspiel der reinen Finanzkosmetik auch immer sein mag, man sollte darob die materiellen Punkte der KK-Initiative auch nicht übersehen. Fatal wäre es nämlich, wenn wohl die provokativen Übergangsbestimmungen fallen, der Rest der Initiative aber mehr oder weniger stehen bleiben sollte. Denn auch diesbezüglich lässt sich keine Lernbereitschaft, kein innovativer Gedanke und kein Ansatz zur Reform ausmachen. Im Gegenteil: Auch materiell soll all das betoniert und verstärkt werden, was uns in die Kostenexplosion hineinschlittern liess. Eine solche «Strategie» verdient nicht einmal den Titel «Symptombekämpfung». Lassen Sie mich dieses harte Urteil im Folgenden kurz begründen.

1. Die Kantone hätten eine «bedürfnisgerechte Versorgung der Bevölkerung mit medizinischen Dienstleistungen zu gewährleisten». Dieses Ziel ist ökonomisch inhaltsleer und bleibt solange ein Freipass für eine Plethora des Angebots, als die Nachfrager die Kosten nicht via Direktzahlung oder faire, das heisst einigermassen risikogerechte, Versicherungsprämien selber bezahlen. Wettbewerbs- und staatspolitisch würde uns die Initiative noch weiter weg von jedweder ökonomischen Rationalität und noch tiefer in die Scheinwelt des medizinischen Schlaraffenlandes führen.

2. Gemäss Initiative sollen «zur Sicherstellung der Wirtschaftlichkeit insbesondere Tarif- und Abrechnungsnormen» erlassen werden. Solange – wie dies heute der Fall ist – Anreizmechanismen und Gesamtstrukturen im Gesundheitssektor auf Expansion gerichtet sind, vermögen Tarif- und Abrechnungskontrollen wenig bis gar nichts auszurichten. Abgesehen vom bürokratischen Aufwand lassen sie die ganze Mengenkomponente der Kostenexplosion ausser acht.

3. Verschlimmbessert wird nun dieser regulatorische Kapitalfehler mit einem Monopol für die vom Bund anerkannten Krankenkassen. Damit ginge auch noch das letzte Element des Wettbewerbes zwischen privaten Krankenversicherungen und sozialen Krankenkassen verloren. Längerfristig hat das auch für die Innovationsfähigkeit des Gesundheitswesens verheerende Konsequenzen.

Ein Kassenmonopol ist unerwünscht

Der durch die KK-Initiative vorgezeichnete Weg führt gesundheits- und staatspolitisch in eine Sackgasse. Ein Monopol der Kassen mit weitgehender Staatsfinanzierung im Rücken verstärkt die Eigendynamik auf der Angebotsseite (Überversorgung) wie auf der Nachfrageseite (Anspruchsinflation). Die regulierenden Eingriffe würden damit immer einschneidender und so mit der Zeit auch noch die Vorteile der sehr teuren, aber sicher qualitativ hochstehenden Versorgung von heute gefährden.

Es entspricht keiner Polemik, sondern nur der logischen Konsequenz, dass es billiger und gerechter wäre, die Ziele der KK-Initiative durch einen staatlichen Gesundheitsdienst à la Grossbritannien zu verwirklichen. Dieser «National Health Service» arbeitet zumindest volkswirtschaftlich relativ günstig und qualitativ nicht um die gut 50 % schlechter als sein Preis liegt.

Aber vielleicht ist die Endstation der Staatsmedizin mit dem Zwischenhalt beim Monopol der Krankenkassen mit staatlicher Defizitgarantie nicht das System, das sich die Schweizer Bevölkerung wünscht. Es ist zu hoffen, dass dies so deutlich wie möglich zum Ausdruck kommt.

Bildung und Ausbildung als Gebot der Stunde

Die Schweiz wird vom Sonderfall zum europäischen Normalfall. Diese im allgemeinen recht bittere Erfahrung mussten wir schon bei der Teuerung, den Zinsen und dem (kaufkraftbereinigten) Wohlstand machen. Und jetzt kommt auch noch die Arbeitslosigkeit dazu, die weiter zunehmen wird und immer mehr auch Kaderleute und Menschen aus «sicheren Branchen» erfasst. Dieses Phänomen hat konjunkturelle und strukturelle Ursachen, wobei die letzten viel gewichtiger sind. Was können wir tun?

1. Konjunkturell sind uns angesichts der hohen Defizite bei der öffentlichen Hand einerseits und der Notwendigkeit, die Inflationsbekämpfung zu Ende zu führen, andererseits die Hände weitgehend gebunden. Hier gilt es, den Schaden zu begrenzen und soziale Härtefälle zu mildern.

2. Grosse öffentliche Beschaffungen, insbesondere im Infrastrukturbereich, könnten immerhin zügiger vorwärtsgetrieben werden. Hier bremsen allerdings nicht nur die Finanzlöcher, sondern die Bauverhinderung durch unsere überbordende Betroffenheitsdemokratie.

3. Eine wesentliche Strukturanpassung betrifft den Binnenmarkt. Der 6. Dezember 1992 (EWR-Abstimmung) lässt das Zuwarten für viele an sich investitions- und expansionsbereite Unternehmen als die beste Option erscheinen. Mit anderen Worten: Ein Ja am 6. Dezember würde wohl viele private Investitionsprojekte und Expansionspläne aus der Schublade locken (ein Nein wohl ebenfalls, aber mit dem Ziel Papierkorb). Die Unsicherheit über die europäische Zukunft ist ein schwerer Bremsklotz, und der EWR-Beitritt könnte viele Beschäftigungsabbaupläne vor der Verwirklichung bewahren.

4. Eine zweite Strukturanpassung betrifft die gegenüber vorher wesentlich höheren Zinsen. Wir haben von 1970 bis 1990 in der Schweiz viel investiert, aber, wie wir jetzt sehen, mit geringer Produktivität bzw. Rentabilität – wenn im Lichte der neuen Zinswirklichkeit betrachtet. Dies bedeutet vorerst eine drastische Senkung der Liegenschaftswerte mit weiterer Krisenverstärkung. Mittelfristig jedoch ist dies eine doppelte Chance, nämlich zum einen unsere Baukosten und Bauvorschriften so zu redu-

zieren, dass es z. B. im Wohnungsbau wieder zügig vorwärtsgeht, und zum anderen die Investitionen vom Beton auf die Köpfe zu verschieben (also mehr Investitionen in Humankapital als in Zement).

5. Bildung und Ausbildung sind das Gebot der Stunde. Nicht nur sind hier generell Budgetkürzungen zu vermeiden, weil wir damit nicht sparen, sondern unsere Zukunft erst recht opfern. Noch wichtiger als Geld sind aber bessere Rahmenbedingungen im Bildungswesen. Was darunter zu verstehen ist, soll folgendes Minimalprogramm illustrieren:
   - Der Bundesrat soll die Stellung der technischen Ausbildung, insbesondere an den HTL, aber auch an HWV- und Kunstgewerbeschulen (z. B. Produktedesign), stärken und deren Aufwertung zum Fachhochschulstatus aktiv unterstützen.
   - Gemeinsam mit den Kantonen ist eine Reduktion der Ausbildungszeit anzustreben (Vorverlegung des Einschulungsalters, Verkürzung der Mittelschulzeit und der effektiven Studiendauer an Hochschulen).
   - Die gesetzlichen Grundlagen zur Einführung qualifikationsbezogener Eintrittsbeschränkungen an den Hochschulen sind vorzubereiten.
   - Abschaffung des Beamtenstatus an der ETH und an den kantonalen Universitäten.

6. Ganz generell wird die Beschleunigung des Strukturwandels die Arbeitslosigkeit mittelfristig senken, wiewohl eine kurzfristige Verschlechterung der Lage durchaus damit vereinbar sein kann – aber nicht muss. Insbesondere im Arbeitsmarkt sind daher Deregulierungen bzw. Liberalisierungen vorrangig. Wer hier mit Schlagworten wie «Sozialabbau» und «Lohndumping» alle Besitzstände stur verteidigt, vergrössert das Risiko der Massenarbeitslosigkeit.

7. Alles in allem: Wir brauchen wieder mehr Wachstum in der Schweiz. Wenn wir unsere Kräfte darauf verlegen, die verringerte Menge Arbeit nur noch besser aufzuteilen oder gar durch allgemeine Lohnsenkungen aufzufangen, dann sind wir auf dem besten Weg nach unten – mit dem Keller als Limit. Mit anderen Worten: Das Falsche zu tun ist vielleicht die grösste Gefahr.

Bildung zur Aus- und Weiterbildung

Im Kanton Tessin will eine (knappe) Mehrheit des Parlaments Eltern mit Geld unterstützen, die ihre Kinder in Privatschulen schicken (wollen). Das ist nichts anderes als die vielgeschmähte Idee von Bildungsgutscheinen und freier Schulwahl. Damit bricht unsere Sonnenstube ein doppeltes schweizerisches Tabu: 1. Schulen aller Stufen haben öffentlich zu sein. 2. Konkurrenz im Bildungssystem ist des Teufels. Dahinter verbergen sich einerseits etatistische Ideologien über die Erziehung sowie die Angst der Lehrenden vor Leistungsvergleich und damit Zuteilung der Mittel nach dem Ergebnis und nicht nach dem Aufwand. Dem Kanton Tessin gebührt für einmal ein dreifaches «Hurra». Warum?

1. Es ist ein offenes Geheimnis, dass das amerikanische Grundschulsystem äusserst schlecht funktioniert und amerikanische Schulabgänger im internationalen Vergleich wissensmässig entsprechend schlecht abschneiden. Doch daneben stehen amerikanische Universitäten ganz zuoberst in der Gunst der besten Studierenden aus aller Welt, aber auch der Abnehmer aus Wirtschaft und Staat. Dieser eklatante Kontrast hat eine einfache Erklärung. Die öffentlichen Schulen sind lokale Monopole ohne Konkurrenz. Schüler und erst recht die Lehrer haben wenig Anreize, anwendbares Wissen zu vermitteln und herausragende geistige Leistungen zu prämieren oder zu fördern. Die Lehrerschaft bzw. ihre Gewerkschaften fordern vom Staat mehr Geld, kleinere Klassen usw. Alles Faktoren, die für den Bildungserfolg erwiesenermassen wenig oder nichts hergeben. Demgegenüber liefern sich die US-amerikanischen Universitäten einen harten Wettbewerb um die besten Lehrer, Forscher, Studierenden, Sponsoren und Partner. Sie sind fast alle zu 100 Prozent privat finanziert und völlig frei von der auch in der Schweiz grassierenden Planungs- und Koordinationsbürokratie des Staates.

2. Die offiziellen und konventionellen Bildungsplaner, die hierzulande einen «vrai champion de la planification à la française» an der Spitze haben, wollen nichts hören von Wahlfreiheit der Eltern, wo und wie lange sie ihre Kinder ausbilden möchten. Vor allem aber wollen sie auf Universitätsstufe geamtschweizerische Schwerpunkte bilden, Kooperationsnetze verordnen und vor allem die Forschung zentralistisch lenken. Werfen wir

beispielhaft einen kurzen Blick auf das so genannte Nationale Forschungsprogramm Nr. 45 mit dem Titel «Probleme des Sozialstaates».
10 Mio. Franken werden eingesetzt, zirka 3 Mio. gehen allein schon für die Administration drauf. Zum Wettbewerb zugelassen sind nur Forscher in der Schweiz. Zudem bleibt viel in der öffentlichen Verwaltung hängen, so z. B. beim «Stadtärztlichen Dienst» von Zürich (Fr. 380 000.–) oder bei der «Schweizerischen Fachstelle für behindertengerechtes Bauen» (Fr. 280 000.–) oder der «Fachstelle Lebensräume für Menschen mit einer geistigen Behinderung» (Fr. 235 000.–).
Man verstehe mich recht: Dies sind alles äusserst nützliche Institutionen mit verdienstvollen Aufgaben. Aber sollen oder können diese Institutionen «Forschung» betreiben? Wenn ja, hat der Staat dazu nicht Mittel für die so genannte «Ressortforschung»?
Für grundsätzliche Finanzfragen des Sozialstaates im Rahmen einer gesamtwirtschaftlichen Betrachtung wurde nur gerade etwa eine halbe Million an zwei forschungsmässig ausgewiesene Projektnehmer vergeben. Wenn sich die geneigte Leserschaft über dieses Missverhältnis wundert, sollte man ihr vielleicht auch noch mitteilen, dass der Präsident des wissenschaftlichen Begleitungsgremiums ein hoher Funktionär des Bundesamtes für Sozialversicherung ist. Der Spielmacher als Schiedsrichter sozusagen. Wer stets vor dem Einfluss privater Sponsoren auf die Forschung den Warnfinger erhebt, sollte hier die Warnglocken läuten.

3. Die offizielle und öffentliche Bildungspolitik fokussiert zudem zu einseitig auf die formalen Bildungsinstitutionen wie Schulen, Universitäten, Fachhochschulen usw. Ein wesentlicher Teil der «Humankapital-Akkumulation» erfolgt nämlich zum einen in der Familie – für Kleinkinder – und im Beruf – für Erwachsene.
Beides zusammen ist mindestens so wichtig wie die formale oder offizielle Ausbildung in öffentlichen Anstalten. So gesehen haben wir in der Schweiz wohl zu viele Hochschulen und Universitäten, und so gesehen sind die Neugründungen in Luzern und im Tessin gesamtwirtschaftliche Fehlinvestitionen. Auch bei den Fachhochschulen wäre aus quantitativ weniger wohl qualitativ mehr geworden. Da das Geld vom Bund letztlich halt doch immer wieder politisch «fein verteilt» wird, bleiben viele Bildungs- und Forschungsstätten unterhalb einer kritischen Grösse. Der offene Wettbewerb würde die schwächsten Anbieter effizient und schnell eliminieren. Weil das nicht sein darf, muss regionalpolitisch korrekte Pla-

nung her. Lies ineffiziente Subventionierung à la Spritzkanne, verschleiert und geschönt als so genannte koordinierte Planung. Die Qualität der wissenschaftlichen Lehre und Forschung wird dadurch eher geschwächt als gestärkt. Eine private Spitzenuni, die nicht den nationalen Planungszwängen, sondern dem internationalen Wissenschaftswettbewerb ausgesetzt wäre, würde der Schweiz gut tun.

Mindestlöhne oder Weiterbildung

Die Arbeitslosigkeit in der Schweiz ist auf dem Rückmarsch und nähert sich einer im internationalen Umfeld unteren «Traumgrenze». Mehr und mehr sorgt sich jedoch die Öffentlichkeit über die sich öffnende Schere zwischen besser und schlechter Verdienenden.

Der 3000-Franken-Monatslohn ist denn auch zu einer Art politischen «Schamgrenze» geworden. Das Problem der «working poor» soll nach gängiger Auffassung durch zwei Strategien gelöst werden:
1. Gewerkschaftlicher und öffentlicher Druck zur faktischen Durchsetzung von «anständigen» Minimallöhnen.
2. Investitionen in die Bildung, Ausbildung, Weiterbildung der zu wenig qualifizierten Arbeitskräfte.

Die erste Strategie kann vor allem vis-à-vis von grossen Unternehmen, z.B. des Detailhandels, durchaus kurzfristig aufgehen. Längerfristig führt sie aber auch zu einer Vernichtung von Arbeitsplätzen, die für viele Teilzeit- oder Gelegenheitsbeschäftigte durchaus attraktiv sein könnten. Mit einem Ausweichen in die Schwarzarbeit ist zu rechnen, ebenso mit einem Verlust von Einstiegs- oder Wiedereinstiegsjobs für Anfänger oder Rückkehrer in den Arbeitsmarkt.

Die zweite Strategie, nämlich den Unterprivilegierten durch Ausbildung/Weiterbildung Wissen und Können zu vermitteln, das ihre Fähigkeiten vergrössert und so ihre Chancen am Arbeitsmarkt verbessert, scheint unangreifbar. Doch ist sie das wirklich? Leider ist die Antwort nicht unbedingt und in jedem Fall positiv.

Folgende Faktoren sind für eine Bildungsoffensive kritisch in Rechnung zu stellen.

1. Die offiziellen und formellen Institutionen der Aus- und Weiterbildung dürfen nicht überbewertet werden – vis-à-vis dem vor- und ausserschulischen Lernen der Kinder und dem permanenten «learning by doing» der Erwachsenen im Erwerbsleben oder im stillen Kämmerlein zu Hause.
Der Verfasser dieser Zeilen hat z.B. Auto- und Motorradfahren, mindestens zwei Sprachen, die leidliche Beherrschung des PC/Internet, die Miterziehung von zwei Töchtern und vieles, vieles mehr ohne irgendwelche formalen Trainings «gelernt». Auch für Journalismus oder Pädagogik bin

ich «nicht zertifiziert», vielleicht leiden die Studierenden oder die Leser dieser Spalte darunter. Nicht, dass die formellen Bildungsinstitutionen ohne Wert oder Bedeutung wären! Aber wenn wir nur das könnten, was durch Zeugnisse offizieller Instanzen belegt ist, wären wir arm dran. Eines ist aber jetzt schon sicher: Wichtige Grundkenntnisse wie Lesen, Schreiben, Rechnen, logisches Denken, Kooperation mit anderen usw. sind absolut entscheidend und unerlässlich. Ohne diese Grundlagen geht fast nichts mehr. Wie soll ich den PC beherrschen lernen, wenn ich die Tastatur nicht verstehe? Die grösste bildungspolitische Verschwendung in der Schweiz ist deshalb die um ein bis zwei Jahre verspätete Einschulung unserer Kinder und Enkel. Demgegenüber sind z. B. Klassengrössen oder Ausgaben pro Schüler im internationalen Quervergleich nicht aussagekräftig, d. h. nicht wesentlich.

2. Der zweite kritische Punkt betrifft die Hunderttausende von Einwanderern aus Regionen, denen keine unserer Landessprachen bekannt sind. Viele von ihnen waren als Angelernte in Industrie und Bau manuell beschäftigt. Auch unter den Arbeitslosen sind die Arbeitnehmer mit den geringsten Qualifikationen am stärksten vertreten.
Der bildungspolitische Trugschluss ist nun der, dass es einfach sei, diese Menschen auszubilden und auf ein Fähigkeitsniveau hinaufzuhieven, das die Anforderungen der neuen Technologien erfüllt. Leider ist das fast ein Ding der Unmöglichkeit. Entsprechende Mittel haben einen geringen Nutzeffekt, stehen aber zur Förderung der Jungen und Begabten nicht mehr zur Verfügung. Und je begabter und je besser gebildet die Menschen bereits sind, desto mehr investieren sie und ihre Arbeitgeber in ihre Weiterbildung. Der Ausweg aus der Sozialfalle via Ausbildung ist extrem teuer. Verdient ein unqualifizierter Familienvater «nur» 50 000 Franken im Jahr und soll er dank mehr Humankapital 10 000 Franken mehr pro Jahr verdienen, so muss in diese Person mindestens 100 000 Franken investiert werden, wenn wir von einem «Return on Investment» von (hohen) 10 % pro Jahr ausgehen. Ist die Rendite nur 5 %, so sind 200 000 Franken an Investitionen erforderlich. Es scheint so, dass es für die Gesellschaft wirtschaftlich vorteilhafter wäre, primär in die Fähigsten und Motiviertesten zu investieren und dann via Steuer-Transfer-System die Unterschiede auf das sozial verträgliche Mass zu reduzieren. Wem das politisch zu wenig korrekt erscheint, hat noch eine andere, mittlere

Alternative: Die Subventionierung von Niedriglöhnen. Dies hat eindeutige Vorteile gegenüber der Subventionierung der Erwerbslosigkeit.

Offerieren wir unserem Familienvater mit 50 000 Franken Jahreslohn z.B. 5000 Franken als Prämie, wenn er durch Mehreinsatz selber 5000 Franken mehr erzielt, dann ist das sicher die billigere und vielleicht auch gesamtwohlfahrtsmässig bessere Lösung als forcierte Ausbildung oder Arbeitslosengeld.

Geld und Geist

Keine Bange. Der gute Gotthelf wird in Ruhe gelassen, obwohl seine Werke für die politische Ökonomie wahre (und wenig ausgebeutete) Fundgruben für ein vertieftes Verständnis der technischen und gesellschaftlichen Entwicklungstrends in der Endphase des Ancien Régime abgeben.

Es geht hier vielmehr um das Verhältnis von Geld und Wissenschaft oder präziser um das Spannungsfeld zwischen Forschung und Markt. Dabei sind die zentralen Fragen einfach und klar:
1. Wem gehört das durch wissenschaftliche Forschung entstandene Wissen?
2. Welche Anreize treiben Richtung und Tempo des Wachstums von Wissen?

Leider sind die Antworten alles andere als einfach, vor allem seit die theoretische Forschung und die praktische Anwendung getrennte Wege zu gehen scheinen. Das war nicht immer so wie der «Economist» (vom 17. Februar 2001) berichtet.

Humphrey Davy entdeckte sieben chemische Elemente und erfand die Sicherheitslampe für die Grubenarbeiter. Louis Pasteur erforschte die molekularen Eigenschaften und erfand die Methode, um die Milch zu «pasteurisieren». Daran nahm damals niemand Anstoss. Heute scheint das anders. Der Profit als Motor der Forschung wird argwöhnisch bis ablehnend beurteilt. Ist es nicht pervers, Hunderte von Millionen in die Entwicklung von Medikamenten gegen die Fettleibigkeit zu investieren, statt für die Bekämpfung von Tropenkrankheiten? Ist es nicht menschenverachtend, Medikamente gegen Aids so hochpreisig zu vermarkten, dass Millionen von infizierten Afrikanern nicht den Hauch einer Chance für eine Behandlung bekommen? Ist es nicht pervers, genetisch veränderte Organismen zu patentieren?

Bevor wir vorschnell alle Fragen mit moralisch bzw. politisch korrekten Antworten zudecken, lohnen ein paar ökonomische Überlegungen.

Wichtig ist dabei die Erkenntnis, dass die Rolle des Profits je nach Wissenschaftszweig sehr verschieden ist. So gibt es in der Tat Disziplinen wie die Human- und Sozialwissenschaften, die primär intellektuelle oder spirituelle Erkenntnisziele verfolgen und kaum ökonomisch nutzbare Anwendung generieren.

Philosophische, historische oder theologische Erkenntnisse haben einen intrinsischen Wert und müssen daher primär mit öffentlichen Geldern oder durch philanthropische Privat-Sponsoren finanziert werden.

Eine weitere Kategorie von Forschung ist ebenfalls primär nicht durch privates Profitstreben zum Erfolg zu führen: wenn das Forschungsresultat ein so genanntes «reines öffentliches Gut» ist.

Die Struktur der «doppelten Helix» oder des «menschlichen Genoms» sind nach ihrer Entdeckung sofort für alle potentiellen Interessenten frei verfügbar. Weil man daran kein privates Eigentum erwerben kann – und soll –, würde ohne staatliche Finanzierung zu wenig Forschung dieser Art betrieben. Wer forscht, hat nur die Kosten. Der Gewinn der Grundlagenforschung fliesst direkt in die Allgemeinheit.

Bis jetzt war alles recht einfach. Schwierig wird es eben dann, wenn ökonomisch «nutzloses» oder «wertloses» Wissen halt doch nicht bloss wissenschaftliche, sondern eben auch kommerzielle Chancen eröffnet.

Offensichtlich waren diese «Abfallprodukte» der Grundlagenforschung beim Genom so aussichtsreich, dass eine private Forschungsfirma den Wettlauf gegenüber den staatfinanzierten Labors für sich entscheiden konnte. Wem schadet das? Niemandem, weil die Erkenntnis als solche ab sofort ein öffentliches Gut geworden ist.

Ökonomisch verwertbare Forschungsergebnisse (z. B. Medikamente) müssen patentiert werden können. Allerdings wären hier vielleicht strengere Massstäbe an die Neuheit und Wirksamkeit vonnöten. Die «Profitgier» ist in all diesen Fällen weit weniger menschenfeindlich als blauäugige Kritiker meinen.

Ob es um die Entwicklung von Hörgeräten, Aids-Therapien oder Computer-Software geht, das Gewinnmotiv bleibt für risikofreudige Investoren die beste Lösung für das Anreizproblem. Bevor all diese Innovationen der breiten Masse der Menschheit zur Verfügung gestellt werden können, müssen sie eben vorerst erforscht und entwickelt werden. Werden Patente verweigert, politische Tiefst-Preise verordnet oder die Kommerzialisierung von Wissen verboten, dann entstehen all die schönen Errungenschaften des Fortschritts erst gar nicht. Es ist wie immer: Zuerst muss etwas produziert sein, bevor es besser verteilt werden kann.

10

Verkehr

Quellennachweis

Doch Gebühren auf Autobahnen?	Neue Zürcher Zeitung	31.7.1976
Die Swissair auf dem Weg nach Bern (einfach)	Basler-Zeitung	23.6.1993
«Bareggonomics»	Aargauer Zeitung	7.8.1999
Der Fall (der) Swissair in der Marktwirtschaft	Basler-Zeitung	9.4.2001
Die Schweiz AG schlägt zurück	Weltwoche	1.11.2001
Airport-Economics	Die Volkswirtschaft	Nr. 8/Aug. 2001

Doch Gebühren auf Autobahnen?

Es ist unschwer zu erraten, dass in einer Volksbefragung nach dem kritischsten Engpass im schweizerischen Strassennetz der viel zitierte und inzwischen sogar besungene Walensee als Antwort genannt würde. Ebenso eindeutig ist wohl auch die Meinung über die adäquate Therapie, nämlich den sofortigen Ausbau dieses Flaschenhalses. Aber sind diese Überlegungen ökonomisch haltbar?

Gehen wir einmal von den sicherlich vernünftigen Annahmen aus, dass das bestehende schweizerische Autobahnsystem der Bevölkerung insgesamt weit mehr Nutzen als Kosten bringe und dass der private Automobilverkehr mit Sicherheit nicht mehr als diese direkten Kosten aufgebrummt bekommt. Soll man dann den einzelnen Automobilisten noch Benützungsgebühren aufladen? Solange mit zunehmender Intensität der Nutzung dieser Strassen keine Kapazitätsengpässe oder anderweitige soziale Kosten auftreten, ist eine Gebührenerhebung in Form von Wegzöllen ökonomisch nicht sinnvoll, weil sie einen Teil potentieller Autofahrer von der Autobahn fernhält, ohne dass dafür ein plausibler Grund besteht. Dieser könnte eben nur darin liegen, dass der Wegfall eines Teils des Verkehrs mit entsprechenden Kosteneinsparungen verbunden wäre. Oder anders herum: Unterhalb der Schwelle voller Kapazitätsauslastung oder anderer Belastungsgrenzen steht dem Nutzenverlust der durch die Gebühr ferngehaltenen Autofahrer keine Kosteneinsparung entgegen, so dass die Gesellschaft als ganzes nach Einführung der Gebühr schlechter dasteht als vorher.

Wenn nun – wie in der ersten Annahme angedeutet – die Autolenker über Treibstoffzölle und Motorfahrzeugsteuern jedoch zur Kasse gebeten werden, so ist dies primär aus verteilungspolitischen Überlegungen gerechtfertigt, indem dadurch politische Konflikte zwischen den zahlenden Benützern und den ebenfalls zahlenden Nicht-Benützern abgeschwächt werden. Hinzu kommt, dass eine teilweise, oder sogar gesamte Eigenfinanzierung des privaten Strassenverkehrs wohl nur kurzfristig nichts (oder nicht viel) mit der Wirtschaftlichkeit dieser Einrichtung zu tun hat – denn langfristig betrachtet erschwert die Abwälzung der Kosten auf die Benützer eben eine übermässige Kapazitätsausdehnung. Diese würde um so wahrscheinlicher, je mehr die Kosten in dieser Weise auf die Allgemeinheit überwälzt werden könnten.

Sind damit zusätzliche Benützergebühren endgültig erledigt? Spezielle Gebühren für die Befahrung von Tunnels, Brücken oder bestimmten Wegstrecken wären selbst im Falle einer totalen Eigenfinanzierung via Treibstoffzölle und Motorfahrzeugsteuern dann ökonomisch angemessen, wenn sie Verstopfungen und Zusammenbrüche in Spitzenzeiten (zum Beispiel Walensee) zu vermeiden helfen. Derartige Verstopfungen oder Schlangenbildungen an kritischen Stellen verursachen nämlich soziale Kosten, vor allem in Form von Wartezeiten, die aber nicht für alle Verkehrsteilnehmer gleich hoch sind. Dem Skifahrer auf der Heimkehr macht zum Beispiel eine Stunde Wartezeit sicherlich viel weniger aus als dem Arzt auf dem Wege zu einem Notfall.

Aus diesem Grund könnte man durchaus versuchen, durch eine zeitlich flexible Gebührenregelung Engpässe zu beseitigen, und zwar nicht indem man Überkapazitäten für 95 % der Zeit bereitstellt, sondern indem man die vorhandene Kapazität gleichmässiger auslastet. Es ist klar, dass man die Preise so ansetzen müsste, dass die verkehrsarmen Zeiten gratis blieben, aber mit zunehmender Verstopfungswahrscheinlichkeit die Gebühr in die Höhe geht. Dadurch könnte man trotz oder eben gerade wegen der Gebühr die volkswirtschaftlichen Kosten senken.

Aus dieser Sicht erscheint beispielsweise der Walenseeausbau viel weniger dringlich als man gemeinhin annimmt, beschränken sich doch die Zusammenbrüche auf wenige Stunden pro Monat und werden die sozialen Kosten (Wartezeiten) erst noch zur Hauptsache von den beteiligten Unverbesserlichen selbst getragen. Man vergleiche dies etwa mit der permanenten innerstädtischen Verkehrsmisere, die tagtäglich Tausende und Zehntausende von Nicht-Beteiligten mit hohen sozialen Kosten belastet. Der Witz dieser Art von verstopfungslindernder Medizin besteht also gerade darin, dass die in ihrer Höhe zeitlich gestaffelte Gebühr die Kosten der Automobilisten insgesamt verringert, weil der Nutzen des Zeitgewinns für alle Verkehrsteilnehmer insgesamt grösser ist als der entsprechende Gebührenaufwand.

Man könnte sogar noch einen Schritt weitergehen für den Fall, dass man der Ansicht ist, der private Verkehr insgesamt bringe zum Beispiel eine zu hohe Umweltbelastung. Unter diesen Umständen könnte man mit den Gebühreneinnahmen den öffentlichen Verkehr subventionieren und damit wiederum die gesamten gesellschaftlichen Kosten nun nicht mehr privaten, sondern eben des gesamten Verkehrs reduzieren. Im Einzugsgebiet grosser Agglomerationen könnte so etwas durchaus sinnvoll sein.

Aber auch damit wäre ein ideales Finanzierungssystem noch nicht komplett. Immer bleibt nämlich noch die Tatsache bestehen, dass die Existenz des Autobahnsystems den Benützern insgesamt einen grösseren Nutzen verschafft als die budgetmässigen Kosten ausmachen. Ein Teil dieses Nutzens beruht aber darauf, dass bereits die Existenz von sicheren und schnellen Verkehrsverbindungen mit einem Wert für die effektiven und potenziellen Benützer verbunden ist, der unabhängig vom tatsächlichen Gebrauch ist. Allein die Möglichkeit, im Bedarfsfalle dieses Schnellstrassensystem benutzen zu können, ist zumindest für alle Autobesitzer (oder die es werden wollen) von einem gewissen Wert. Diesen Bereitschaftswert könnte man mit einer festen, jährlichen Lizenzgebühr (Vignette) separat erfassen, ohne dabei die Effizienz des Autobahngebrauchs und die Gleichmässigkeit der Kapazitätsausnützung zu gefährden. Die damit verbundenen zusätzlichen fixen Kosten des Autofahrens werden eigentlich nur diejenigen Automobilisten fühlbar belasten, die das System nur sehr selten befahren (zum Beispiel ausländische Touristen, reine Sonntagsfahrer usw.), was jedoch nicht als ungerecht zu taxieren ist, weil eben gerade diese Kategorien grössere Kapazitäten als für den Normalgebrauch erforderlich machen.

Eine Eigenfinanzierung der direkten Budgetkosten der Autobahnen via Treibstoffzölle und Motorfahrzeugsteuern durch die Benützer, verbunden mit flexiblen Benützergebühren zur gleichmässigen Kapazitätsauslastung und ergänzt durch einen fixen Eintrittspreis in das System der Autobahnen (Vignette), wären somit die drei Säulen eines rationalen Finanzierungsmodus des privaten Strassenverkehrs. Indem diese drei verschiedenen Schröpfungsarten der Automobilisten auch verschiedenen Zielsetzungen dienen, kommen sie sich bei richtiger Dosierung weder in die Quere noch können sie insgesamt als ungerecht taxiert werden.

Die Rechnung ohne den Wirt machen letztlich diejenigen, die in naiver Weise glauben, es gäbe so etwas wie Gratisstrassen, und dabei übersehen, dass die Kostenabwälzung auf den Staat zu ökonomisch überdimensionierten und erst noch in Spitzenzeiten überlasteten Verkehrsverbindungen führt – und damit eben zu insgesamt höheren Kosten. Blosser Kapazitätsausbau ist somit eine fragwürdige Strategie.

Die Swissair auf dem Weg nach Bern (einfach)

Es kommt vor allem in Drittweltländern vor, dass das Nationalbewusstsein am «national flag carriers» der Luftfahrt festgemacht wird oder dass nationale Unternehmen zum Symbol des Widerstandes gegen den Einfluss des Auslandes erklärt werden. Die Zahl von Staaten mit derartigen Prioritäten nimmt allerdings auch im «Süden» rapide ab, genauso wie die Privatisierung von verstaatlichten Unternehmen im Bereich der Infrastruktur – also Telekommunikation, Verkehr, Energieversorgung, Post, Radio und Fernsehen – international mächtig voranschreitet.

Die Schweiz trotzt diesen Modeerscheinungen der übrigen Welt mit dem Mut des Überheblichen oder vielleicht des Verzweifelten. Den EWR haben wir souverän nicht zuletzt deshalb abgelehnt, weil wir doch nicht den bürokratischen Moloch Brüssel brauchen, um unser Haus ordnungspolitisch wieder in Ordnung zu bringen, d. h., um den internationalen Marktzutritt zu liberalisieren, die Kartelle zu zerschlagen, die Monopole aufzubrechen und ganz generell den staatlichen Einfluss auf die Wirtschaft auf wenige, aber klare Regeln zu reduzieren. Wenn wir diesen Weg noch nicht wirklich unter die Füsse genommen haben, so doch nur deshalb, weil wir vorerst Wichtigeres zu tun hatten, z. B. eine Bundesrätin zu wählen oder Verfassungsabstimmungen über Kampfflugzeuge und Waffenplätze vorzubereiten. Dann ist leider auch noch die Strukturkrise der Wirtschaft mit rasant steigender Arbeitslosigkeit dazwischengekommen, was eine grosszügige Ausdehnung des ohnehin im internationalen Vergleich einmalig hohen Versicherungsschutzes erforderlich machte. Wo das Volk regiert, muss sich halt die «classe politique» mit ihren abstrakt-elitären Reformprogrammen etwas gedulden.

Ein reiches Land
Und schliesslich sind wir ja auch ein reiches Land: Die Milliarden für den Agrarschutz, den Bahn- und Postschutz und den Schutz des einheimischen Gewerbes bei der öffentlichen Beschaffung sind ja nur für Krämerseelen ein echtes Problem. Und die so genannten sozialen und ökologischen Errungenschaften sind bereits vom Bundesrat selbst im Rahmen des Revitalisierungsprogrammes für unantastbar deklariert worden. Also beginnen wir in der Schweiz im Kleinen, z. B. mit der Aufhebung des Schiesspulverregals und der Abschaffung der Pflichtlager für die Bäcker.

Es geht vorwärts ...
Es geht vorwärts, und der Bundesrat hat doch schliesslich ein Revitalisierungsprogramm vorgelegt, das u. a. auch den öffentlichen Verkehr – mit der gebotenen Vor- und Umsicht – in Richtung auf mehr Markt umzulenken gedenkt. In diesem Zusammenhang war oft von der «Swissairisierung» der SBB die Rede, also von mehr unternehmerischer Unabhängigkeit und Selbständigkeit in einem gemischtwirtschaftlichen Kontext. Und erste Beweise dafür finden sich denn auch bereits im neuen Fahrplan, der u. a. die IC-Züge zwischen den beiden grössten Städten – allerdings gegen einen bescheidenen Mehrpreis – nun auch noch in zwei «Regionalzentren» halten lässt. (Die Bözberg-Autobahn lässt grüssen.) Die Neat und die «Bahn 2000» haben nur noch ein paar tausend Einsprachen und ein paar Milliarden unvorhergesehene Baukosten zu bewältigen, bevor der internationale Bahnverkehr die Schweiz völlig umfahren hat. Zumindest haben wir damit die 40-Tönner von den Autobahnen ferngehalten, so dass die freie Fahrt für den freien Bürger gewahrt bleibt. Eine weitere Abnahme der Standortqualität unseres Tourismus wird wohl auch den Ausländerverkehr schrumpfen lassen. Die Zollschikanen an der Schweizer Grenze werden nach Inkrafttreten der Grenzabschaffung im EWR diesen Prozess ebenfalls günstig beeinflussen.

Höchste Zeit
Nur die Swissair stört nun plötzlich unsere Verkehrskonzeption, indem sie angesichts der wohl doch übertriebenen Diskriminierungsängste im europäischen Luftverkehr das versucht, was z. B. die ABB bereits vorexerziert hat: die Europäisierung des Unternehmens. Man sieht ja, wohin das geführt hat – zu einer Unterwerfung unter schwedische Manager und massiven Arbeitsplatzverlusten! Der Bundesrat hat klar erkannt, dass die Swissair eben trotz allem ein Monopolbetrieb ist, der Routen in nationalem Interesse exklusiv bedienen kann. Und bis vor kurzem ist ja auch alles glänzend gelaufen. Die Deregulierung der europäischen Lüfte führt ohnehin nur zu chaotischen Verhältnissen, wie aus den amerikanischen Verhältnissen ganz klar ersichtlich geworden ist! Es ist höchste Zeit, dass die Swissair von den Landesvätern und -müttern in den Senkel gestellt wird. Mit dem richtigen Berater und den notwendigen Subventionen können wir den Alleingang doch wohl auch in der Luft schaffen. Zudem würde unsere Swissair dadurch nur noch volksnäher, mit Zwischenlandungen im Belpmoos, Sitten oder Samedan, was im Interesse des regionalen Ausgleichs ohnehin schon längst überfällig ist. Auch in der Typenbeschaffung, der Destinationswahl und der Per-

sonalpolitik würde eine Annäherung an die SBB nur guttun, von der Beamtung des Personals ganz zu schweigen.

Fliegende Postautos ...
Wenn das alles zu guter Letzt seinen Preis hat, dann zahlen wir ihn halt; denn schliesslich ist die Swissair ein nationales Symbol, eines der wenigen, die uns in dieser arglistigen Zeit der Internationalisierung noch geblieben sind. Was für kleine und arme Länder wie Guatemala, Nicaragua oder Honduras richtig ist, kann doch wohl für die stolze und reiche Schweiz nicht falsch sein? Die gelben Postkarossen haben den rot-weissen Kisten den Weg bzw. die Flugbahn vorgezeichnet: Mit genügend Schub könnte man selbst die Postautos zum Fliegen bringen, und mit genügend Subventionen bleiben auch die rein schweizerischen Staatsflugi kompetitiv.

«Bareggonomics»

Die «Moralappell-Übung» zur Verhinderung von Staus am Bareggtunnel durch freiwillige Verhaltensänderungen ist – zum Glück für die Promotoren – wohl bereits dem Vergessen anheimgefallen. Das Geld ist weg, und die Verantwortlichen schoben dem Flop noch ein paar Trostworte nach: Wenn's auch nicht gewirkt hat, so hat's doch das «Bewusstsein» der Leute geweckt ...

Der Verfasser dieser Zeilen hat seinen Studis schon vor der Tat eine vernichtende Prognose abgegeben. Weil man durch Appelle allein das interessengesteuerte Individualverhalten der Menschen nicht ändern kann. Auch wenn die täglichen Staus alles andere als «vernünftig» erscheinen, so verhalten sich die meisten daran beteiligten Autofahrer individuell trotzdem rational.

Eine Autobahn ist ein so genannt öffentliches Gut, das viele (oder alle) gemeinsam benutzen können. Wenn A eine Wurst verzehrt, kann B diese nicht mehr konsumieren. Aber wenn A mit dem Auto von Basel nach Zürich fährt, so kann dies der B genauso und sogar gleichzeitig. Auch: solange die Kapazität der Autobahn ausreicht und somit keine «Überfüllung» (Congestion) auftritt. Diese tritt deshalb auf, weil die einzelnen Autofahrer die externen Effekte auf die anderen vernachlässigen. Zu Recht; denn wieso soll ausgerechnet mein Auto den Stau verursachen? Genauso wie zu viele Tiere auf eine allgemein zugängliche Allmend getrieben werden, genau so drängen sich deshalb zu viele Autos auf die Strassen-Allmend. Der Stau ist ein negatives Gut und verursacht allen Betroffenen Kosten. Aber wenn ich den Zug nehme, gibt es genau so viel oder wenig Stau, und vor allem: Selbst wenn mein Umsteigen die Kosten der anderen senken würde, hätte ich ja nichts davon.

Ich kann mein Recht, durch den Baregg-Tunnel zu fahren, eben nicht verkaufen, weil es dafür keinen Markt gibt. Deshalb haben nur Wohltäter einen Grund, den anderen aus dem Stau zu helfen, indem sie zu Hause bleiben. Aber selbst wenn die Appelle die geringe Zahl der Wohltäter erhöhen würde oder auch nur diese Erwartung weckt, springen sofort andere – rational bzw. eigennützig Handelnde in die Lücke. So nach dem Motto, dass es in der Anti-Stau-Woche besonders günstig ist, mit dem Auto zu fahren, weil ja jetzt so viele andere gerade nicht fahren.

Die Appelle zur Stauvermeidung waren gut gemeint. Aber sie hatten gegen das Eigeninteresse keine Chance. Was soll man aber dann machen?

Entweder gar nichts ausser die Stauzeiten (wie bereits üblich) permanent publik zu machen. Dann befinden sich *grosso modo* jene im Stau, für die die damit verbundenen Kosten immer noch tiefer sind als jede andere Alternative. Dieser Stau ist dann halt «optimal». Oder man vergrössert die Kapazität z. B. durch eine dritte Röhre oder durch eine Erhöhung der Geschwindigkeit von 80 auf 100! Damit verlegt man den hoffentlich reduzierten Stau auf das nächstkleinere Nadelöhr in der Umgebung. Oder schliesslich: Man wählt einen marktnahen – oder analogen – Lösungsansatz. Dies würde heissen, dass man die Verursacher zahlen lässt, aber eben nicht mit der Vignette (= fixe Kosten der Autobahnbenützung) oder den Treibstoffsteuern, die mit den Stauzeiten und -orten auch herzlich wenig zu tun haben. Was man vielmehr bräuchte wäre ein «Road-Pricing», d.h. eine zeit- und ortsabhängige Gebühr als Abgeltung der externen Kosten. Die Kapazität am Gotthard reicht wohl während über 90 % der Zeit voll und ganz. Ziel des «Road-Pricing» müsste es also sein, die Benützer so via Portemonnaie zu steuern, dass die «Überfüllung» ausbleibt. Es geht hier jetzt nicht um einen konkreten Vorschlag, sondern um die Idee an sich. «Road-Pricing» ist eben weit mehr als ein Appell. Es funktioniert auch ohne Wohltäter, sondern mit ganz gewöhnlichen Menschen wie Du und ich. Wenn ich jetzt auf den Zug umsteige, dann habe ich etwas davon: Die eingesparte Durchfahrtsgebühr! Anreize oder Appelle? Das ist hier (keine) Frage. Appelle, die individuell nicht anreizgerecht sind, verpuffen ins Leere. Ausser Spesen nichts gewesen.

Der Fall (der) Swissair in der Marktwirtschaft

Was haben Saurer-Lastwagen, Hasler-Telefonzentralen, Schindler-Waggons, Feldschlösschen-Bier und die Swissair gemeinsam?

So verschieden die Branchen, so ähnlich die Wettbewerbsverhältnisse, in denen diese Unternehmen mit ihren renommierten Produkten operierten: Alle waren sie in einem strikte staatlich regulierten bzw. privat kartellierten Umfeld erfolgreich, wobei die staatliche Reglementierung und die privaten Absprachen Hand in Hand gingen. Die einen produzierten als Hoflieferanten primär für den Staat (Saurer, Hasler, Schindler) die anderen produzierten primär unter der vor dem Wettbewerb schützenden Hand des Staates. Und alle gerieten in Turbulenzen und schliesslich ins Trudeln, als das wettbewerbspolitische Signal von «geschütztem Markt» auf «offenen Markt» umgeschaltet wurde.

Nun hat es auch unser Flaggschiff, die Swissair, bös erwischt. Es ist schmerzlich; aber ist es wirklich völlig überraschend?

Dazu einige Gedanken aus der Werkzeugkiste des Ökonomen. Europa steht seit langem vor einer gewaltigen Konsolidierung der Fluggesellschaften. Dies zeigt allein schon der Vergleich mit den USA, die vor etwa 30 Jahren die Deregulierung eingeleitet haben. Es zeichnet sich heute klar ab, dass dort nur gerade vier oder fünf Grosse überleben werden. So stolze Namen wie PanAm, TWA oder Eastern sind vom Himmel verschwunden, weil die Öffnung des Marktes, d.h. die Abschaffung von festen Routenzuteilungen und staatlich kontrollierten Preisen zu einem «Nabe-Speichen-System» führen muss. Das selbe ist in Europa in vollem Gang. London, Paris, Frankfurt sind als Angelpunkte oder Hubs festgesetzt. Madrid, Amsterdam sind gut positioniert, und München, Mailand und Kopenhagen rangeln um Nischen oder Nebenschauplätze. Daneben sehen Zürich oder Brüssel relativ alt aus, weil sie zu nah an grösseren Naben liegen und Zürich insbesondere eigentlich keinen vernünftigen Standort für eine globale Drehscheibe abgibt.

Die Swissair hat schwere strategische Fehler begangen, indem sie versucht hat, aus eigener Kraft eine strategische Allianz unter ihrer Führung aufzubauen. Dazu war es längst zu spät und waren die Kosten zu hoch. In Harvard wird seit einiger Zeit der Alcazar-Fall (Allianz KLM/Swissair/AUA) behandelt. Bisher haben in allen Wiederholungen die Studierenden klar für diese Allianz als letzte strategische Option für die Swissair Stellung genommen. Die guten Ansätze mit Delta und Singapore zerschellten, als sich die

Grossen neu gruppierten und unsere Swissair als *quantité négligeable* aus Abschied und Traktanden fiel. Dies wäre der letzte Moment gewesen, um sich entweder auf eine kluge Selbstbeschränkung im Sinne eines qualitätsorientierten Nischenplayers oder als noch valable Top-Marke einer grossen Allianz als Junior-Partner anzubieten.

Emotionen sind in der Führung eines Unternehmens unabdingbar. Für die Strategiefindung sind sie jedoch Gift. Bundesräte, die beim Anblick einer Heckflosse einer SR-Maschine innerlich erschaudern, sind ebenso eine Gefahr wie solche, die die Swissair für ihren Expo-Rücktritt kritisieren, als ob es sich um das Präsidentenwort eines armen Entwicklungslandes handelte, der «seinen» National Carrier in den Senkel stellt. Vor Jahren sass ich beruflich auf einem Interkontinentalflug in der Business Class, arbeitenderweise. In der First Class war ein Riesenfest im Gang, da es sich um den Jungfernflug handelte. Die Höflichkeit verbietet es, Namen zu nennen. Aber eines muss gesagt werden. Zu lange wurde «unsere Swissair» dem Volk als eines der letzten Symbole angedreht, während Verwaltungsräte, Journalisten, Politiker, hohe Beamte, Angestellte usw. ihre Leistungen als Pfründe in Anspruch nahmen. Dem fliegenden Professor wurde es von jenen Kreisen übel genommen, als er die Einladung zur Party in der First Class mit dem Hinweis ablehnte, dass es sich um eine teure Dienstreise eines treuen Kunden handle. Die Promis waren offensichtlich wichtiger als die Kunden.

Die strategisch grössten Vermögenswerte der Swissair waren (oder sind) ihr Qualitätsimage und die Identifikation bzw. Servicebereitschaft des Personals an der Front. Beides wurde von oben fahrlässig aufs Spiel gesetzt und in ihrem wahren Wert nicht erkannt. Dafür hat man eine Grösse und Struktur angepeilt, die im Wettbewerb keine Chance hatte. Der angeblich so hochkarätige Verwaltungsrat litt eben nicht nur an einem Mangel an Branchenkenntnissen, sondern auch unter einem Defizit über die Funktionsweise des Wettbewerbs.

Die Schweiz AG schlägt zurück

Viel Raum für zukünftigen Unsinn: die Swissair-Folgen

Ökonomische Rationalität oder Politische Legitimität?

Eine rationale ökonomische Begründung für die (vorläufig) gut vier Milliarden Franken zugunsten der neuen Swissair hat von vornherein gefehlt. Die einhellig dagegen votierenden Ökonomen wurden denn auch dahingehend belehrt, dass es um eine politische Solidaritätsdividende gehe und nicht um schnöden Return on Investment nach dem Shareholder-Prinzip. Deshalb soll im Folgenden diese These aus einer Governance-Perspektive kritisch durchleuchtet werden. Wenn schon die ökonomische Rationalität in den Wind geschlagen wird, müsste doch zumindest die politische und unternehmerische Legitimität unanfechtbar sein. Bei näherem Zusehen hin kommt man jedoch um die Feststellung nicht herum, dass sich vor allem jene Exponenten aus Wirtschaft und Politik in die Bresche geschlagen haben, die für das Desaster direkt und indirekt in hohem Masse verantwortlich sind.

Vom Sonderfall zum Sanierungsfall

Vor mehr als 10 Jahren publizierte ich mit Thomas Straubhaar und Aymo Brunetti das Buch «Schweiz AG: Vom Sonderfall zum Sanierungsfall?» Vier Jahre später doppelten wir mit «Die Schweiz im Alleingang» nach. Die «Message» beider Studien war, dass die Schweiz an institutionellen Reformen nicht vorbeikomme, «wenn sie den Sanierungsfall nicht bis zum bitteren Ende durchexerzieren will ... Die Schweiz ... kommt uns vor wie eine ... wohlgenährte Schildkröte, die nur das leidige Pech gehabt hat, ... auf den Rücken geworfen worden zu sein. (Sie) hat sich für den Alleingang entschieden, strampelt aber vorerst in die Luft. Ab und zu gelingt es ihr zwar, ein wenig Staub aufzuwirbeln. Aber dabei bleibt's dann auch.» (S. 8).

Ein paar Seiten weiter schrieben wir: «Eine Reihe von Symptomen spricht nämlich dafür, dass anstelle einer ganzheitlichen Politik eine wenig zusammenhängende, durch Ratlosigkeit geprägte Hektik getreten ist.» Wir nannten dieses Phänomen «Hektische Stagnation» (S. 32). Schon 1994 kamen wir zum Schluss, dass «die Bereitschaft zu liberalisieren und zu deregulieren ihren Höhepunkt (nach dem EWR-Nein von 1992) bereits überschritten hat ...». Es ist so viel über Revitalisierung palavert worden, dass viele glauben, diese Übungen hätten wir jetzt hinter uns (S. 36).

Und schliesslich äusserten wir uns selbst zum Luftverkehr: «Auch der Fall Swissair ist symptomatisch für unser Dilemma. Das EWR-Nein hat einfach ... schwerwiegende Konsequenzen ... Am Ende bleiben wohl nur (staatliche) Subventionen oder Defizitgarantien. Es ist vorauszusehen, dass die Bundesverwaltung vermehrt in solche Auseinandersetzungen verwickelt werden wird, bei denen entweder klein beizugeben ist oder aber zur Kasse gebeten wird.» (S. 41).

Nun, sieben Jahre später ist es soweit. Die alte Garde der Schweiz AG hat schrill zur Generalmobilmachung gerufen und mächtig zurückgeschlagen. Manager und Magistraten haben sich durchgerungen, vier Milliarden Franken – die den Steuerzahlern und Aktionären gehören – für ein nationales Symbol zu verpulvern. Die leichte Öffnung von Märkten an der Grenze, die Liberalisierung auf Samtpfoten im Inneren, die verspätete Deregulierung des staatlichen Sektors und schliesslich auch der endlich angesteuerte Kurswechsel in der Finanzpolitik – all das ist an einem einzigen hektischen Wochenende und hinter verschlossenen Türen von einer selbst ernannten Rettungsgruppe gekippt worden. Vom Volk gefordert und vom Bundesrat gefördert, wird laut und deutlich zum Rückmarsch in den Patriotismus, Protektionismus und Etatismus geblasen. Der Korporatismus der Schweiz AG feiert Urständ. Abseits stehen ausgerechnet nur die sonst so schweizerischen Patrioten von der SVP. Die Argumente sozialistischer Parlamentarier sind mit denen der kapitalistischen Banker austauschbar geworden. Schweizer Multis spenden Millionen in dreistelliger Höhe und begründen dies mit dem angeblichen Nutzen einer nationalen Airline für ihr Geschäft. Diese an den Haaren herbeigezogenen, fadenscheinigen Argumente zielen wohl eher darauf ab, die Aktionäre zu besänftigen als irgend jemand zu überzeugen. Der Druck von der Strasse und den Boulevard-Ayatollahs von unten und die eingetrichterte Staatsräson von oben haben die Privatwirtschaft zu unfreiwilligen Investitionen veranlasst, die eher als implizite Steuern, wenn nicht gar als Schutzzahlungen zu taxieren sind. Sinnigerweise zahlen die ausländischen Aktionäre ungefragt und ungewollt mit. Ob das wirklich standortfördernd ist, mag füglich bezweifelt werden.

Die Economie-Suisse, die während 20 Jahren für weniger Staat und tiefere Staatsquoten plädiert hat, argumentiert von einer Stunde auf die andere wie eine Gewerkschaft für Service public und Rettung von Arbeitsplätzen. Seit Kreiskys Österreich hat man so etwas in Europa nicht mehr gesehen. Wie wär's mit einer nationalen Hochseeflotte oder einer nationalen Lastwagenarmada zur Abrundung der internationalen Anbindung?

Hohe Kosten des unbedachten Rückfalls

Schon seit geraumer Zeit überzeugt unsere Regierung in Turbulenzen nicht mehr. Ein relativ harmloser Anruf von Bundesrätin ELISABETH KOPP an ihren Gatten führte zu einer Staatskrise. Die Reaktion der Staatsführung auf die Holocaust-Attacken aus den USA war konfus und defensiv. Die «Wirtschaft» hat dann halt doch noch geblecht. Aber dieser private Ablass liess ein verwirrtes Volk allein zurück. Und jetzt die Swissair! Schon die Reaktionen der Regierungen in Freiburg oder Liestal auf strukturell ziemlich eindeutige Betriebsschliessungen verhiessen für den Fall eines halben Ernstfalls Ungutes. Die Globalisierung ist aus Schweizer Sicht wohl eine gute Sache; aber negative Strukturwirkungen zu Hause verbitten wir uns und sind gefälligst zu verbieten.

Jeder für ein halbes Jahr gerettete Arbeitsplatz kostet mittlerweile gegen eine halbe Million Franken, was als weltrekordverdächtig erscheint. Der Spitzenverband der Privatwirtschaft hat auf Jahre hinaus seine Glaubwürdigkeit verspielt. Überfällige, jährlich wiederkehrende Steuersenkungen zur Entlastung der sonst so viel beschworenen KMUs, für die man jahrelang gekämpft hat, werden von einem Tag auf den anderen als entbehrliche Steuergeschenke geopfert.

Dazu kommen europäische Kosten der schwindenden Glaubwürdigkeit der Schweiz als Vertragspartner für die neue Runde von bilateralen Verhandlungen. Die staatliche Finanzierung unserer bankrotten fliegenden Kisten ist zumindest ein Verstoss gegen den Geist der Verkehrsabkommen. Andere Länder sind auch nicht astrein; aber wir sitzen als bilaterale Rosinenpicker mitten im Glashaus der EU.

Selbst innenpolitisch ist der viel beschworene Schulterschluss zwischen Politik und Wirtschaft für eine nationale und teilverstaatlichte Airline ein Rückschritt in das Zeitalter der Käseunion. Zugegeben: Milliarden werden auch anderweitig und anderswo leichtfertig verschwendet: z. B. bei der Expo 02 oder der Landwirtschaft. Nur: Bei der Expo tut man es zumindest mit einem schlechten Gewissen, und bei der Landwirtschaft ist man auf dem Weg der Besserung. Die vier Milliarden für eine nationale Fluglinie wären zu verschmerzen, wenn es sich um einen einmaligen Sündenfall handeln würde – und nicht um einen so grossen Schritt «vorwärts» auf dem Weg vom Sonderfall zum Sanierungsfall. Vor uns liegen noch viele Stolpersteine, wie z. B. ein liberalisierter europäischer Markt für Elektrizität, Telekommunikation oder Postleistungen. Die Schweiz AG wird wohl noch ein paarmal zurückschlagen – mit sinkendem Erfolg, aber steigenden Kosten.

Airport-Economics

Im Gegensatz zum Schienen- oder Starkstromnetz sind im Luftverkehr im Prinzip nur die Flughäfen fixe Knotenpunkte, die via virtuelle Luftstrassen fast beliebig miteinander verbunden werden können. Trotzdem war der Flugverkehr bis in die 1970er-Jahre massiv reguliert und verpolitisiert. So wurden im internationalen Verkehr die Landerechte vom Staat monopolisiert und mit anderen Ländern ausgetauscht. Die dadurch entstandenen Flugrouten wurden exklusiv an «national flag carriers» abgetreten. Und diese wiederum bildeten ein hartes Kartell, das nicht nur die Preise, sondern auch alle übrigen Leistungskomponenten festlegte. Das war einmal.

Mit der Privatisierung der Flughäfen und der Airlines sowie der Deregulierung von Routen und Preisen hat sich zuerst in den USA und jetzt auch in Europa eine Konzentration der Airlines sowie ein so genanntes Naben-Speichen-System als effizient durchgesetzt. Die Naben oder Hubs sind die grossen «Umsteige-Bahnhöfe», die von den Airlines sternförmig angeflogen werden. Für Europa werden ein paar wenige Mega-Hubs ausreichen. London, Paris, Frankfurt sind bereits gesetzt, Madrid gut positioniert für Südamerika, und Amsterdam, München und Mailand Adressen mit Potenzial. Kloten oder Unique hatte eigentlich gar nie eine Chance, in die ganz grosse Liga aufzusteigen. Dazu ist die Swissair zu klein, der CH-Markt zu eng, die Distanz zu Mega-Hubs zu gering und auch der Platz einfach nicht da.

Das Problem ist also nicht die Implantierung eines «Charles de Gaulle» oder «Heathrow» in der Schweiz. Die Gefahr ist vielmehr, dass dem Airport Zürich «dank» der Selbstüberschätzung der Swissair und dem Nachgeben gegenüber Deutschland der Abstieg in die dritte Liga droht.

Und das wäre nun in der Tat eine grössere Katastrophe. Denn ein so international verflochtenes Land wie die Schweiz mit seinem Finanz- und Wirtschaftszentrum Zürich stünde ohne globale Direktverbindung mit den wichtigsten Weltzentren ziemlich amputiert in der europäischen Landschaft. Zudem sind moderne Flughäfen auch wichtige Wachstumspole für die so genannte «New Economy». So ist der EuroAirport (Basel) binnen kurzer Zeit zum grössten Arbeitgeber im gesamten Département Haut-Rhin und zu einem magnetischen Anziehungspunkt für Neuansiedlungen von innovativen Unternehmen geworden.

Die Swissair braucht somit globale Partner, und Zürich bzw. die ganze Schweiz ist auf einen modern ausgebauten Flughafen von höchster Qualität und vernünftiger Kapazität wirtschaftlich dringend angewiesen. Der hohe schweizerische Wohlstand verlangt deshalb von der Bevölkerung, auch ein paar Schattenwürfe des Fortschritts solidarisch zu verkraften. Dies gilt insbesondere auch für die Region Zürich, die von Ballungsvorteilen in ganz besonderem Masse profitiert.

Der Neubau eines neuen Grossflugplatzes auf der «Grünen Wiese» ist eine politische Illusion in einem Land, in dem schon die Neat an den mannigfaltigen Widerständen fast zu scheitern droht. Genf und Basel erfüllen mit ihren Flughäfen nützliche Nebenfunktionen und weisen dank ihrer Bi- bzw. Trinationalität interessante Entwicklungspotentiale für Nischenstrategien auf. Auch die «Greater London Area» hat trotz des grössten Airports der Welt daneben zwei weitere Standorte.

Kloten oder Unique erscheint heute als «stuck in the middle»: Zu gross, um zu sterben; aber zu klein, um in die A-Klasse aufzusteigen. Prioritäres Ziel muss es daher sein und bleiben, die jetzige Position zu halten und gezielt zu stärken. Das heisst nicht unbedingt mehr Destinationen oder mehr Umsteigegäste. Bei einer vernünftigen Anbindung an das europäische Hochleistungs-Bahnnetz kann eine Reduktion der Europa-Flüge ökologisch und ökonomisch nur von Vorteil sein. Doch die wichtigsten Zentren der Welt müssen möglichst regelmässig und direkt mit Kloten bzw. Zürich verbunden bleiben. Wir sind ein kleines, aber extrem globalisiertes Land. Zürich ist für dieses Land so etwas wie eine Mini-Metropole. In dieser Hinsicht ist sogar die Marke «Unique» gar nicht so falsch. Eine «Gesundschrumpfung» würde sich volkswirtschaftlich als sehr ungesund herausstellen.

11

Basel
Schweiz
Zukunft

Quellennachweis

Schweizer «Sonderfall» hat sich international entwertet	Basler-Zeitung	2.1.1990
Setzt sich die Basler Wirtschaft ins Ausland ab?	Basler-Zeitung	29.8.1991
Institutionelle Reformen statt Nachfragehydraulik	Neue Zürcher Zeitung	22.3.1997
Welche Zukunft wollen wir?	Basler Magazin	Nr. 1 / 06.01.1990

Schweizer «Sonderfall» hat sich international entwertet

Es ist schon stereotyp genug, den Lauf der Zeit in Jahren zu bemessen. Mit der Ausdehnung des Zeitmasses auf Dekaden wird die Sache nicht besser: im Gegenteil. Die regelmässige Einteilung der Entwicklung in Jahrzehnte, die einfach den Namen ihrer dritten Stelle tragen, tut dem mannigfachen und alles andere als regelmässig verlaufenden Strukturwandel in Politik und Wirtschaft Gewalt an. Trotzdem: die röhrenden (19)20er, die krisengeschüttelten 30er, die kriegsgeprägten 40er, die idyllischen 50er und die wachstumseuphorischen 60er drücken symbolhaft ein ganz bestimmtes Lebensgefühl aus. Rückblickend erscheinen vielen die späten 50er und die frühen 60er so als eine Art «goldenes Zeitalter» mit anständigem Wohlstand, angenehmer natürlicher Umwelt und wenig sozialen und politischen Konflikten. Nicht nur in der Luftreinhalteverordnung will man die Situation von 1950 oder 1960 wieder herstellen. Viele Schweizer tun das – mehr unbewusst als bewusst – bezüglich vieler Aspekte des privaten und öffentlichen Lebens.

Doch diese Sicht ist schweizspezifisch. Wir sind nach Kriegsende zusammen mit Schweden und den USA als Frühstarter mit intakter Produktionskapazität und unversehrtem Humankapital auf der Wachstumswelle ohne allzuviel eigenes Dazutun vorwärts gespült worden. Wer im Vorsprung liegt, empfindet den Wachstumswettlauf als weniger anstrengend. In Japan, Deutschland und Italien – oder gar in Korea und Taiwan – wird für jene Zeit wenig Nostalgie empfunden.

Die Luftqualität von 1960 ist unter Umständen durchaus wiederherstellbar; aber das Gefühl jener Zeit nicht mehr; denn mit den 70er-Jahren – spätestens – sind wir von der übrigen Welt und deren Problemen eingeholt worden. Statistisch liegen wir auch 1989 mit dem höchsten Pro-Kopf-Einkommen deutlich an der Spitze der Wohlstandsrangliste. Wir wissen, dass dies statistisch so sein mag, aber trotzdem nicht stimmt, weil vielleicht die Hälfte unserer Ausgaben auf Kategorien entfallen, die als nicht-handelbare Güter und Dienstleistungen zu – international exorbitanten – Kosten und Preisen im Inland produziert werden. Überdies hat der zivilisatorische Druck so stark zugenommen, dass der materielle Segen mehr zu Fluchtversuchen aus dem Unglück als zum Glück selbst Anlass gibt.

Was ist geschehen? Die 1970er-Jahre brachten zahlreiche und massive Schocks. Ökologische Grenzen des Wachstums tauchten auf, begleitet von sprunghaft steigenden Rohstoff- und vor allem Erdölpreisen. Das Währungssystem der fixen Wechselkurse brach 1973 auseinander, und der vorher tendenziell unterbewertete Franken tendierte nun zur Überbewertung. Die schwerste Nachkriegsrezession erschütterte die Weltwirtschaft und traf die Schweiz besonders hart, wobei die Arbeitslosigkeit über die ausländischen «Gastarbeiter» exportiert wurde.

Der Franken stieg und stieg, während die Beschäftigung in der Schweiz sank und sank, insgesamt um etwa 10 %. Auch die Inflation war in jener Phase auf dem absoluten Nullpunkt. Im Jahre 1978 warf die Schweizerische Nationalbank das Steuer herum, wich zumindest vorübergehend vom monetaristischen Tugendpfad ab und überschwemmte die Wirtschaft mit Liquidität. Neuerliche Schocks an der Erdölfront trafen mit geldpolitisch verursachten Inflationskräften zusammen. Die westliche Welt lavierte auf dem schmalen Grad zwischen Inflationsbeschleunigung und Stabilisierungskrise. Hinter den kurzfristigen Makrokulissen zeichneten sich auch grosse strukturelle Verwerfungen ab. Die wirtschaftliche Potenz Japans nahm in einer stark arbeitsteilig werdenden Welt gewaltig zu. Neue Industrieländer tauchten am asiatischen Horizont auf, aber auch Lateinamerika machte recht grosse Fortschritte. Gewaltige Verlagerungen der Produktions- und Exportanteile fanden statt. Das so genannte Recycling der Ölüberschüsse finanzierte sowohl verschwenderische Budgetdefizite wie auch produktive Investitionen in der Dritten Welt. Die Ärmsten der Armen blieben jedoch stehen, während der östliche Militär- und Wirtschaftsblock ein Bild stabiler, wenn auch wenig dynamischer Eigenentwicklung bot.

Der Blick aus den 1970er-Jahren in die 80er-Jahre hinein musste notgedrungen viele Ungewissheiten und Unwägbarkeiten erspähen. Die meisten Jahrzehntprognosen waren denn auch wenig verheissungsvoll. Trotz aller Schwierigkeiten, die sich vor uns auftürmten, sind die 80er-Jahre viel glimpflicher verlaufen als allgemein zu erwarten war.

Und getreu den pessimistischen Aussichten begann das zu Ende gehende Jahrzehnt auch prompt wieder mit einer kräftigen Rezession, die die Welt als Ganzes bös erschütterte. Doch dann kam mit dem Jahr 1982 die grosse Wende. Seither lebt die Welt wirtschaftlich immer noch im Aufschwung, mithin dem zweitlängsten in der Geschichte der Nachkriegszeit. Schon vor dem Hintergrund dieser langen Dauer wird eine Rezession mit jedem Jahr wahrscheinlicher. Doch bevor wir uns mit der Zukunft befassen, wollen wir nochmals in die frühen 80er-Jahre zurückblenden.

Was brachte den Umschwung? Am Anfang stand der neue US-Präsident RONALD REAGAN, der entgegen seiner konservativen Angebotsrhetorik mit einer keynesianischen Budgetpolitik massiver Steuersenkungen und ebenso massiver Ausgabensteigerungen im Verteidigungs- bzw. Rüstungsbereich die Weltkonjunktur ankurbelte. Parallel zu dieser äusserst expansiven Fiskalpolitik begann die Währungsbehörde einen restriktiven Geldkurs zu fahren. Im Gefolge stiegen in den USA die Zinsen, nominell aber auch real. Dies wiederum zog den Dollar in die Höhe und verstärkte den einkommensbedingten Trend zum Aussenhandelsdefizit in der USA. REAGAN kommt somit das – wie wir noch sehen werden – zweifelhafte Verdienst zu, den Anstoss zum Wachstumsjahrzehnt der 80er-Jahre gegeben zu haben. Die Kehrseite der Medaille jedoch liegt in den strukturellen Ungleichgewichten der weltweiten Finanzierungsströme und den damit einhergehenden Wechselkursschwankungen. 1985 bis 1987 sackte der Dollar denn auch ab, doch wiederholte sich der Zins- und Wechselkurszyklus 1988/89 noch einmal. Die stabilen Volkswirtschaften, insbesondere die der BRD und Japans, wurden durch den REAGAN-Boom mitgezogen und erzielten strukturelle Überschüsse in der Aussenwirtschaft. 1987/88 konnten diese Länder ihre Geld- und Fiskalpolitik gar noch lockern, ohne grosse Inflationsrisiken einzugehen. Sinkende Rohstoffpreise und im Wert steigende Währungen halfen massgeblich, den Teuerungsdruck in Schach zu halten. Damit unterstützten aber diese Länder nun ihrerseits den Weltmarkt und verlängerten so den konjunkturellen Aufschwung.

Im letzten Drittel des Jahrzehnts krachte es jedoch einige Male im Gebälk. Die hohen Dollarzinsen versetzten den ohnehin gebeutelten hochverschuldeten Ländern einen schweren Schlag. Sinkende Exportpreise, sich real aufwertende Dollarschulden kumulierten mit steigenden Zinslasten und führten in einigen Ländern zu einer echten Überschuldung, d.h. zur Insolvenz.

Der grösste Eklat war wohl der Kurseinbruch an den Börsen vom Oktober 1987, der jedoch dank energischer und international gut koordinierter Reaktion der Währungsbehörden relativ schmerzlos verdaut werden konnte. Erneut kam der weiterhin sinkende Ölpreis den westlichen Ländern bei der Inflationseindämmung zu Hilfe. Hinter diesen akuten Krisen staute sich jedoch immer mehr struktureller Anpassungsbedarf auf. Eigentlich ist allen Beobachtern klar, dass die amerikanischen Zwillingsdefizite «not sustainable» sind. Bislang erzeugen die grundlegenden finanziellen Ungleichgewichte in der Weltwirtschaft sowohl höhere Volatilität im Bereich der Wechselkurse als auch höhere Realzinsen. Diese widerspiegeln sowohl die Furcht vor neuerlicher Inflation wie auch die Tatsache, dass weltweit die Spartätigkeit abnimmt.

Die Knappheit des Kapitals akzentuiert sich. Es entsteht ein regelrechter nationaler Wettbewerb um die Attraktivität für Kapitalzuflüsse in produktiver Form. Nicht immer regelgerecht ist jedoch, wie verschiedene Länder ihre Attraktivität für international mobile Finanzströme zu erhöhen suchen. Die hohe interne und externe Staatsverschuldung vieler Drittwelt- und Ostblockländer lastet schwer auf den entsprechenden Volkswirtschaften. Einige dieser Länder leiden gleichzeitig unter dem weiteren Verfall der Roh- und Grundstoffpreise, andere (eher wenige) profitieren davon.

Nicht zu verkennen ist die zunehmende Dringlichkeit ökologischer Probleme insbesondere der Luft- und Gewässerverschmutzung, der Bodenerosion, des Bevölkerungsdrucks und der Zerstörung natürlicher Lebensräume. Diese Herausforderungen sind zudem in erster Linie globaler Natur und entsprechend schwer lösbar.

In den 1980er-Jahren zerfällt die Welt immer mehr in regionale Machtblöcke. Die USA und Kanada bilden eine Freihandelszone, in die wohl auch Mexico Chancen hat, aufgenommen zu werden. In Asien ballt sich mit Japan ein neues Gravitationszentrum wirtschaftlicher Dynamik auf. Und schliesslich sollten wir das gute alte Europa auch nicht vergessen.

Das grösste Überraschungsmoment der 80er-Jahre kommt jedoch klar aus dem während Jahrzehnten äusserlich abgeschotteten und innerlich erstarrten Osteuropa. Glasnost und Perestrojka setzten im östlichen Europa Kräfte frei, die innert Tagen noch für Jahrzehnte zementierte Strukturen wegfegten. Klar ist dabei wohl, dass die Umorientierung in der Sowjetunion nicht (nur) in der Einsicht der Reformbedürftigkeit des kommunistischen Systems lag, sondern primär im ökonomischen Versagen an allen Fronten. Hatten die Sowjetführer noch in den 60er-Jahren – via Trendextrapolationen der Wachstumsraten – prognostiziert, die USA noch in diesem Jahrhundert in allen relevanten Dimensionen des Fortschritts zu überholen, so sieht die Realität heute ganz anders aus: Ein absolutes und relatives Zurückfallen der sozialistischen Länder an fast allen Fronten. Zudem mussten die marxistisch-leninistischen Dogmatiker mit ansehen, wie welt- und marktorientierte Entwicklungsländer die östliche Wirtschaft quantitativ und qualitativ übertrumpften und sich von der Sowjetunion als Vorbild abwandten.

Damit nähern wir uns dem Ende der Dekade 1980–1990. Der Zusammenbruch der osteuropäischen Zwangssysteme markiert eine fundamentale

Veränderung des Weltsystems. Hauptursache für diesen Kollaps war schlicht und einfach die akkumulierte Summe des Versagens in wirtschaftlicher und politischer Hinsicht. Ob aus dem politischen Zusammenbruch auch ein wirtschaftlicher Aufbruch resultiert, ist momentan weniger gewiss als viele meinen; denn ökonomisch steht der Osten absolut am Abgrund. Bankrott ist unter gewissen Umständen eine notwendige Voraussetzung für einen echten Neubeginn. In diesem Sinne stehen die Chancen in Polen oder der DDR eher besser als in Ungarn oder Jugoslawien, wo seit Jahren kleinreformerisch experimentiert worden ist.

Rückblickend sind die 80er-Jahre die Epoche gewesen, in der die Marktwirtschaft über alternative Systeme nicht triumphierte, aber immerhin klar nach Punkten gewonnen hat.

Was haben wir in den 1980er-Jahren ökonomisch gelernt?
Die Erfahrungen dieses Jahrzehnts in ein paar Punkten thesenartig zusammengefasst:

- Die Welt ist interdependenter geworden. Dies gilt nicht nur, vielleicht nicht einmal primär, für die wirtschaftliche Verflechtung. In noch grösserem Masse gilt es für die (Massen-)Kommunikation, ohne die z.B. weder das Fiasko der chinesischen Reaktion noch der Aufbruch in Osteuropa möglich gewesen wären.

- Die intensivierte Interdependenz hat die nationale Verantwortung erhöht – und nicht reduziert. Die Abhängigkeit aller von allen anderen hat zugenommen. Daraus erwachsen aber auch ganz neue Chancen. Verfehlte Wirtschaftssysteme und schlechte Wirtschaftspolitik laufen rasch und konsequenter ins berüchtigte «Kläppergässli». Die erhöhte Interdependenz vergrössert die nationale Verantwortung für tragbare Rahmenbedingungen und vernünftige Politik. Wer dies missachtet, wird heutzutage brutal und schnell bestraft, und zwar in allen Kontinenten unserer Welt, von Burma bis nach Argentinien und von Peru bis zur DDR.

- Die 80er-Jahre haben die Nord-/Süd-Zweiteilung der Welt durchbrochen. Erfolg und Misserfolg nationaler Entwicklungsstrategien sind noch nie zuvor so klar und deutlich ausgefallen. In allen Kontinenten haben einzelne Länder den Teufelskreis populistischer Politik, ideologischer Erstarrung, verhinderter Strukturanpassung und ökonomischen Rückschritts durchbrochen, während andere darin verharrten. Die 80er-Jahre waren das Experimentierfeld der ideologischen Entrümpelung. Am Ende der 80er-Jahre besteht in der Welt nach wie vor ein riesiges Wohlstandsgefälle. Doch erfolgreiche Nationen – und ihr Gegenstück – finden sich heute auf allen Entwicklungsstufen.

- Zwischen 1970 und 1980 haben kollektivistische Ideologien und sozialistische Planungsmodelle Schiffbruch erlitten. Dies gilt sowohl für den Osten wie den Süden. Sozialismus im orthodoxen Sinne ist heute für alle wirklich Betroffenen ein Schimpfwort geworden. Manche mögen das intellektuell bedauern. Andere mögen es als Triumph des besseren Systems feiern. Tatsache ist und bleibt, dass das klassische marxistisch-leninistische System samt seiner bürokratischen Planung total abgewirtschaftet ist. Für diejenigen, die daran geglaubt haben, ist das schon bitter genug. Für diejenigen aber, die von Russland über Osteuropa bis nach Indien und Afrika darunter jahrzehntelang gelitten haben, ist dies der zentrale Grund für fundamentale, marktwirtschaftliche Reformen. Die linken Intellektuellen in Europa und Amerika gehen schweren Zeiten entgegen; denn die Bereitschaft, auf sie zu hören, besteht bestenfalls in der guten Stube zu Hause. Das gilt wohl auch für alle so genannten «Dritten Wege». Die marktwirtschaftliche Demokratie ist kein starres Korsett, sondern bietet viele Varianten für den «ersten Weg».

- Die Demokratie ist auf dem Vormarsch. In den letzten zehn Jahren hat die Demokratie parallel zum Vormarsch der Marktwirtschaft in allen Erdteilen wichtige Siege errungen. Ein einziger grosser, aber um so tragischer Rückfall ist zu beklagen: China. Fast überall sonst auf der Welt gehen Diktaturen schweren Zeiten entgegen.

- Die Ökonomie als Wissenschaft ist weit besser als ihr Ruf. Apodiktische Prognosen des ökologischen Untergangs, der sozialistischen Überlegenheit wie auch der heterodoxen Problembewältigung (vor allem in Lateinamerika) sind kläglich gescheitert. Dies ist kein Grund zum Frohlocken; denn die echten Probleme, vor denen wir stehen, sind schwierig genug. Kein Zweifel besteht jedoch darüber, dass diejenigen Länder, die sich einigermassen nach dem ökonomischen Lehrbuch verhalten haben, heute sowohl ökonomisch, ökologisch und politisch wesentlich besser dastehen als die anderen. Hochmut wäre darob ebenso fehl am Platz wie Selbstzufriedenheit. Die Weltwirtschaft steht vor riesigen Problemen und zum Teil vor schier unlösbaren Aufgaben. Und trotzdem: Wir dürfen an der Schwelle der nächsten Dekade optimistischer in die Zukunft blicken als zehn Jahre zuvor.

Dies ist kein Zynismus, noch viel weniger Selbstgefälligkeit. Die Tatsachen und Erfahrungen der 1980er-Jahre sprechen klar dafür. Wenn wir hier in unserer kleinen und heilen Schweiz dies nicht so empfinden, dann meines Erachtens primär deshalb, weil wir in einer gewissen Wohlstandsverblendung und Zukunftsneurose die Tatsachen nicht mehr sehen (wollen). Die entscheidende Lehre der Schweiz ist wohl eine doppelte: Zum einen hat sich unser «Sonderfall» international ziemlich entwertet. Europa hat eine demokratische und marktwirtschaftliche Strategie gewählt (wenn auch noch nicht wirklich durchgesetzt). Zum andern haben die anderen aufgeholt. Die frühen – und leichten – Vorteile der weltwirtschaftlichen Kriegsgewinner sind ein für allemal eingeebnet. Von jetzt an zählt nur noch die Leistung. Dies gilt für den politischen Sonderfall wie auch den wirtschaftlichen Sonderstatus. Die nächsten zehn Jahre werden uns Schweizern mehr Struktur- und Entwicklungsbrüche bringen als die vergangenen.

Setzt sich die Basler Wirtschaft ins Ausland ab?

Die Schweiz ist in der Weltwirtschaft nicht nur als Exporteur (auf dem 14. Platz), sondern auch als Direktinvestor (Rang 8) prominent vertreten. Der Buchwert der schweizerischen Direktinvestition im Ausland belief sich 1988 auf annähernd 71 Milliarden Franken. Schweizer Unternehmen beschäftigen fast eine Million Menschen in ausländischen Betriebsstätten. Die Gründe für diese rege und wachsende Auslandinvestition sind vielfältig und von Fall zu Fall verschieden.

Neu und alarmierend sind hingegen Abwanderungsdrohungen von Schweizer Unternehmen infolge verschlechterter Rahmenbedingungen in der Schweiz. Symptomatisch hierfür war im Vorfeld der Abstimmung über das Finanzpaket vergangenen Juni (1991) die Äusserung der Schweizerischen Bankgesellschaft, wesentliche Aktivitäten nach London zu verlegen, falls das Finanzpaket abgelehnt würde.

Am Beispiel der Region Basel zeigt sich drastisch, wie viel Bauland im grenznahen Badischen und Elsässischen in Schweizer Hand gerät. Trotzdem wird man nicht fündig, wenn man den Industrie- oder Dienstleistungsbetrieb sucht, der mit Sack und Pack für immer auszieht. Man müsse gewisse Produktionsstufen ins Ausland verlegen, sei es aus Platzgründen oder einschränkenden Gesetzen. Aber deswegen den Standort Schweiz preisgeben? Nein – das dann doch nicht! Der Chor von Grossen und Kleinen ist immer wieder derselbe: Man traut dem Standort Schweiz nicht mehr so ganz. Man blickt über den Hag und sieht das EG-Gras schneller (wenn auch nicht grüner) spriessen.

Innere Kündigung

Dazu ein paar Fallstudien aus der Chemie- und Industrieregion Basel, wo freilich die «Flucht» aus Basel-Stadt in die umliegende schweizerische Regio weit häufiger ist als die Übersiedlung ins Ausland. Aber die Expansion findet häufig «ennet» der Landesgrenze statt. Die Gewichte der meisten Firmen mit mehreren Standorten verschieben sich zugunsten des Auslands. Die Vorteile des grenznahen Auslandes sind denn auch rasch aufgezählt:

- Alles, was viel Platz braucht, wandert fast notgedrungen ab: Hohe Landpreise und Baukosten, langwierige und ungewisse Baubewilligungsverfahren, Widerstände Betroffener aller Art usw. vergällen vielen Betrieben den Standort Schweiz.

- Fast ebenso wichtig sind die Kostenunterschiede, insbesondere der Arbeit (Löhne) bzw. der Verfügbarkeit von Arbeitskräften an sich. Steuerliche Anreize spielen eine Rolle, aber nicht die zentrale.
- Hinter diesen klar fassbaren ökonomischen Gründen braut sich jedoch ein schwer fassbares Unbehagen gegen das politische Klima Helvetiens zusammen. Sowohl die Regelungsdichte durch Gesetze und Verordnungen als auch das Verhalten der Behörden bewirken Frustrationen, die vorerst zur inneren Kündigung gegenüber dem Standort Schweiz führen, die dann bei geringfügigem Anlass – für Aussenstehende relativ unvermittelt – die äussere Kündigung nach sich zieht. Dazu kommen Isolierungsängste aller Art angesichts der EG-92-Dynamik.

Planung verunmöglicht

Klar und unmissverständlich die Aussage von JOHANNES ROBERT RANDEGGER, Werkleiter der Ciba-Geigy in Basel: Heute müsse mit zu vielen unberechenbaren Einflüssen im unternehmerischen Entscheidungsprozess gerechnet werden, was eine langfristige Planung oft in Frage stellt. Das hat sich drastisch gezeigt beim Projekt des regionalen Sondermüllverbrennungsofen und wird derzeit besonders deutlich beim geplanten Biotechnikum (Pilot-Anlage zur Entwicklung neuer biotechnischer Verfahren und zur biotechnischen Herstellung von Wirkstoffen, hauptsächlich von Eiweissen). RANDEGGER weiss, wovon er spricht. Genforschung und Biotechnologie werden sich – so die Experten – international durchsetzten. Sie sind vielversprechende Grundlagen für neue Produktezyklen, erfordern aber lange Anlaufzeiten von der theoretischen Forschung bis zur Produkteeinführung.

Der Standort Basel wäre dafür hervorragend geeignet. Die Technologie ist sanft und stadtgerecht. Führung und Forschung sind (noch) in Basel konzentriert und durch enorme Ökoinvestitionen abgesichert. Wenn jedoch die neuen Produktionsgenerationen anderswo entwickelt werden müssen, erfolgt ein dramatischer Verlust an Standortgunst zu Lasten Basels – und zwar wie nach einem Dammbruch an breiter Front.

Ideologische Kreuzzüge

Das Biotechnikum, ein Bauvorhaben von gegen 150 Millionen Franken, befindet sich in einer kritischen Situation. Das Bewilligungsverfahren könnte sehr wohl vier bis sechs Jahre in Anspruch nehmen. Die Kosten für Experten, Gutachten und Berichte sind horrend. Mehr als 20 staatliche Dienststellen sind involviert. 600 Einsprachen hat es gegen das Baugesuch gehagelt. RANDEGGER spricht gar von organisierter Verhinderung oder Verzögerung. Militante Gruppierungen der Bevölkerung und mit ihnen einige nur auf Risikovermeidung ausgerichtete Behörden scheinen nicht mehr bereit und fähig, zwischen Nutzen und Risiken des wissenschaftlich-technischen Fortschritts eine vernünftige Abwägung vorzunehmen.

Die Ciba-Geigy will sich nicht von der ökologischen Verantwortung drücken, sondern hat Unsummen dafür investiert. Angesichts der bereits sehr hohen Forschungs-, Entwicklungs- und Marktrisiken wirken sich solche politische Planungs- und Bauhemmnisse für die am Standort Basel strategische Planung negativ, wenn nicht gar verheerend aus. Ohne gesellschaftliche Akzeptanz gibt es keine Investitionen mehr. Aber Akzeptanz um jeden Preis? Unwägbarkeiten und Zeitverluste, die von fundamentalistischen Minderheiten geschürt werden, sind in der Schweiz sehr gross geworden. Es steht hier viel auf dem Spiel, und zwar wirtschaftlich, aber auch ethisch, weil hier Aktivitäten abgewürgt werden, die für Wohlstand und Fortschritt fundamental sind. Die ethische Qualität und die demokratische Legitimität der Forschungsverhinderer ist deshalb mit grossen Fragezeichen zu versehen. Wissenschaftliche Forschung und Entwicklung birgt Risiken, deren Be- oder Verhinderung aber noch die grösseren. Ideologische und populistische Kreuzzüge haben in unserem politischen System bereits eine Chance der Verhinderung durch Verzögerungen, wenn sie etwa 5 % der Bevölkerung zu mobilisieren vermögen.

EG-Raum entscheidet
Doch nicht nur die Grossen treffen Vorkehrungen zur Abnabelung. Die Sauter AG, eine Firma für Regel-, Leit- und Energietechnik in Basel, mit ihren rund 200 Millionen Franken Umsatz fabriziert seit Jahrzehnten in Basel, in Freiburg (D) und in St-Louis (F). Ihre Manager lassen keine Zweifel offen, dass die Zukunft der Sauter AG im EG-Raum entschieden wird. Die Ironie des Schicksal will es, dass die Sauter AG hart um eine Baubewilligung am Basler Standort gerungen, ja gekämpft hat – gegen alle Widerstände der verschiedensten «Betroffenen». Jetzt, wo die Bewilligung endlich auf dem Tisch liegt, weiss man nicht so recht, ob man die Baumaschinen auffahren lassen, d. h. den Hauptproduktionsstandort in Basel belassen soll. In den Jahren, die seit Beginn der Planung bis zum Vorliegen der Baubewilligung verstrichen sind, hat sich Europa derart verändert, dass der Standort Basel an Bedeutung verloren hat.

Ein Gelände in der Nähe von EuroAirport, französischer Autobahn und innerhalb der französischen Zollfreizone, das seit Jahrzehnten im Besitz der Firma ist, lädt zu einem viel grosszügigeren und wohl auch kostengünstigeren Projekt geradezu ein. Der Entscheid ist noch nicht definitiv gefallen, aber der neutrale Beobachter wäre nicht überrascht, wenn der «Zeitverlust» durch den Standortkampf in Basel dem EG-Zentrum zum strategischen Gewinner verhelfen würde.

Vertrauen verloren
Etwas weniger dramatisch liegt der Fall der Bettenfabrik Matra AG in Flüh (Kanton Solothurn). HANS RUEDI FANTI ist Eigentümer-Unternehmer mit klaren Vorstellungen. Stolze 70 Millionen Franken Umsatz werden im harten internationalen Wettbewerb erzielt.

FANTI stand vor der Frage, in Flüh eine zentrale Fertigungsstätte zu errichten. Er sah sich weniger mit einem Mangel an gutem Willen der Gemeinde- und Kantonsbehörden konfrontiert, als vielmehr mit objektiven Begrenzungen aller Art: Zu kleine Gewerbezone, über 50 % französische Grenzgänger als Beschäftigte, sehr hohe Land- und Baukosten. Aber auch hier kommt Hintergründiges zum Vorschein: «Das absolute Vertrauen in die schweizerische Politik ist nicht mehr vorhanden», sagt FANTI. Und: «Bei 70-prozentiger EG-Abhängigkeit wäre eine Standortkonzentration auf die Schweiz unternehmerisch unverantwortlich.» Und so kaufte die Matra Land in Frankreich, 50 Kilometer von der Grenze entfernt, am Fusse der Vogesen. Der Quadratmeter Land kostet zirka 40-mal weniger, die Baukosten betragen vielleicht drei Fünftel der schweizerischen. Und dank sehr engagierter Förderung durch die französischen Behörden wurde die Betriebsbereitschaft schon 15 Monate nach dem grünen Licht des Verwaltungsrates erreicht. FANTI ist überzeugt, mit diesem neuen Standort mehrere Fliegen mit einer Klappe erledigt zu haben: Die Diskriminierungsgefahr der EG gegenüber Schweizer Produkten ist gebannt, die Rekrutierungsbasis für Fachkräfte verbreitert und die Ausgesetztheit gegenüber Bocksprüngen der schweizerischen Politik reduziert worden.

Nach dem Gespräch tafeln wir im Restaurant Martin, das gerade noch auf Schweizer Boden steht. Das Essen ist ausgezeichnet, eben schon mehr französische Küche. «Hier und heute stellt sich die Frage, entweder da – oder dann eben dort nicht – noch nicht», meint Herr FANTI beim Kaffee. Die Identität oder die Kultur seiner Matra ist schweizerisch, aber die Schwerpunktverlegung der Produktion nach Frankreich eine ebenso klare Sache.

Institutionelle Reformen statt Nachfragehydraulik

Entwurf einer Therapie für die Schweizer Wirtschaft
Die sieben mageren Jahre (1990–1997) mit insgesamt Nullwachstum führen immer mehr zu intellektueller Unruhe mit politischer Hektik. Während die einen – meines Erachtens eine kleine Minderheit unter den Ökonomen – primär ein keynesianisches Nachfragedefizit diagnostizieren, betrachten die anderen – wohl die grosse Mehrheit – diese Stagnation primär als ein Wachstums- und Strukturproblem. Was spricht gegen die keynesianische Interpretation eines Gleichgewichts bei Unterbeschäftigung wie im vielbeschworenen Parallelfall der 30er-Jahre?

Gleichgewicht bei Unterbeschäftigung?
1. Die Weltwirtschaft wird offener. Die Globalisierung der Märkte gewinnt heute die meisten Schlachten gegen den Protektionismus. In den 1930er-Jahren war das Gegenteil der Fall. Mit einseitigen Handelshemmnissen und kompetitiven Abwertungen versuchte jedes Land, sich Vorteile zu verschaffen.
2. Die Geldpolitik der Schweiz ist seit über einem Jahr auf Expansionskurs. Von monetär bedingter Deflation kann in der Schweiz deshalb keine Rede (mehr) sein. Wenn einzelne Preise und Löhne effektiv sinken, ist dies die Folge von relativen Preisverzerrungen, die durch mehr (internationalen) Wettbewerb abgebaut werden müssen.
3. In einer offenen Volkswirtschaft ist «Demand Management» immer fragwürdig. Die Geschichte der Versuche einer antizyklischen Geld- und – vor allem – Finanzpolitik ist reich an Misserfolgen. In aller Regel waren sämtliche unteren Wendepunkte der Konjunkturkurve exportbedingt.
4. Sowohl die politökonomisch motivierte Theorie der Zeit-Inkonsistenz von wirtschaftspolitischen Massnahmen als auch das Konzept der rationalen Erwartungen haben den Glauben an die Wirksamkeit hydraulischer Nachfragesteuerung durch den Staat erschüttert. Beide Gedankenstränge führen zu einer Unglaubwürdigkeit der Politik in den Augen der Akteure der Privatwirtschaft. Für vorübergehende Massnahmen heisst das, dass diese «Kurzfristigkeit» der Politikverantwortlichen heute vielleicht gewollt ist, aber morgen wieder anders beurteilt wird – und deswegen unglaubwürdig bleibt. Und dass bei einer vorübergehenden Lockerung der Ausgabendisziplin die rationalen Erwartungen der Marktteil-

nehmer dazu führen, dass sie keine Veränderungen der permanenten Einkommen erwarten und deswegen auch ihr Verhalten nicht modifizieren. Die Expansion «verpufft».
5. Angesichts der zunehmenden öffentlichen Verschuldung in der Schweiz besteht kein Spielraum für eine aktive expansive Finanzpolitik. Diese würde im Gegenteil die ohnehin bestehenden Erwartungen steigender Steuerbelastungen in der Zukunft nur verstärken und wäre somit kontraproduktiv. Diese Diagnose erhärtet sich, wenn man die Stossrichtung der zusätzlichen Ausgaben mit einbezieht: Einmal mehr soll die Binnenwirtschaft über den Bausektor beeinflusst werden, als ob wir nicht schon genug unselige Erfahrungen damit gemacht hätten.

Überwindung der Grenzen des Wachstums

Die Grenzen des Wachstums und damit die Eigenschaften eines stationären Gleichgewichts haben die Ökonomen seit je intensiv beschäftigt. Dabei sind drei verschiedene Perspektiven zu unterscheiden, welche unter veränderten Vorzeichen auch heute die Diskussion beherrschen.

Erstens sind die ökologischen «Grenzen» des Wachstums zu nennen, wie sie von MALTHUS bis MEADOWS beschrieben worden sind. Sie können nach wie vor und trotz allem relativ leicht aus Abschied und Traktanden fallen gelassen werden, denn wäre diese Bremse am Werk, müssten wir relativ steigende Preise für natürliche Ressourcen, Rohstoffe und Nahrungsmittel und damit einhergehend schnell sinkende Grenzerträge des Real- und Humankapitals in der Industrie beobachten. Das findet aber bekanntlich – noch – nicht statt.

Interessant ist, *zweitens*, die Stagnationstheorie von A. HANSEN. Für diesen war die Krise der 30er-Jahre nicht nur ein Konjunktureinbruch, sondern der Abschied von der Wachstums- und Expansionsära des 19. Jahrhunderts. Die Wirtschaft verfällt in seinem Modell bei stagnierender Bevölkerung in ein langfristiges Gleichgewicht mit hoher Arbeitslosigkeit und entsprechenden Ausfällen der effektiven Gesamtnachfrage. Diese Stagnationstheorie von 1938 wurde zwar in der Nachkriegszeit Lügen gestraft, doch die Idee liegt in der Luft, ob allenfalls heute, sechzig Jahre später, HANSEN zu seinem Recht kommt. Die Frage ist in der Tat erlaubt; aber die Antwort ist (immer) noch negativ, weil nur relativ wenige, höchst entwickelte Industrieländer im Westen Europas wirklich absolut stagnieren.

Also bleibt, *drittens,* die politökonomische Begründung für die Wachstumskrise, wie sie als Gegenthese zu HANSEN ebenfalls 1938 von JOSEPH

SCHUMPETER aufgestellt worden ist: «Capitalism produces by ist more working a social atmosphere – a moral code ... – that is hostile to it, and this atmosphere in turn produces policies which do not allow it to function.» Dieses politisch bedingte Quasigleichgewicht bei hoher Arbeitslosigkeit würde – so folgerte SCHUMPETER schon damals – eine expansive Finanzpolitik auf den Plan rufen und deren Dosierung von einem drohenden Zusammenbruch zum nächsten perpetuieren oder gar verstärken. Aus lauter Angst vor der Krise propagieren schliesslich selbst jene eine expansive Finanzpolitik, die eigentlich nicht an ihre Wirksamkeit glauben.

Weltwirtschaftliche Dynamik
Rückblickend werden die Historiker dereinst die Phase von 1950 bis 1973 als für die Industrieländer einmaligen Wachstumsspurt einordnen. Deshalb sind die 90er-Jahre aus einer Wachstumsperspektive für die Welt als Ganzes relativ normal. Für einmal profiliert sich die Schweiz jedoch als echter negativer Sonderfall in einem ohnehin schon wachstumsträgen europäischen Umfeld. Was prägt die 90er-Jahre? Ich sehe vier Hauptdeterminanten der Weltwirtschaftsdynamik:

Erstens reiten wir auf einer Welle technologischer Neuerungen mit ganz neuen führenden Sektoren und Branchen (Information, Kommunikation, Gen- und Biotechnologie, neue Materialien usw.). Dies bewirkt eine radikale Neumischung der Karten in den Händen der Besitzer der Produktionsfaktoren. In alte Technologien investiertes Kapital wird vernichtet, die Qualifikationsanforderungen des Humankapitals verändern sich radikal, und die Bedeutung der Attraktivität der Rahmenbedingungen für mobile Produktionsfaktoren nimmt sprunghaft zu. Die Folgen: Kapitalverlust zum Beispiel im Immobiliensektor und eine auseinanderdriftende Einkommensverteilung. Das Ausmass der Kapitalentwertung in der Schweiz allein beläuft sich auf zweistellige Milliardenbeträge, wenn man die entsprechenden Rückstellungen/Abschreibungen der Grossbanken zugrunde legt.

Zweitens haben sich die USA im Laufe der 90er-Jahre von den sich in den 80er-Jahren selbst zugefügten Wunden erholt und preschen mit grossem Elan und viel Marktflexibilität in Richtung der neuen Technologien, während Europa im allgemeinen – und die Schweiz im besonderen – primär die alten Strukturen politisch verteidigt und die Marktdynamik ideologisch verteufelt.

Drittens begann die demographische Falle einer stagnierenden oder gar schrumpfenden, sicher aber alternden Bevölkerung in den meisten Wohlfahrtsstaaten zuzuschnappen. Dies löste einerseits bei den Bürgern negative Erwartungen hinsichtlich der zukünftigen Renten- und Beitragsleistungen aus – mit entsprechenden Konsequenzen für die Konsumneigung. Anderseits setzte diese Erkenntnis einen schmerzhaften Prozess der sozialpolitischen Redimensionierung in Gang, der gerade in Europa grossen politischen Widerstand auf den Plan ruft. Die Schweizer Mühlen klappen hier munter im alten Trott weiter.

Viertens schliesslich nimmt die Globalisierung der Märkte zu. Sowohl auf der multilateralen Schiene der WTO wie auch auf der regionalen Integrationsroute wachen Güter- und Faktormärkte schnell und tief zusammen. Für Unternehmen werden die Landesgrenzen immer mehr zur (lästigen) *Quantité négligeable*. Die schweizerische Politik dagegen tut sich mit ihrer selbstgewählten europäischen Isolation schwerer und schwerer, um so mehr, als der Druck des internationalen Wettbewerbs das zum Teil gewaltig überhöhte Binnenpreis-Plateau zum Einsturz bringt. Daraus resultiert ein neues Problem: Die Globalisierung macht die Fehlallokation von gestern lediglich deutlich sichtbar. Die Öffentlichkeit leitet daraus aber eine falsche Kausalität ab: ohne Globalisierung wäre alles in bester Ordnung!

Gegenüber diesen Triebkräften liegt die politische Schweiz im Gegenwind. Die Umstellung auf die führenden High-Tech-Sektoren gelingt nur punktuell. Die Internationalisierung schweizerischer Unternehmen führt zu Produktionsverlagerungen ins Ausland, die demographische Zeitbombe wird mehr versteckt als entschärft, und die Turnaround-Länderbeispiele der USA, Grossbritanniens oder Neuseelands werden als abschreckende Fälle des Sozialabbaus abgetan.

Hektische Sklerosis

Die Schweiz befindet sich primär in einer politischen Krise («Vom Sonderfall zum Sanierungsfall»). Der Staat kann keine kohärente, mittelfristig verbindliche und glaubwürdige Politik konzipieren und durchsetzen (Hektische Sklerosis). Wir haben uns im Spannungsfeld zwischen der Globalisierung und den helvetischen Idiosynkrasien verheddert. Die Koexistenz eines immobilisierten Staates mit einer dynamischen Wirtschaft ist nicht möglich!

Investition in «Beton» statt in «Köpfe»

Momentan erleben wir eine Kapitalvernichtung wegen des politisch zurückgestauten Strukturwandels, wegen des Kollapses von Kartellen und geschützten Binnenbranchen sowie wegen einer zu schwachen Kontrolle des

Managements seitens der Eigentümer über den Kapitalmarkt. Wir konstatieren eine Fehlleitung von Investitionen in «Beton» statt in «Köpfe», ein Finanzmarktversagen bezüglich der Finanzierung von Investitionen in Humankapital, von Venture-Firmen und von Innovation in neuen Branchen. Schliesslich darf die total verfehlte Einwanderungspolitik nicht unter den Teppich gekehrt werden. Sieben von zehn permanent Eingewanderten sind durch das Tor der Saisonnier-Regelung in die Schweiz gelangt. Auch hier holt uns die Geschichte ein: mit hoher Arbeitslosigkeit und hohen potenziellen Sozialversicherungskosten dieser schlecht qualifizierten ausländischen Arbeitskräfte.

Das Manifest der Gruppe um Professor JEAN-CHRISTIAN LAMBELET beschwört andauernd den «Paket-Charakter» der strukturellen und konjunkturellen Massnahmen, ohne ein Wort darüber zu verlieren, wie aus diesem «frommen Wunsch» ein glaubwürdiges Programm werden soll. Das Beispiel der WTO zeigt, dass Paketlösungen sogar ohne Referendum durchgehen, wenn das Paket als Ganzes tatsächlich nur «à prendre ou à laisser» ist. Deshalb ist das Hauptproblem nicht, was zu tun wäre, sondern wie man einen Paketzwang erreicht. Er kann sicher nicht mit Appellen an die politischen «Spieler» erreicht werden, sich endlich auf das Gesamtinteresse zu konzentrieren. Nein: Die Spielregeln müssen so geändert werden, dass das kollektive Ergebnis trotz den individuellen Sonderinteressen – mit ihnen – besser wird. Dies ist nichts anderes als eine politökonomische Ordnungspolitik, die dem politischen Wettbewerb bessere Rahmenbedingungen setzt.

Glaubwürdigkeit durch Taten
Es gibt keine Wunderwaffen. Ein positiver «Polit- Schock» zur Wiederherstellung des Vertrauens in der und in die Schweiz ist tatsächlich prioritär. Der von der «Gruppe LAMBELET» vorgezeichnete Weg über eine Belebung des öffentlichen und des privaten Konsums und andere vorübergehende Symptomkuren (wie Bauprogramme oder zusätzliche Subventionen für die Krankenkassenprämien) wäre jedoch kontraproduktiv, weil dadurch die langfristigen Erwartungen der Investoren und Arbeitnehmer eher negativ beeinflusst würden. Die letzten dreissig Jahre Konjunkturpolitik legen beredtes Zeugnis davon ab, dass bisher Bau-Interventionen des Staates mehr geschadet als genützt haben. Was wir brauchen, sind politische Taten, welche die Handlungsfähigkeit des schweizerischen Staates und die Glaubwürdigkeit seiner Politik wiederherstellen.

Dazu zähle ich drei zentrale institutionelle Reformen zur Sicherung eines «Pakets» aus strukturellen und wenigen konjunkturellen Massnahmen: Nötig ist, *erstens,* eine klare Führung durch den Bundesrat durch Bildung einer echten Koalitionsregierung mit klaren, einfachen Legislaturprogramm (Regierungsreform) und durch den Verzicht der Bundesratsparteien auf gegenläufige Referenden und Initiativen. *Zweitens* sollte sich die Sozialpartnerschaft unter den neuen technologischen und weltwirtschaftlichen Bedingungen auf ein Gesamtpaket ausrichten (Reform der Sozialpartnerschaft), das auch mittelfristig nicht aufgeschnürt werden darf («Referendumsverbot» für Mitglieder der Regierungskoalition bzw. die an der Partnerschaft Beteiligten). Schliesslich braucht es, *drittens,* eine institutionelle Reform der Volksrechte im Sinne einer Umkehr des bisherigen kontinuierlichen Ausbaus (Reform der direkten Demokratie). Die diesbezüglichen Vorschläge des Bundesrates im Rahmen der Revision der Bundesverfassung führen leider netto zu einer Verschlimmerung der institutionellen Selbstblockierung mit zu vielen und zu billigen Vetomöglichkeiten der organisierten Gruppeninteressen.

Ist der Leidensdruck hoch genug?
Die erste Agenda nach diesen institutionellen Reformen umfasst folgende Punkte:
1. Schneller Abschluss der bilateralen Verhandlungen und Referendumsverzicht aller Bundesratsparteien, das heisst Überwindung der europäischen Isolation und Verstärkung supranationaler «commitments».
2. Klare und schnelle Entscheidung über die neue Bahninfrastruktur und deren Finanzierung sowie über das Schicksal der Alpeninitiative. Wir müssen aus dem Bermuda-Dreieck dieser Volksentscheide und der Transitverhandlungen mit der EU ausbrechen.
3. Ein konkretes Programm zur Deregulierung, Privatisierung und Liberalisierung zentraler Bereiche des privaten Binnensektors bzw. des öffentlichen/halbstaatlichen Sektors (Verkehr, Kommunikation, Energie, Gesundheit).
4. Eine kohärente Strategie zur Förderung des Humankapitals in der Schweiz, mit sofortigem Verzicht auf das Saisonnierstatut sowie einer mutigen Bildungs- und Ausbildungsoffensive, wobei der Schwerpunkt auf leistungsorientierte Reformen (nicht auf höhere Subventionen) gelegt werden muss.
5. Wachstumsorientierte Reform des Finanzföderalismus und Steuerreform (Reduktion der marginalen Steuersätze und Umlagerung eines Teils der Lohnprozente zur Mehrwertsteuer). Die Schweiz hat ein ungünstiges Ver-

hältnis zwischen direkter und indirekter Steuer und wohl auch eine aus erhebungstechnischer Sicht absolut zu tiefe Mehrwertsteuer.

Lassen sich diese Reformvorschläge rasch und ohne weiteres umsetzen? Die Erfahrungen aus England, Holland oder Neuseeland haben leider gezeigt, dass der Leidensdruck enorm sein muss, bevor grundlegende und umfassende Reformen in die Tat umgesetzt werden. Offensichtlich glaubt die offizielle Schweiz immer noch daran, mit ein paar punktuellen Symptomkuren die Wachstums- und Strukturschwäche überwinden zu können.

Welche Zukunft wollen wir?*

Das aktive Interesse für die Zukunft ist (wieder) erwacht, die Diskussion über Optionen und deren Vor- und Nachteile in Gang gekommen. Überwunden scheint das Denken in blossen «Post-Phasen» wie Nachkriegswachstum oder post-industrielle Gesellschaft. Das ist überfällig. Aber allzu viele Versuche scheitern an falschen Denkansätzen.

Jegliche Wissenschaft unternimmt den Versuch, reale Phänomene und Entwicklungen zu erklären und die gewonnenen Erkenntnisse anzuwenden, d. h. zum Wohle des Fortschritts der Menschen zu nutzen. Das gilt für naturwissenschaftlich-technische, biologische wie ökonomische und soziale Fragestellungen. Kein Zweifel besteht darüber, dass wissenschaftliche Ergebnisse missbraucht werden können und häufig auch missbraucht werden. Der Aufbau von Vernichtungspotenzialen in der Rüstung, die Bedrohung der menschlichen Einzigartigkeit durch die Gentechnologie, der Raubbau an der Natur durch eine eindimensionale Technik, die Verführung der Massen durch Sozialtechniken im Bereich der Kommunikation sind nur Beispiele in einer Liste, die sich beliebig verlängern liesse.

Was folgt daraus? Die Verantwortung des einzelnen Wissenschaftlers – so zentral und grundlegend sie auch heute noch ist und bleiben muss – genügt für grosse, kollektive Risiken nicht. Die wissenschaftsinterne Rationalität des Erkenntnisgewinns um seinetwillen erfordert eine ethische und politische Beschränkung. Umstritten ist hier wohl nicht das Prinzip, sondern die praktische Aufgabe, wo die Grenzen zu ziehen sind; denn auch die Reichweite ethischer und politischer Restriktionen der Wissenschaft ist nicht unbegrenzt. Mit anderen Worten, es stellen sich gravierende Legitimitätsprobleme auf beiden Seiten. Diese werden heute gerade bezüglich der modischen Wissenschaftsethik grosszügig übersehen: Es erscheint mir höchst fraglich, ob die Philosophie oder gar die Theologie sich über die (übrigen) Wissenschaften hinausheben und so von höherer Warte aus allgemein gültige Normen für die Forschung ableiten können. Grotesk wird dieser Anspruch dann, wenn gerade das Fehlen von Fachwissen als Legitimation herhalten muss.

Mir scheint, dass heute die Grenzlinien häufig so gezogen werden, dass die Wissenschaft zum Teil unverantwortlich und zum Teil unangemessen

---

* Diese Gedanken beziehen sich auf eine Buchpublikation von H.E. ARRAS UND WILLY BIERTER mit dem Titel «Welche Zukunft wollen wir? Drei Szenarien im Gespräch».

eingeschränkt und zurückgedrängt wird (z. B. in der Biologie, Genetik, Energieforschung oder Medizin). Angstvoll und verwundert nehmen wir den islamischen Fundamentalismus zur Kenntnis; aber wie steht es mit unseren eigenen fundamentalistischen Strömungen? Parallelen sind trotz aller Unterschiede auszumachen. Die Legitimation durch angeblich unmittelbare Betroffenheit einzelner oder Gruppen gefährdet die kollektive Rationalität auch oder gerade der «direkten Demokratie». Fundamentalisten aller Schattierungen nehmen ihre höheren Werte (Erhaltung der Menschheit, Rettung von Ökosystemen usw.) zum Anlass, in der intellektuellen Diskussion wie in der politischen Aktion andere Meinungen und Ziele niederzuwalzen. Verlagern sich nicht auch bei uns recht gewöhnliche Auseinandersetzungen und Interessengegensätze z. B. um Wohn- oder Freiräume, Mobilität und Umweltbelastung usw. auf die Ebene der Moral? Analysen über Kausalzusammenhänge sind ebenso wenig gefragt wie über das Abwägen von Kosten und Nutzen, wenn die «höhere Moral» auf dem Spiel zu stehen scheint. Oder anders gesagt: Die Legitimation der Betroffenheit bzw. der Weltverbesserung macht sich anheischig, Wissen um Ursachen und Auswirkungen in die Ecke zu drängen.

Doch kehren wir zurück zur Rolle der Wissenschaft. Diese versucht ja, erst einmal die Ursachen zu isolieren, Wirkungen nachzuweisen und die hypothetisch aufgestellten Zusammenhänge zu testen, um so möglichst sichere Entscheidungsgrundlagen zu beschaffen. Robust heissen Theorien, die viele Falsifikationsversuche überstanden haben. «Wahr» im dogmatischen Sinne sind sie deshalb noch lange nicht. Wissenschaftliche Erkenntnisse bleiben provisorisch, vorläufig. Der Prozess der Infragestellung hört nie auf. Fortschritt beruht letztlich immer im Untergang alter Theorien. In diesem Sinne sprechen wir von der Wissenschaft als offenem System.

Die Grenzen historischer Erfahrung
Die klassische, intersubjektiv überprüfbare Methode zur Infragestellung und Weiterentwicklung des Wissens ist das Experiment. Anerkennung finden neue Ergebnisse nur dann, wenn sie unabhängig wiederholt werden konnten (vgl. die kalte Fusion). Andere Tests wissenschaftlicher Systeme beschränken sich auf den Nachweis der logischen Widerspruchsfreiheit, wie z. B. im Bereich rein formaler Wissenschaften wie der Mathematik.

Im Bereich der Geistes- und Sozialwissenschaften müssen wir in der Regel ohne Experimente und ohne axiomatische Systeme auskommen. Die historische Erfahrung ist wohl eine unschätzbare Fundgrube, um Theorien zu prüfen. Doch die historische Erfahrung hat ihre deutlichen Grenzen: Nicht nur bleibt stets ein grosser Spielraum für Wertungen und Umwertungen, sondern die Frage muss letztlich stets offen bleiben, wie sich erlebte Prozesse unter anderen Voraussetzungen entfaltet hätten. Was wäre geworden, wenn ... Hier spielen nun «Prognosen» ihre wichtige Ersatzrolle für das Fehlen echter Experimente. Zusammenhänge lassen sich in einem Modell in reduzierter Komplexität explizit formulieren und Mechanismen quantitativ bestimmen. Ein so geschätztes Modell lässt sich darum auch als Prognoseinstrument verwenden, wobei der Geltungsbereich stets durch die Annahmen sowie den Wertebereich der Parameter begrenzt bleibt. Eine wissenschaftliche Prognose ist somit von der Natur der Sache her eine bedingte «Wenn-denn-Aussage».

In diesem Rahmen ist sie jedoch objektiv überprüfbar und bleibt falsifizierbar. Dem steht die punktuelle Prophezeihung gegenüber, die man glauben oder nicht glauben oder die eintreffen oder nicht eintreffen kann. Doch selbst wenn sie eintritt, kann man daraus nichts lernen, weil die Begründung nicht nachvollziehbar ist. Demgegenüber ist gerade das Scheitern von Prognosen eine zentrale Quelle für Wissensfortschritt: Leere Bohrlöcher sind für Geologen ebenso Anlass für die kritische Überprüfung ihrer theoretischen Grundlagen wie Fehlprognosen von Wahlergebnissen für Demoskopen oder eben auch von Fehleinschätzungen der Entwicklung durch Ökonomen. Brauchbare Prognosen können also fehlschlagen, aber man kann trotzdem oder vielleicht gerade deshalb viel aus ihnen lernen. Das bekannte Modell der «Grenzen des Wachstums» der späten 1960er-Jahre hat zumindest aufgezeigt, welche Mechanismen zu Katastrophen führen können. Da weder technische Änderungen noch relative Preisverschiebungen berücksichtigt worden waren, lässt sich ableiten, welche technologischen und ökonomischen Anpassungen notwendig sind, um eben diese Katastrophen zu vermeiden. Auch Utopien sind Versuche, die Zukunft zu gestalten. Im Gegensatz zu Prognosen sind sie rein normativ und spekulativ. Utopien stellen Zustände dar, wie sie gemäss ideologischen oder philosophischen Grundhaltung ihres Urhebers werden sollten.

Die Prognosen der 1960er-Jahre
Die 60er-Jahre waren die Zeit der Hochblüte der Prognosen. Der Grund für ihren relativen Erfolg ist im Nachhinein einfach zu fixieren:

Die Verhältnisse blieben ziemlich stabil, so dass eine Fortschreibung der Vergangenheit im Rahmen starrer Strukturen und konstanter Parameter zulässig schien. Die langen Lineale, mit denen die Vergangenheit mit der Zukunft durch gerade Linien verbunden wurden, taten ihren Dienst leidlich. Als Prognosen mehr und mehr daneben gingen, wich man auf «Perspektivstudien» aus, und als auch diese notleidend wurden, wandte man sich den «Szenarien» zu. Es ist hier nicht der Ort, über die Definition von «Perspektiven» und «Szenarien» viele Worte zu verlieren. Es geht mir vielmehr darum, den abnehmenden Verbindlichkeitscharakter zu beklagen. Dies gilt insbesondere für das vorliegende Werk, das meines Erachtens gar kein Szenarium im strengen Sinne ist, denn Szenarien beschreiben nicht das Wünschbare, sondern das «bedingt Mögliche». Ganz abgesehen vom konkreten Inhalt finde ich folgende Merkmale besonders rückschrittlich:

Schon der Titel «Welche Zukunft wollen wir?» suggeriert eine Neuauflage des angeblich überwundenen Machbarkeitswahns. Wir brauchen also nur zu wählen, und wir können das ohne wissenschaftliche Grundlagen, ohne modernisierte Technik, ohne Fachleute. Wir müssen uns wohl nur selber ändern, die richtige Gesinnung erwerben und zu diesem Behufe den «richtigen Leuten» zuhören.

Die drei Szenarien – die «grosse Ruhe», der «kleine Aufbruch» und ein «anderer Einstieg» – lassen sich analytisch nicht klar unterscheiden. Nicht nur liegen sie etwa so nahe beieinander wie die drei Menuvorschläge «Hafermus», «Milchreis» oder «Griessbrei», sondern es bleibt auch im Unklaren, auf welchen zentralen Annahmen und Zusammenhängen die Szenarien wirklich beruhen. So kann also jeder frei etwas herauspicken. Ob aber aus den drei oben erwähnten Gerichten wirklich eine bekömmliche Mahlzeit wird, bleibt offen bzw. für denjenigen höchst fragwürdig, der lieber «Fleisch am Knochen» hätte.

Auch bleibt letztlich der regionale Zusammenhang völlig im luftleeren Raum. «Basler Mentalität» dominiert meines Erachtens im Stile der üblichen Nabelschau geradezu erwartungsgemäss. Die Zukunft der Regio hängt jedoch in Tat und Wahrheit ganz entscheidend von übergeordneten Entscheiden in der EG bzw. der Schweiz ab. Urplötzlich tauchen z. B. in einem Szenario europäische «Super-Organisationen» auf, während anderseits bei der Landwirtschaft total übersehen wird, wie sehr wir uns mit der Kleinbauern-Initiative vom Rest der Welt abkoppeln würden. Die Elsässer Gemüsestände auf dem Markt sind nur solange ein Regio-Phänomen, wie die übergeordneten, nationalen Regelungen dies zulassen.

Die Szenarien werden uns «personifiziert» nähergebracht. Der Leser lernt diverse Personen kennen, die Briefe schreiben, Gespräche führen, Reden halten, Schriften verfassen usw. Das ist durchaus medien-, lies radio- und fernsehgerecht – leider. Auf Quellenverweise wird verzichtet, ebenso auf nachvollziehbare theoretische oder empirische Analysen. Persönliche Meinungen und Gefühle genügen scheinbar. Aber was ist das für eine Gattung von Schrifttum? Ist das Literatur? Wenn ja, dann gibt es bessere «Science fiction» allüberall. Ist es Sozialwissenschaft? Wenn ja, dann gibt es weit ergiebigere Untersuchungen über den Wertewandel, die Zusammenhänge zwischen Wohlstand und Wunschvorstellungen usw. Sind es Utopien? Wenn ja, dann fehlt die gedankliche Kohärenz im Hinblick auf einen idealen Zustand.

Der Prognosenstand der Perspektiven hatte schon stark abgenommen. Das schützt die Perspektiven vor peniblen Schüssen neben das Ziel; aber es behindert leider auch den Erkenntnisfortschritt. Klar strukturierte und logisch nachvollziehbare Szenarien können viel bringen, indem sie die Bandbreite möglicher Entwicklungen vergrössern und daher wirklich zu echten geistigen und intellektuellen Auseinandersetzungen über «mögliche Zukünfte» führen. Im vorliegenden Fall ist das kaum der Fall. Die Figuren, die uns entgegentreten, sind im Gegenteil sehr alte Bekannte, und einige tragen recht alte Hüte. Das meiste jenseits der Jahrtausendgrenze Gesagte könnte genauso schon heute im Forum der «Basler-Zeitung» stehen. Indem die Szenarien sehr stark das Lebensgefühl von 1988/89 in die Zukunft verlängern, haben ihre Autoren auch im übertragenen Sinn zum «langen Lineal» gegriffen: nur diesmal mehr im emotionalen Bereich. Aber gerade hier sind «Strukturbrüche» noch viel häufiger und radikaler als z. B. in Zahlenreihen aus Wirtschaftsdaten. Ob z. B. «Invitro–Fertilisation» in 20 Jahren die Leute so stark beschäftigt, wie der Bericht nahe legt, ist höchst zweifelhaft. Aber es ist eben jetzt (gerade) aktuell bzw. schon nicht mehr so sehr. Soll das Ganze nur aufrütteln und anregen, so tun dies z. B. A. Pestalozzi mit grösserem Unterhaltungswert, Capra mit mehr philosophischem Tiefgang und zahllose Einzelstudien etwa zur Umwelt, zur Technologie oder zur wirtschaftlichen Integration auch mit mehr Informationsgehalt und Sachverstand.

Die Gefahr überreaktiven Handelns

Die Kritik ist hart und vielleicht auch unfair. Die Autoren verfolgen ja «nur» das Ziel, das Bewusstsein zu beeinflussen: den Sinn zu schärfen für die Bedrohungen, aber auch den Lesern die Augen zu öffnen, wie es sein könnte. Und trotzdem: Liegt hier wirklich der Engpass? Ich glaube nicht. Im Gegenteil läuft unsere Bevölkerung im Moment eher Gefahr, übersensibel und demzufolge auch überreaktiv zu handeln. Auf der Basis diffuser Ängste und vager Alternativperspektiven entsteht keine wirkliche Reformstrategie, sondern eher ein punktueller Aktionismus. Vor lauter Bewusstseinsänderung geht das Augenmass verloren. Vor lauter gutem Willen wird der Verstand verdrängt. Und vor schierem Zwang, (irgend) etwas zu tun, werden Chancen echter Umorientierung symbolischen Akten ohne nennenswerte Wirkungen geopfert.

Autofreie Sonntage z.B. sind im Lichte objektiver Analyse das absolut unwirksamste Mittel gegen die übermässigen Immissionen des überflüssigen Verkehrs. Trotzdem formieren sich hinter diesem Postulat starke politische Kräfte. Ein Wiederverkaufsverbot von Liegenschaften ist objektiv betrachtet ein völlig untaugliches Mittel zur sinnvolleren Bodennutzung. Trotzdem wird gerade das propagiert. Die Beispiele liessen sich leicht erweitern. Nützt es nichts, schadet es nichts, könnte man einwenden. Und: Zumindest ändert es das Bewusstsein.

Diese Denk- und Handlungsweise ist brandgefährlich. Der Erlass und die Durchsetzung läppischer oder kontraproduktiver Massnahmen bestärkt nur den Zynismus derer, die von vornherein nie dran geglaubt haben, und treibt die anderen in noch extremere Positionen.

Nackter Nihilismus oder blinder Aktivismus sind die unausweichlichen Langfristfolgen. Was daher nottut, ist erstens eine möglichst objektive und klare Information der Bevölkerung über die effektive Lage, die relative Bedeutung der verschiedenen Zivilisations- und Technologierisiken und die Wirkungszusammenhänge in quantitativer und qualitativer Hinsicht. Zweitens muss wohl weniger das Problem – bzw. Gefahrenbewusstsein – verstärkt werden als vielmehr die Einsicht in die Kosten, Opfer und Verzichte, die wirksame und nachhaltige Richtungsänderungen unserer Wachstumspolitik notwendigerweise mit sich bringen. «Grüne» und «soziale» Politik z.B. laufen weiss Gott in konträre Richtungen, ebenso wie Europafähigkeit oder Regio-Zusammengehörigkeit und dem kleinkarierten Basler Egoismus, wie er z.B. in der Initiative gegen den Nachtflugverkehr (über Basel) oder in der Ablehnung der Verbindungsstrasse zwischen Lörrach und Weil zum Ausdruck kommt, aufzeigen.

Eine grüne Zukunft ist möglich, vielleicht nötig. Idyllische Zustände würde sie jedoch sicher nicht bringen. Genausowenig wie die vorindustriellen Zeiten besonders friedlich und idyllisch waren. In diesem Sinne wäre ein Szenarium mit einem überalterten, wirtschaftlich geschwächten, sozial gespaltenen Basel in einer aufstrebenden EG-Regio auch am Platz gewesen.

Frank Bodmer, Silvio Borner

Die Liberalisierung des Strommarktes in der Schweiz

Theoretische Überlegungen, internationale Erfahrung und eine kritische Würdigung des EMG

144 Seiten/br. (2001) ISBN 3 7253 0707 5
Fr. 36.80 / EUR 23.60 (D)

Silvio Borner, Frank Dietler, Stephan Mumenthaler

Die internationale Wettbewerbsfähigkeit der Schweiz

Irrungen, Verwirrungen, Auswege

92 Seiten/br. (1997) ISBN 3 7253 0578 1
Fr. 28.60 / EUR 18.30 (D)

Silvio Borner, Hans Rentsch (Hrsg.)

Wieviel direkte Demokratie verträgt die Schweiz?

Kritische Beiträge zur aktuellen Reformdebatte

372 Seiten/geb. (1997) ISBN 3 7253 0567 6
Fr. 43.90 / EUR 28.10 (D)

Verlag Rüegger • Zürich / Chur
www.rueggerverlag.ch – info@rueggerverlag.ch